B2

ÉDITO

Méthode de français

3e ÉDITION

Élodie Heu-Boulhat
Jean-Jacques Mabilat

Avant-propos

Cette troisième édition d'*Édito B2* s'adresse à des étudiants adultes ou grands adolescents ayant acquis le niveau B1 du Cadre européen commun de référence pour les langues (CECR).
Ce manuel couvre le niveau B2 du CECR et permet aux apprenants de se présenter au DELF B2 (productions de type DELF au fil des unités et une épreuve blanche à la fin de l'ouvrage).

Édito B2 privilégie l'approche par tâches communicatives authentiques grâce auxquelles l'apprenant développera des savoir-faire en interaction.

• Le livre de l'élève comprend **12 unités**, centrée chacune sur un thème qui sera approfondi au travers des quatre compétences : 1 À votre avis *(opinion)* – 2 Quelque chose à déclarer ? *(parole)* – 3 **Ça presse !** *(médias)* – 4 **Partir** *(voyages)* – 5 **Histoire de...** *(histoire)* – 6 À votre santé ! *(corps et santé)* – 7 Chassez le naturel *(nature)* – 8 C'est de l'art ! *(art et gastronomie)* – 9 De vous à moi *(sentiments et vie sociale)* – 10 Au boulot ! *(travail)* – 11 **C'est pas net** *(Internet et nouveaux médias)* – 12 Mais où va-t-on ? *(futur et perspectives)*.

• Une large place est faite à **l'interculturel** et à **la francophonie**.
Chaque 1re double page d'unité présente des « Regards croisés », témoignages de résidents étrangers en France et français à l'étranger.
Édito B2 propose des documents (écrit, audio ou vidéo) provenant de la presse, de la radio ou de la télévision françaises et francophones, mais aussi des textes littéraires, des dialogues enregistrés tirés de la vie quotidienne et des exercices d'intonation communicative.

• Une palette d'activités grammaticales et lexicales plus étendue grâce à l'apport d'un **cahier d'activités** qui laisse une large place à des exercices phonétiques.

• Les activités de productions écrite et orale, dans tous les domaines (personnel, professionnel ou public), mettent l'étudiant en situation de communication authentique.

• Un accent particulier est mis sur l'approfondissement de la grammaire et du vocabulaire. L'apprenant est actif : il passe du stade de la découverte, à la déduction et au réemploi. Des tableaux et des listes offrent une vision synthétique de chaque point traité. De nombreux exercices de compréhension et de réemploi sont proposés dans le manuel ainsi que dans le cahier d'activités.

• Dans les pages « Civilisation », les activités permettront la découverte (ou une meilleure connaissance) de nombreux aspects de la vie en France et dans la francophonie : la vie politique et sociale, la presse, l'histoire, la littérature, les sciences, la cuisine...

• En alternance en fin d'unité :
– une double-page « Détente » pour se divertir en français ;
– des stratégies d'apprentissage et une préparation au DELF B2.

• À la fin de chaque unité, une page « Ateliers » rassemble des tâches/projets à réaliser en groupes, afin que les apprenants puissent réutiliser activement les savoirs acquis tout au long de l'unité, en faisant appel à leur créativité.

• Un mémento grammatical, la transcription des enregistrements audio et le corrigé des exercices de grammaire et de vocabulaire complètent ce manuel.

• Un DVD-Rom comprenant tous les enregistrements audios et les vidéos est joint à *Édito B2*.

Les auteurs

tableau des contenus

tableau des contenus

tableau des contenus

Audio

Vidéo

À MON AVIS

Chacun voit midi à sa porte.

La France, c'est quoi ?

J'ASSOCIE souvent l'image de la France à celle du tableau *La Liberté guidant le peuple* d'Eugène Delacroix.

À mes yeux, la France est en effet synonyme de démocratie, de république, du respect des valeurs des Droits de l'homme et de l'intégration des personnes de cultures diverses au sein de la société.

La France est, selon moi, un pays riche d'histoire, de culture comme en témoignent régulièrement les musées et les événements culturels.

Si je devais la comparer à l'Italie, je dirais qu'en France le secteur public fonctionne mieux. Le réseau des transports, la santé publique, la sécurité sociale sont de vrais services pour les citoyens. Par contre, en Italie, je trouve que les gens savent mieux profiter de la vie.

J'estime également que les relations interpersonnelles sont plus importantes et les gens sont plus chaleureux en Italie. En France, et en particulier dans les grandes villes, il règne un fort individualisme. Tandis qu'en Italie, la famille à un poids beaucoup plus important et les jeunes quittent beaucoup plus tard le toit familial.

Nadia Fgaier,
italo-tunisienne
Avocate.

LA FRANCE, pour nous, c'est un ensemble merveilleux et amusant de contradictions : les Français sont ouvertement gais et festifs aux terrasses des cafés, mais on les retrouve régulièrement en colère et mécontents dans des manifestations sans fin. La France est un pays dont les habitants respirent la santé et pourtant ils fument, boivent et mangent du foie gras, du confit de canard et des ris de veau ! Même la langue est un paradoxe : le « lait » est un nom masculin, « Salut » signifie à la fois « bonjour » et « au revoir ».

Pamela et Jeff Clapp,
États-Unis,
Retraités, Paris.

AVANT DE VENIR EN FRANCE, je pensais que c'était un pays très romantique, et en fait je me suis aperçue que c'était vrai.

Markie T., Chine
Développement de produits
de maroquinerie, Chatou.

LA FRANCE, pour moi, est très libre et très limitée en même temps. Je m'explique. La France est ouverte aux étrangers : ici, ils ont les mêmes droits que les Français. Si tu maîtrises la langue, tu te feras beaucoup d'amis parmi les Français. De plus, ceux-ci sont ouverts à beaucoup de choses qui sont impossibles en Russie. L'exemple le plus récent est la loi sur le mariage pour tous.

D'un autre côté, la France est limitée, comme je l'ai dit. À mon avis, le fonctionnement de la bureaucratie française est une aberration. Pour avoir la sécurité sociale, par exemple, il faut présenter un dossier d'à-peu-près 50 pages et il n'est pas évident que tu reçoives la carte de sécurité sociale en moins d'un an. Et cela n'est pas seulement vrai pour les étrangers, les Français sont dans la même situation.

Ekaterina K., Russie
Doctorante-enseignante en
philosophie, Paris.

D'autre part, en France, tu dois être toujours très précis, sinon tu ne sais jamais ce qui va se passer. Par exemple, si tu achètes un billet à la gare et tu dis que tu veux prendre un train qui part à 19 h 30, le vendeur peut te répondre qu'il n'y a pas de train à 19 h 30. Et, après, il s'avère que, s'il n'y a pas de train à 19 h 30, il y en a un à 19 h 32. Vous voyez, il faut être précis en France.

AVANT DE VENIR ICI, la France était pour moi le pays généreux qui avait reçu mon oncle, exilé à cause de la dictature. C'est aussi un pays où j'ai de la famille ; ma tante est française, et, pendant de nombreuses années, ma famille a reçu des visiteurs français. Alors, toute ma vie, j'ai eu une relation spéciale avec la France.

Je pense qu'ici la société est très avancée dans certains domaines, mais que certaines personnes, à l'opposé, ont des idées qui sont un peu d'une autre époque.

À mon avis, la différence principale avec le Chili ou l'Espagne, c'est la difficulté à générer des relations sociales ou la difficulté des personnes à pratiquer des activités avec spontanéité. Je trouve que planifier c'est bien, mais, pour moi, ici, il y a trop de planification.

Issis, Chili
Ingénieure, Suresnes.

Sinon, j'ai l'impression que les personnes sont plus cultivées : elles vont au cinéma, au théâtre, aux expositions et connaissent d'autres pays. J'adore ça.

Par contre, la langue française ne permet pas de comprendre facilement les gens qui ne parlent pas bien, parce que la prononciation est très importante. Je crois qu'au contraire l'espagnol le permet.

EN CE QUI ME CONCERNE, je trouve que la France est un pays très humain. Par exemple, les gens considèrent que le travail est une chose moins importante que les plaisirs de la vie. En comparaison avec le Japon, l'administration française ne fonctionne pas très bien. Et évidemment la France, c'est aussi le pays de la mode, du parfum, de la cuisine. Par ail-

Nana Yoshino, Japon
Illustratrice, Paris.

leurs, je trouve que les Français sont très attachés à leur culture : art, littérature, cinéma...

PREMIÈREMENT, je dirais que la France, c'est une conscience politique et des valeurs humaines. Je fais référence à la Déclaration des droits de l'homme, la Révolution française, Mai 68... Les Français sont concernés par l'action politique, ils n'ont pas peur de montrer leur mécontentement, de râler, et pour moi c'est positif. Les Autrichiens ont moins ce côté contestataire, c'est mal vu de manifester.

Deuxièmement, c'est un savoir-vivre gastronomique, on cherche toujours une saveur, le goût, la perfection, le vin approprié pour accompagner un plat... Je trouve que cette manière de manger, de boire et de discuter aussi est très particulière aux Français. D'après mon expérience, quand on est invité à un repas, on parle tout de suite de tout, y compris de politique.

Caroline,
franco-autrichienne
Coordinatrice de projet
de développement,
Vienne.

COMPRÉHENSION ÉCRITE

Entrée en matière

1 D'où viennent les personnes qui témoignent ? À votre avis, quel est leur point commun ?

Lecture

2 Les avis sont-ils plutôt positifs ou négatifs ? Donnez des exemples.
3 Les opinions vont-elles dans le même sens ou sont-elles contradictoires ?
4 Êtes-vous surpris(e) par une des idées exprimées ?

Vocabulaire

5 Quelles sont les structures utilisées pour introduire l'opinion ?
Exemple : *Je pense que...*
6 Quelles sont les structures utilisées pour articuler le discours ?
Exemples : *par ailleurs, mais...*

PRODUCTION ORALE

7 Et vous, quelle image avez-vous de la France ?
8 Vous sentez-vous proche de l'un des avis ci-dessus ?

PRODUCTION ÉCRITE

9 À votre avis, quelle image les étrangers ont-ils de votre pays ? Correspond-elle à la réalité ?

unité 1 **À mon avis**

VOCABULAIRE/GRAMMAIRE
> exprimer son opinion

DEMANDER SON AVIS À QUELQU'UN

Pouvez-vous me donner votre point de vue ?

Qu'en pensez-vous ?

Qu'est-ce que tu dis de ça ?

Quel(le) est votre avis/opinion ?

Vous croyez que ça en vaut la peine ?

D'après/Selon vous, quelle est la meilleure solution ?

REFUSER DE DONNER UNE OPINION

À vous de voir !

Je n'en ai aucune idée.

DONNER SON AVIS

À ce qu'il me semble, …

À la réflexion, …

À ma connaissance, …

À mes yeux, …

D'après moi, …

De mon point de vue, …

Selon moi, …

En ce qui me concerne, …

Pour ma part, …

Pour moi, …

Quant à moi, …

Sauf erreur de ma part, …

Si tu veux mon avis, …

Il me semble que…

Ça ne m'étonnerait pas que *(+ subj.)*

Rappel : l'opinion

• Les verbes d'opinion sont suivis de l'indicatif quand ils sont à la forme affirmative, du subjonctif quand ils sont à la forme négative ou interrogative inversée :

*Je pense qu'il me le **dira**.*

*Vous **croyez** qu'il **viendra** ?*

*Je **ne pense pas** qu'il **connaisse** la réponse.*

***Croyez-vous** qu'il **soit** d'accord ?*

• En français oral familier, on a tendance à utiliser l'indicatif avec la forme négative :

Je ne pense pas qu'il viendra. = Je pense qu'il ne viendra pas.

• *Je **trouve que*** est suivi de l'indicatif, tandis que *je **trouve** + **adjectif** + **que***, qui est un sentiment, est suivi du subjonctif :

*Je **trouve** qu'il **a** bien **travaillé**.*

*Je **trouve ridicule** qu'il **dise** cela.*

IMPRESSIONS

J'ai l'impression que…

On dirait que…

Il semble/semblerait que *(+ subj.)*

Ça a l'air + *adj.*

Il me semble que est suivi de l'indicatif (c'est mon opinion) tandis que **il semble que**, plus douteux, est suivi du subjonctif.

EXPRIMER SON ACCORD

Ça ne fait aucun doute.

Je vous approuve sans réserve.

Sans aucun/le moindre doute.

Vous avez (bien) raison.

Bien sûr que oui.

C'est ça.

REMARQUE

Notez que pour exprimer son approbation, on utilise de moins en moins **oui** mais plutôt des structures comme : **effectivement, absolument, évidemment, exactement, en effet, tout à fait…**

PARTAGER UN POINT DE VUE

Je suis de votre avis.

Nous sommes en tout point d'accord.

APPROUVER UN POINT DE VUE EN ÉMETTANT DES RÉSERVES

Je n'ai rien contre.

Ça se peut.

Mouais…

Admettons.

Pour nuancer encore un peu plus

Ça dépend.

Ce n'est pas si simple.

C'est à voir.

Certes, mais…

EXPRIMER SON DÉSACCORD

J'en doute.

Je ne partage pas votre avis.

Tu as tort

Si vous voulez être plus direct(e), voire impoli(e)

Tu rigoles ?

Et puis quoi encore ?

Jamais de la vie.

C'est absurde/ridicule/aberrant/délirant !

Là, tu vas trop loin !

Tu parles !

Tu veux rire !

N'importe quoi !

DÉSACCORD ATTÉNUÉ

Je n'en suis pas si sûr(e).

Pas tant que ça.

LA CERTITUDE

(Il n'y a) pas de doute.

J'en suis persuadé(e)/convaincu(e).

Sans aucun doute.

C'est indubitable/incontestable.

Je vous assure.

Ça ne fait pas l'ombre d'un doute.

Je ne doute pas de…

J'ai la conviction que…

REMARQUE

Contrairement aux apparences, **sans doute** et **sûrement** n'expriment pas une certitude absolue mais une forte probabilité. Pour une certitude absolue, employez **sans aucun doute**.

EXPRIMER L'ÉVIDENCE

Il est clair/manifeste que…

De toute évidence, …

Il va de soi que …

Il faut (bien) se rendre à l'évidence.

Expressions

J'en mettrais ma main au feu.
J'en mettrais ma main à couper.
C'est clair comme de l'eau de roche.

METTRE EN DOUTE

Vous en êtes sûr(e) ?
Pas possible ?

LE DOUTE

Ça dépend.
Pas forcément.
J'en doute.
Je n'y crois pas trop.
Ça me laisse perplexe.
Je n'arrive pas à me faire à cette idée.
Ça me paraît invraisemblable/
   inimaginable.
Ça m'étonnerait !

1 Dans les phrases suivantes, remplacez les expressions en gras par *je crois* ou *je ne crois pas*.
a | **Il me semble** que Nadia a dit que la France était un pays de culture.
b | « Démocratie » est un mot masculin ? **J'en doute**.
c | **Ça ne m'étonnerait pas** qu'il soit suisse.
d | **Je doute** que les jeunes aient une conscience politique.
e | Tu aimes la gastronomie française ? **Je m'en doute**.

LA POSSIBILITÉ

Il se pourrait bien que…
Éventuellement.
Peut-être (que)…
C'est faisable.
C'est peut-être le cas.
(Il) y a des chances que…
Ça se peut.

2 Dites si les phrases suivantes expriment la certitude, un léger doute ou l'incertitude.
Si tu maîtrises la langue française :
a | c'est sûr, tu te feras des amis.
b | tu te feras peut-être des amis.
c | tu te feras sans doute des amis.
d | sans aucun doute, tu te feras des amis.
e | tu te feras sûrement des amis.

L'IMPOSSIBILITÉ

C'est exclu.
C'est hors de question.

Expressions

Mon œil ! *(fam.)*
Quand les poules auront des dents.

LA PROBABILITÉ

Probablement.
Je risque de…

L'IMPROBABILITÉ

C'est peu probable.
Il y a peu de chances que…

3 Dites si les phrases suivantes expriment la réalité, la probabilité, la possibilité ou l'impossibilité.
a | Il est incontestable qu'il a des idées d'une autre époque.
b | Il est bien possible qu'elle soit belge.
c | Manifester ? C'est exclu.
d | Il risque d'émigrer au Moyen-Orient.
e | Les Français sont romantiques ? Ça se pourrait…
f | Il y a des chances qu'on mange du confit ce soir.

4 Intonation
Dans les phrases suivantes, exprime-t-on une certitude, une possibilité, une probabilité, une impossibilité ? Réutilisez les structures dans un court dialogue.

2

PRODUCTION ORALE

5 Que pensez-vous de ces affirmations ?
a | Il faut donner la même éducation aux filles et aux garçons.
b | La France est le pays où on vit le mieux.
c | On devrait supprimer l'armée.
d | Les jeunes ne pensent qu'à l'argent.
e | Le travail est la chose la plus importante dans la vie.
f | La cuisine italienne est la meilleure du monde.
g | Regarder le sport à la télé, c'est ennuyeux.
h | La vie à la campagne, c'est bon pendant une semaine, pas plus.
i | 20 ans est le plus bel âge de la vie.
j | Les horoscopes sont une superstition, ils n'ont aucune valeur.

PRODUCTION ÉCRITE   >>>>DELF

6 Vos collègues sont de plus en plus nombreux à demander l'égalité totale de traitement entre les hommes et femmes dans votre entreprise concernant le recrutement, la rémunération, le déroulement de carrière, les horaires…
En tant que délégué(e) du personnel, vous avez organisé une réunion avec l'ensemble des salariés pour recueillir l'avis de tous.
Rédigez le compte rendu de cette réunion que vous transmettrez à votre direction en insistant sur le bénéfice qu'elle pourrait en tirer. Insistez sur les arguments favorables sans oublier de mentionner les avis négatifs exprimés en illustrant votre argumentation d'exemples précis.

La possibilité

• **Peut-être** (tout comme **sans doute**) peut être placé derrière le verbe ou en tête de phrase, mais avec inversion du sujet :
Il le sait peut-être.
Peut-être le sait-il.
• En français oral plus familier, on emploie **peut-être que** en début de phrase :
Peut-être qu'il le saura.
• Quand **possible** est suivi de **que** et d'une **proposition**, il est préférable d'utiliser **il est possible** :
C'est possible. Mais : *Il est possible qu'il le sache.*

DOCUMENTS

A La parité en mer

Entrée en matière

1 Observez les photos. Décrivez-les.

« *Les bâtiments amarrés dans la rade ont tous des femmes à bord.* »

2 écoutes (en entier)

2 Vrai ou Faux ? Justifiez votre réponse.

a | Dans l'armée, les femmes peuvent servir sur les porte-avions, les frégates, les patrouilleurs et les sous-marins.

b | La représentation des femmes progresse dans le milieu de la marine.

c | La promiscuité à bord des sous-marins serait source de tentations amoureuses.

d | Les deux personnes interviewées pensent que la mixité à bord est bénéfique.

e | L'état-major de l'armée souhaite faire une période de test.

B Réactions d'auditeurs

Vous avez la parole

Mélie
Un progrès pour la mixité peut-être, mais un progrès pour la paix, sûrement pas.

Louis
C'est peut être une bonne idée, car les femmes ronflent moins que les hommes…
Trève de plaisanterie, selon moi, le véritable problème pour l'admission des femmes, c'est le manque de place à bord !

Malo
Parité, mixité… personne pour défendre l'obligation de 50 % de femmes dans les équipes pro de football ? Pourtant les raisons objectives de cette ségrégation sont les mêmes !!

Béa
Transformer des femmes en soldats n'est pas ce que j'appellerais un progrès du féminisme !

Lecture

1 Lisez les réactions laissées sur le site de la radio.
Quelle est la position de chaque internaute par rapport au sujet de l'émission ? Pour ? Contre ? Autre opinion ? Justifiez votre réponse.

PRODUCTION ORALE

2 Partagez-vous l'opinion de Joël Mainguy et de la femme de sous-marinier ? Et celles des auditeurs ?
3 Croyez-vous que les femmes puissent toujours accomplir les mêmes tâches que les hommes et réciproquement ?
4 Reste-t-il des métiers réservés aux hommes dans votre pays ?
5 Que pensez-vous du combat pour l'égalité des sexes ? Est-il encore d'actualité ?

GRAMMAIRE
> indicatif ou subjonctif ?

Cahier
unité 1
d'activités

> ÉCHAUFFEMENT

1 Dans les phrases suivantes, quel est le mode du verbe ?

a | Je crains qu'il y ait des idylles, des amourettes.

b | Je pense que ce n'est pas un environnement propice aux femmes.

c | Je ne suis pas persuadée qu'une femme puisse répondre à ces exigences.

> FONCTIONNEMENT

Sont suivis de *que* + l'indicatif	Sont suivis de *que* + le subjonctif
• La certitude/la réalité être sûr(e)/certain(e)/persuadé(e) – savoir – se souvenir – il est vrai/exact/évident	**• L'incertitude/le doute** douter – ne pas être certain(e)/sûr(e)/persuadé(e) – ne pas croire/ne pas penser – Pensez-vous ?/Croyez-vous ?
• La pensée/l'opinion penser/croire/trouver – Tu penses ?/Tu crois ? – ne pas douter – supposer – considérer	**• Les sentiments** être heureux(-euse)/triste – regretter – avoir peur, craindre – il est dommage
• La déclaration dire – répondre – annoncer – affirmer – prétendre	**• La nécessité** il est nécessaire – il faut
• Les sens voir – entendre – sentir	**• La volonté/le désir** vouloir/désirer/souhaiter – accepter/refuser – j'aimerais – il est préférable
• La probabilité il est probable – il est vraisemblable – il paraît – avoir l'impression	**• La possibilité** il est possible – il est peu probable – il se peut – il semble que
• L'espoir espérer	**• La négation** nier – ce n'est pas que
	• Les verbes impersonnels qui n'expriment pas une certitude, une opinion ou une probabilité il est normal/il est rare/il arrive

> ENTRAÎNEMENT

2 Accordez les verbes à l'indicatif ou au subjonctif.

a | Il est possible que nous (annuler) ..... ce débat.

b | On dit que la France (être) ..... un pays riche d'histoire et de culture.

c | Il est probable que nous (ne pas voter) ..... .

d | Croyez-vous que les étrangers (avoir) ..... les mêmes droits que les Français ?

e | J'espère que cette candidate (être) ..... élue.

f | Il se peut qu'elle (venir) ..... à la manifestation.

g | Il arrive que ce politicien (dire) ..... la vérité.

h | Je vois que tu (comprendre) ..... ce que j'ai dit.

i | Elle considère que l'État (devoir) ..... maîtriser ses dépenses.

j | Il ne veut pas que vous (faire) ..... toute une histoire de ce problème.

3 Complétez les phrases suivantes.

a | Je trouve que les Français...

b | Je regrette que la bureaucratie française...

c | Pensez-vous que les étrangers...

d | Vous voyez, il faut que vous...

e | Le ministre nie que ce secret d'État...

f | Il est normal que...

g | On prétend que...

h | J'ai eu l'impression que...

i | Il a peur que...

j | Je sens que...

A Si douce France

« Un pays merveilleux où il fait bon vivre et débattre, où les gens sont certes râleurs, mais aussi engagés, ouverts, solidaires... » Dans une récente étude, des étudiants venus du monde entier plébiscitent l'Hexagone. Un portrait optimiste et sans cliché qui redonne espoir. Et rappelle que la morosité n'est pas contagieuse.

La France, un pays où il fait bon vivre et... débattre, disent aussi les étudiants étrangers. Même nos péroraisons de comptoir[1] et cette manie d'avoir un avis tranché sur tout (disent-ils) trouvent grâce à leurs yeux. « Je viens de Barcelone mais je ne m'intéresse pas du tout au football », confesse Gérard Sole, en stage de fin d'études chez Alstom en région parisienne. « J'en ai marre d'en entendre tout le temps parler en Espagne. Ici, les gens abordent spontanément des sujets comme la culture ou la politique. » En master de Sciences politiques à l'université Paris-VIII (Vincennes-Saint-Denis), la Brésilienne Roberta Lima, 30 ans, fait peu ou prou[2] le même constat : « Comparée à mon pays, la politique est très présente dans les discussions. Quand on va à une fête en France, les gens en parlent naturellement. Au Brésil, ça ennuie tout le monde, on vous dira : « La politique c'est toujours la même chose. Ici il y a une grande conscience politique. »
Le débat public s'est peut-être appauvri en France, où il est de bon ton de dénoncer l'indigence de la pensée. Il faut croire néanmoins que l'herbe intellectuelle reste moins verte ailleurs. À tort ou à raison, le pays des Lumières continue d'être perçu comme cette terre où l'on s'autorise encore à philosopher. Récemment débarqué de New York pour boucler[3] sa thèse sur Jacques Derrida, Donald s'émerveille de la place réservée à la discipline qu'il étudie : « la philosophie s'intègre dans la société. On trouve tous les livres des grands philosophes en librairie, aux États-Unis il faudrait les commander en ligne. Quant aux cafés philo, c'est un concept qui nous paraît très bizarre à nous Américains ! »
Un peu à la manière d'Usbek dans les Lettres persanes, racontant ses étonnantes découvertes à Paris, Donald envoie des courriels ébahis outre-Atlantique pour raconter, à qui veut le croire, que la philo s'enseigne dès le lycée en France ! « C'est peut-être le seul pays à le faire et je trouve ça formidable. »
Ce timide Américain exerce son français encore hésitant dans les locaux de l'association Équipes d'accueil et d'amitié pour les étudiantes et étudiants étrangers, à deux pas du Musée d'Orsay. Des bénévoles grisonnants y donnent quelques heures de leur temps pour leur faire pratiquer la langue et débusquer[5] les fautes de syntaxe dans les synthèses des mémoires. À Donald qui raconte que dans sa chambre de bonne, il aperçoit chaque week-end les cortèges de manifestants s'ébranlant[6] place de la République, un septuagénaire un peu taquin[7] répond : « tu devrais te joindre aux défilés, c'est une façon d'améliorer ton français. » [...]
Les étudiants étrangers admirent l'esprit de résistance des Français qui bloqueraient systématiquement les réformes avec le risque de tout perdre faute d'accepter les adaptations nécessaires.

[1] Conversations de bistrot. [2] Plus ou moins. [3] Finir.
[4] S'avançant. [5] Trouver. [6] Se mettant en marche. [7] Moqueur.

Christian ROUDAUT, *Le magazine du Monde*, 4 janvier 2014.

Entrée en matière

1 Lisez le titre et le chapeau. Pour qui « *la morosité n'est pas contagieuse* » ? Pourquoi ?

Lecture

2 D'où viennent les trois étudiants étrangers ? Quel regard portent-ils sur les Français ?

3 Quelles comparaisons font-ils entre leur pays et la France ?

4 Quels sont les sujets de discussion des Français ?

5 Expliquez ce qui surprend Donald.

Vocabulaire

6 Réécrivez cette phrase en utilisant des antonymes : *Les gens sont râleurs, mais aussi engagés, ouverts, solidaires.*

7 Reformulez les énoncés suivants :
a | des étudiants plébiscitent l'Hexagone (l. 4)
b | cette manie d'avoir un avis tranché (l. 10)
c | j'en ai marre (l. 15)
d | l'herbe intellectuelle reste moins verte ailleurs (l. 30)
e | Donald envoie des courriels ébahis outre-Atlantique (l. 44)
f | des bénévoles grisonnants (l. 53)

8 La politique est-elle un sujet de discussion dans votre pays ?

9 Quels sont vos sujets préférés de conversation entre amis, en famille et entre collègues ?

10 D'après les témoignages des trois étudiants et votre expérience, rédigez un portrait des Français.

B Lettres persanes

Lettre 36 Usbek à Rhédi

Le café est très en usage à Paris : il y a un grand nombre de maisons publiques où on le distribue. Dans quelques-unes de ces maisons, on dit des nouvelles ; dans d'autres, on joue aux échecs. Il y en a une où l'on apprête le café de telle manière, qu'il donne de l'esprit à ceux qui en prennent : au moins, de tous ceux qui en sortent, il n'y a personne qui ne croie qu'il en a quatre fois plus que lorsqu'il y est entré.

Mais, ce qui me choque de ces beaux esprits, c'est qu'ils ne se rendent pas utiles à leur patrie, et qu'ils amusent leurs talents à des choses puériles. Par exemple, lorsque j'arrivai à Paris, je les trouvai échauffés sur une dispute la plus mince qu'il se puisse imaginer : il s'agissait de la réputation d'un vieux poète grec, dont, depuis deux mille ans, on ignore la patrie, aussi bien que le temps de sa mort. Les deux partis avouaient que c'était un poète excellent : il n'était question que du plus ou du moins de mérite qui fallait lui attribuer. Chacun en voulait donner le taux : mais, parmi ces distributeurs de réputation, les uns faisaient meilleur poids que les autres. Voilà la querelle ! Elle était bien vive ; car on se disait cordialement, de part et d'autre, des injures si grossières, on faisait des plaisanteries si amères, que je n'admirais pas moins la manière de disputer, que le sujet de la dispute ! [...]

MONTESQUIEU, *Les Lettres persanes*, 1721.

Entrée en matière

1 Connaissez-vous Montesquieu ?

Lecture

2 Quel est le ton de cet extrait littéraire ?

3 Quel est le sujet de la querelle ?

4 Qu'est-ce qui surprend le narrateur ?

5 Les comportements des Français ont-ils beaucoup changé depuis le XVIIIe siècle ?

C La langue de Descartes

1er visionnage (sans le son)

1 Quelle est la nature de cette vidéo ?

2 À votre avis, qui est cet homme ?

3 Quel livre montre-t-il ?

2e visionnage (avec le son)

4 Quels sont les thèmes de ce monologue ?

5 Caractérisez le personnage joué par Mamane. D'où vient-il ?

6 Quels sont ses procédés comiques ?

Vocabulaire

7 Relevez les jeux de mots que fait Mamane avec le préfixe « *dé* ».

8 Que signifient... (vous pouvez vous aider de la transcription p. 211) :

a | un grigri

b | c'est pas un cadeau, la langue française

c | un jean délavé

Les institutions françaises : la Vᵉ République

1 Placez les mots manquants dans le texte ci-dessous. Faites les accords nécessaires :

censure – cohabitation – constitution – diplomatie – élection – exécutif – fonctionnaire – législatif – parlementaire – quinquennat.

Les Présidents de la 5ᵉ République

Charles de Gaulle 1959-1969 — Nicolas Sarkozy 2007-2012 — Emmanuel Macron 2017- — Valéry Giscard d'Esta 1974-1981 — François Mitterrand 1981-1995 — Jacques Chirac 1995-2007 — François Hollande 2012-2017 — Georges Pompidou 1969-1974

I Le pouvoir .....

Il est exercé par le président de la République et le gouvernement.

❶ Le président de la République

Le chef de l'État est élu au suffrage universel pour 5 ans (.....) . Il représente la nation et dirige la politique étrangère (.....) . Il est également le chef des armées. Il possède le droit de grâce. Il préside le Conseil des ministres. Toutefois cette direction de l'exécutif peut lui échapper lorsqu'il doit « cohabiter » avec une majorité hostile à l'Assemblée nationale.

Il peut dissoudre l'Assemblée nationale et consulter le peuple par référendum.

En cas de crise grave, il peut exercer seul tous les pouvoirs (article 16 de la .....).

❷ Le gouvernement

Le président de la République nomme le Premier ministre en conformité avec la majorité ..... à l'Assemblée nationale. Puis il nomme les autres ministres, sur proposition du Premier ministre. Le Premier ministre et les ministres constituent donc le gouvernement. Lorsque le Président et le Premier ministre ne sont pas de la même tendance, c'est la ..... .

Le gouvernement a un double rôle :

a. un rôle politique : il détermine et conduit la politique de la nation, il élabore les projets de lois à soumettre au Parlement.

Le gouvernement est responsable devant l'Assemblée nationale. Il doit démissionner en cas de vote d'une motion de censure.

b. un rôle administratif : chaque ministre est à la tête d'un ministère dont il dirige les ..... .

II Le pouvoir .....

Le Parlement détient le pouvoir législatif. Il examine et vote les lois et le budget. Il est composé de deux assemblées :

a. L'Assemblée nationale, composée de 577 députés élus au suffrage universel pour une durée de 5 ans lors des ..... législatives.

b. Le Sénat, composé de 321 sénateurs. Ils sont élus dans chaque département au suffrage indirect par un collège électoral composé d'élus locaux.

L'Assemblée nationale peut renverser le gouvernement par le vote d'une motion de ..... . En cas de désaccord sur le vote d'une loi entre les deux assemblées, le « dernier mot » revient à l'Assemblée nationale.

Parallèlement, le Conseil constitutionnel veille à la régularité des élections et vérifie la constitutionnalité des lois.

2 Observez le schéma et dites quelles sont les différences avec le système politique de votre pays.

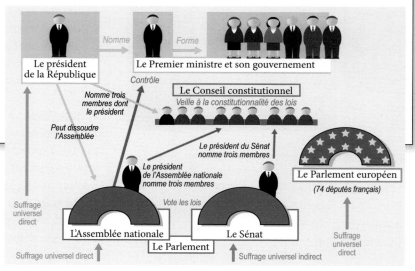

Nomme — Forme

Le président de la République — Le Premier ministre et son gouvernement

Contrôle

Le Conseil constitutionnel
Veille à la constitutionnalité des lois

Nomme trois membres dont le président

Peut dissoudre l'Assemblée

Le président du Sénat nomme trois membres

Le président de l'Assemblée nationale nomme trois membres

Le Parlement européen
(74 députés français)

Suffrage universel direct

Vote les lois

L'Assemblée nationale — Le Sénat
Le Parlement

Suffrage universel direct — Suffrage universel indirect — Suffrage universel direct

A Zaz, une artiste engagée

Vous avez vécu une année 2013 incroyable, avec 800 000 albums écoulés pour votre deuxième album, *Recto Verso* dans 58 pays...

Quelque chose s'est installé avec le public alors que tout le monde m'avait dit que faire un deu-
5 xième album était compliqué, que ça passait ou ça cassait. Je vais pouvoir continuer à faire ce que j'aime et donner beaucoup de concerts à l'étranger. Je ne me rends pas bien compte de l'impact dans tous ces pays, mais je vois tous les sourires dans
10 le public. Les gens me disent qu'ils apprennent la langue française pour comprendre mes textes, ils aiment les valeurs que j'exprime, mon engagement.

Comment expliquez-vous cet engouement ?

J'ai parfois du mal à comprendre mais je crois
15 qu'il y a quelque chose de l'ordre du sentiment humaniste. J'ai envie de faire du bien autour de moi, de nourrir la belle part dans l'humain, dans un monde où on ne nous sert que des choses négatives. Si on regarde la France aujourd'hui,
20 on a l'impression d'être retourné au Moyen Âge, d'entendre des discours où tout le monde se lâche. J'aimerais qu'on valorise davantage les belles choses, comme l'association Colibris dont je suis la marraine et à qui je reverse une grande partie des
25 ventes de mon merchandising.

La musique est-elle aussi un moyen d'afficher votre engagement ?

Il y a des gens qui font de la musique seulement pour divertir, d'autres par vitalité et d'autres pour
30 éveiller des consciences. Moi, je le fais pour fédérer, pour donner de la force à ces gens qui ont l'impression qu'ils n'en ont plus, leur dire qu'ils ont toujours le pou-
35 voir. On peut le faire dans la joie et dans la bonne humeur, sans cracher sur tout le monde.

Comment avez-vous vécu la surmédiatisation autour du premier album ?

40 C'était difficile à vivre et violent. C'était de la bou-limie, les gens ont dû finir par être écœurés à force de m'entendre et de me voir. C'était une opportu-nité pour moi de développer mes projets. Ce qui était dur, c'est que je n'aime pas ce système, mais
45 je me suis rendu compte que j'étais obligée de ren-trer dedans pour le changer.

Et aujourd'hui ?

Je reconnais que c'est un privilège de faire ce métier, c'est une aventure extraordinaire. Le fait
50 de gagner de l'argent efface quelques angoisses du quotidien, même si ça ne fait pas tout. Je m'en suis toujours sortie pour ne pas finir dans la rue. L'argent, ça a de la valeur quand tu n'en as pas. Maintenant, mon objectif est de m'acheter une
55 maison, car je n'ai pas eu le temps jusqu'ici et j'ha-bite un peu partout. J'aimerais bien prendre une année de repos pour oublier tout ça, le contrôle permanent de mon image.

Boris TAMPIGNY, metronews.fr, 13 février 2014.

COMPRÉHENSION ÉCRITE

Entrée en matière

1 Lisez le premier paragraphe et présentez Zaz.

Lecture

2 Quelle est la nature de l'engagement de Zaz ?
3 Quelle est sa philosophie de vie ?
4 Est-elle à l'aise avec son succès ? Pourquoi ?
5 Quel est son rapport à l'argent ?

Vocabulaire

6 Expliquez les énoncés suivants :
a | ça passait ou ça cassait (l. 5)
b | nourrir la belle part dans l'humain (l. 17)
c | entendre des discours où tout le monde se lâche (l. 21)
d | les gens ont dû finir par être écœurés à force de m'entendre (l. 41)

PRODUCTION ORALE

7 Partagez-vous les valeurs de Zaz ?
8 Êtes-vous prêt(e) à vous engager pour une cause sociale, politique ou humanitaire ? Pourquoi ?

B Le vote

« Tu reviens du bureau de vote ? »

CARTE ÉLECTORALE

COMPRÉHENSION ORALE

2 écoutes

1 Quel est le thème de la discussion ?
2 Quels sont les arguments de l'un et de l'autre ?
3 Comment se termine cette discussion ?

Vocabulaire

4 Relevez les mots du lexique de l'opinion.
Exemple : *penser.*
5 Consultez la transcription page 198.
Que signifient les mots et expressions suivants :
a | les législatives
b | Sans blague ?
c | tous à mettre dans le même sac
d | c'est dingue
e | tu vas me faire chialer
f | un coup

Place de la République

Les institutions

1 Complétez les phrases suivantes :

a | Le Parlement français est composé de deux assemblées : l'..... et le ..... .
b | La devise de la République française est : Liberté, Égalité, ...
c | Depuis Jules Ferry, l'école est gratuite, laïque et ..... .
d | Le numéro de l'actuelle République ? C'est la ..... République.
e | Les femmes françaises ont le droit de vote depuis ....., les femmes canadiennes depuis ....., les femmes belges depuis ..... . (1918 – 1921 – 1944 – 1948 – 1960).
f | On peut voter à partir de ..... ans.

Les plaques de rues

On retrouve souvent les mêmes noms sur les plaques de rues des villes de France, mais qui sont ces personnes ?

2 Faites correspondre nom, prénom, siècle, profession et portrait.

Carnot
Curie
Ferry
Gambetta
Hoche
Hugo
Jaurès
Montaigne
Moulin
Pasteur

• Jean	• XVIe siècle	• écrivain
• Jules	• XVIIIe siècle	• homme politique
• Léon	• XVIIIe – XIXe siècles	• général
• Louis	• XIXe siècle	• résistant
• Michel	• XIXe – XXe siècles	• scientifique
• Pierre et Marie	• XXe siècle	• président de la République
• Sadi ou Lazare		
• Victor		

Panthéon : mais où sont les femmes ?

Le Panthéon est le monument qui célèbre les hommes célèbres, et, en effet, on y trouve peu de femmes.

3 Dans la liste ci-dessous, dites qui est enterrée au Panthéon et qui sont ces femmes qui pourraient y être.

a | Marie Curie
b | Olympe de Gouges
c | Germaine Tillion
d | Geneviève De Gaulle
e | George Sand

1 | écrivaine, XIXᵉ siècle
2 | résistante, présidente de ATD Quart Monde, XXᵉ siècle
3 | écrivaine et féministe, XVIIIᵉ siècle
4 | scientifique, XXᵉ siècle
5 | résistante, ethnologue, XXᵉ siècle

Le siège du pouvoir

4 Donnez à ces institutions de la République leur adresse.

a | Le président de la République
b | Le Premier ministre
c | L'Assemblée nationale
d | Le Sénat
e | Le ministère des Affaires étrangères

1 | L'hôtel Matignon
2 | Le palais de l'Élysée
3 | Le palais du Luxembourg
4 | Le Quai d'Orsay
5 | Le Palais-Bourbon

ATELIERS

1 FAIRE UNE ENQUÊTE D'OPINION : L'IMAGE DE LA FRANCE

Vous organisez un sondage sur l'image de la France dans votre pays.

Démarche

Formez des groupes de trois ou quatre.

1 Préparation

• Chaque groupe sélectionne les thèmes qui lui paraissent les plus importants (le caractère des Français, les traditions, la culture, la cuisine...).

2 Réalisation

• Vous rédigez les questions.
• Vous interrogez votre entourage ou les autres étudiants de l'école (oralement, sans leur faire lire les questions).
• En groupe, vous faites la synthèse des réponses données.

3 Présentation

Vous faites le compte rendu de votre enquête en classe.

2 ORGANISER UN DÉBAT

Vous organisez un débat contradictoire qui aura lieu en classe, autour d'un thème de société.

Démarche

Formez des groupes de trois.

1 Préparation

• Chaque groupe choisit un thème de discussion qui peut donner lieu à une confrontation intéressante, par exemple l'interdiction de fumer dans une voiture privée quand il y a des enfants, l'interdiction de la mendicité dans un périmètre déterminé, la légalisation de certaines drogues, l'interdiction de boire de l'alcool dans les rues ou bien de vendre des médicaments en supermarché.

2 Réalisation

• Le groupe détermine les personnalités qui vont participer aux débats : experts, industriels, consommateurs... ainsi qu'un modérateur qui sera chargé d'animer le débat et de donner la parole aux intervenants.
• Avant de commencer le débat, chaque groupe pour et contre se réunira afin de préparer ses arguments.

3 Présentation

Le modérateur ouvrira le débat puis il donnera la parole aux uns et aux autres.

QUELQUE CHOSE
À DÉCLARER ?

*La parole est d'argent
mais le silence est d'or.*

Apprendre une langue

A Apprendre le français

J'ai appris plusieurs langues étrangères. Premièrement parce que j'ai toujours été fasciné par les autres cultures. Deuxiè-
5 mement du fait que mon parcours académique en relations internationales m'obligeait à apprendre plusieurs langues.

Bien sûr les accents et la
10 prononciation sont différents, mais, en général, l'italien et le français sont deux langues très proches. J'aime la richesse de la sonorité de la langue parlée. Par contre, je n'accroche pas vraiment avec la langue chantée.
15 En ce qui concerne le rapport à la parole, je crois que les Français sont beaucoup plus bavards que les Italiens. Après il y a tous les clichés, mais il faut les prendre avec des pincettes ! Par exemple, les Français parlent moins fort que les Italiens, ils parlent de façon
20 plus directe, ils ne parlent pas autant de bouffe, etc.

Alessandro
Gaston, Italie
Chercheur, Paris.

Monise Santos,
Brésil
Commissaire
d'exposition, Paris.

Pour ma part, je pense que tout a commencé par l'anglais et l'idée qu'il était très important d'apprendre des langues
25 pour s'insérer dans le marché du travail et pour voyager. Le français, c'est une langue que j'aime énormément et j'ai été plutôt motivée pour l'étudier.
30 Au départ, c'était un mélange de souffrance et de curiosité. Puis, petit à petit, c'est devenu plus facile. Et finalement, j'ai pris énormément de plaisir à l'apprendre.

Pour ce faire, il a fallu pratiquer, se lancer et cela
35 n'a pas toujours été évident. En effet, il ne faut pas avoir peur d'être ridicule et de s'exprimer.

Ce qui me frappe dans la langue française, c'est peut-être l'accent, la façon de prononcer les mots, une sonorité à la fois grave et aiguë.
40 Les Brésiliens sont moins formels dans l'emploi de la langue parlée. On utilise la troisième personne pour s'adresser à une vieille dame mais aussi à un ami très proche. Je pense que, pour un Français, le langage s'adapte à son contexte, tandis que nous
45 restons presque toujours informels. Les Français semblent tenir beaucoup au « bonjour » et à certaines formules de politesse.

Avant de venir en France pour un échange universi-
50 taire, j'ai appris le français pendant un an. Son apprentissage m'a aidée à m'intégrer plus rapidement. L'idéal, bien sûr,
55 étant de vivre dans le pays. L'environnement de la langue est très important.

Les différences entre le français et le mandarin
60 sont considérables : masculin, féminin, singulier et pluriel des noms n'existent pas en chinois. De même, pour nous, il n'y a aucun changement morphologique au sens strict : verbes, adjectifs peuvent agir comme sujet ou objet.
65 En ce qui concerne la parole, les Français sont bavards, beaucoup parlent de politique. Les Chinois aiment parler pendant les repas, eux aussi, mais pas de politique.

Li Tao, Chine
Médecin,
Rambouillet.

Naomi S., Japon
Professeure
de japonais,
San Francisco.

J'ai toujours aimé ap-
70 prendre les langues. À mon avis, cela permet d'élargir ses choix dans la vie. On dit que pour bien progresser, il faut avoir un petit ami.
75 Moi, je suis mariée avec un Français mais, malheureusement, nous parlons toujours anglais ensemble, cela ne m'a pas aidée !
80 En français, il y a (pour une étudiante) beaucoup trop de conjugaisons. Je trouve aussi qu'il y a souvent plusieurs mots qui expriment pratiquement la même idée. De plus,
85 au Japon, on ne parle pas directement d'une chose, on est plus diplomate, peut-être plus poli. Si on converse avec un Japonais, on doit imaginer comment il reçoit nos paroles.

Autre chose, en général les Français aiment dis-
90 cuter pendant le dîner. Au Japon, cela dépend des familles, bien sûr, mais je trouve qu'on parle moins pendant les repas.

COMPRÉHENSION ÉCRITE

Lecture

1 Quels sont les points communs entre les divers interlocuteurs ? les contradictions ?
2 Pourquoi apprend-on une langue étrangère ?
3 Quelles sont les principales différences entre leur langue et le français ?

Vocabulaire

4 Expliquez les mots et expressions suivants :
a je n'accroche pas vraiment (l. 14)

b prendre avec des pincettes (l. 18)
c bouffe (l. 20)
d se lancer (l. 34)
e considérables (l. 60)
5 Relevez les mots de liaison utilisés dans ces textes. Quelle est leur fonction ?
Exemples : *Pourtant, en revanche* (pour opposer).

PRODUCTION ORALE

6 À votre tour, répondez aux questions 2 et 3.

B Les langues de Tania

« *Pourriez-vous vous présenter ?* »

COMPRÉHENSION ORALE

1ʳᵉ écoute (en entier)

1 Quelle est la nature de ce document ?
2 Pourquoi Tania a-t-elle choisi de devenir professeure ?
3 Quelles langues étrangères parle-t-elle ? Pour quelles raisons ?
4 Comment a-t-elle appris ces langues ?

2ᵉ écoute (en entier)

5 Quelles difficultés de compréhension et d'apprentissage a-t-elle parfois rencontrées ? Pourquoi ?
6 En quoi parler des langues étrangères est-il important pour elle ?

Tania Wargny, France
Professeure de FLE, Paris.

7 Tous les étrangers mentionnés ont-ils la même relation à la parole ?

Vocabulaire

8 Reformulez les phrases suivantes :
a Quant à l'espagnol d'Argentine, il est truffé de mots italiens.
b J'étais pourtant bien décidée à apprivoiser cette langue.

C Les Français et les langues étrangères

Le niveau de langue étrangère reste une source d'angoisse pour les Français, (...) Plus de 80 % des adultes interrogés ont appris une langue étrangère à l'école, 30 % sont aussi partis en «immersion» à l'étranger. Une proportion non négligeable — près de 10 % — a complété son apprentissage en visionnant des films en version originale. Leur niveau en langue étrangère est néanmoins aujourd'hui faible, débutant ou intermédiaire selon 60 % d'entre eux.
Plus de la moitié ont d'ailleurs conscience que leur niveau est trop faible pour l'usage qu'ils devraient en faire. Ils sont même 60 % à affirmer que cette lacune les a pénalisés au cours de leur carrière professionnelle ! Ils souhaitent de ce fait faciliter le futur professionnel de leurs enfants.

Marie-Estelle Pech, *Le Figaro*, 7 mars 2014.

Lecture

1 De quelle manière les Français font-ils l'apprentissage d'une langue étrangère ?

2 Comment jugent-ils leurs compétences linguistiques ?
3 Est-ce un frein dans leur carrière ?

VOCABULAIRE/GRAMMAIRE
> les mots de liaison

INTRODUIRE
avant tout
d'abord
en premier lieu
premièrement
tout d'abord

CADRER
à ce propos
à ce sujet
dans ce cas
dans le cadre de
du point de vue de
en ce domaine
quant à moi

AJOUTER
après
d'une part d'autre part…
de plus
en outre

en plus
ensuite
puis
enfin

EXPRIMER UNE ALTERNATIVE
d'un côté…, de l'autre…
ou bien… ou bien…
soit… soit…

GÉNÉRALISER
d'une façon générale
en général
globalement
en règle générale

CHANGER DE SUJET
à part ça
autre aspect de
par ailleurs

JUSTIFIER
ça confirme que
ça montre que
ça prouve que
d'ailleurs
justement
la preuve (c'est que)
par exemple

OPPOSER
mais
cependant
néanmoins
pourtant
toutefois
or
d'un autre côté
par contre
en revanche
tout de même
quand même

L'opposition

• Notez que certains articulateurs marquent une opposition plus forte (*par contre, pourtant, en revanche…*) tandis que d'autres marquent une opposition plus faible (*cependant, toutefois, néanmoins…*).

• Après **néanmoins** et **en revanche**, on a une idée positive, tandis qu'après **toutefois**, c'est plutôt une idée négative :

*Il est stupide, **en revanche** sa sœur est très intelligente.*

*Elle est très intelligente, **toutefois** elle a commis une erreur.*

• L'usage de **or** induit une conclusion exprimée ou sous-entendue :

*J'ai placé toutes mes économies en actions, **or** la Bourse s'est effondrée. (Je suis donc ruiné.)*

PRÉCISER
en fait
en réalité
à vrai dire
autrement dit
en d'autres termes
en un mot

CONCLURE
en tout cas
de toute façon
cela dit
quoi qu'il en soit
après tout
en définitive
finalement
en fin de compte
après réflexion
(en) bref
en conclusion
en résumé

1 Placez les mots manquants. Faites des phrases avec les structures que vous n'avez pas utilisées :
autrement dit – cela dit – de toute façon – en fait – finalement – or – par contre – quand même – toutefois.

a | J'ai beaucoup apprécié son discours, ... je n'ai pas tout compris.

b | Je croyais qu'il parlait japonais, ... il est coréen.

c | Il est nul en maths, ... il est doué en anglais.

d | Elle ne voulait pas prendre la parole, mais ..... elle s'est expliquée.

e | Le cours ne l'intéresse pas, mais il vient ..... .

f | J'aime beaucoup le théâtre, ... j'y vais rarement.

g | Le député ne peut pas rester plus longtemps, ... il a répondu à toutes les questions.

2 Complétez les phrases suivantes.

a | J'ai eu des difficultés à apprendre l'arabe, en revanche ....

b | J'aime bien le cours de français, cependant ....

c | Il ne s'est pas présenté à l'examen, de toute façon ....

d | Elle n'est jamais allée en Chine, néanmoins ....

e | C'est un texte très intéressant, cela dit, ...

f | Je suis rarement les débats avant les élections, à vrai dire ....

g | Je le critique, mais ...... quand même.

DOCUMENTS

A Barrières linguistiques

1 Où se passe la scène ?

2 En quoi la situation est-elle amusante ?

3 Avez-vous déjà vécu une expérience en France ou à l'étranger où la barrière de la langue a été embarrassante ?

PRODUCTION ÉCRITE >>>>DELF

> **École primaire Françoise Dolto - Note aux parents**
>
> L'apprentissage d'une langue vivante (anglais, allemand ou espagnol) ne sera plus introduit dès l'école primaire à la rentrée. Tous les élèves souhaitant bénéficier de cours de langues pourront poursuivre leur apprentissage au cours municipal après l'école, moyennant finance.
>
> En raison d'une politique de restriction budgétaire de la part de l'Éducation nationale, les enseignants devront acheter leur propre matériel. Or une méthode digne de ce nom, de qualité, avec des supports adaptés aux enfants coûte cher.

4 En tant que parent d'élève, vous réagissez en envoyant un courrier à la directrice de l'école. Vous exprimez votre désaccord et expliquez en détails les motifs de votre mécontentement. Vous proposerez quelques solutions.

B L'interview 6   « *Comment ça s'est passé?* »

COMPRÉHENSION ORALE

1ʳᵉ écoute

1 Où la conversation se passe-t-elle ?

2 Qui sont les personnes qui parlent ? Pouvez-vous les caractériser ?

2ᵉ écoute

3 Quel est le sujet de la discussion ? Donnez des détails sur la rencontre.

Vocabulaire

4 Relevez les verbes déclaratifs (ceux qui introduisent les paroles de quelqu'un). De quels temps sont-ils suivis ?

PRODUCTION ORALE

5 À votre tour, montrez-vous curieux(-se) et interrogez votre voisin(e) sur :
— ce qu'il/elle a fait le week-end dernier ;
— comment il/elle a rencontré son conjoint ;
— où il/elle a passé les dernières vacances.

Mélanie Laurent, actrice.

POUR VOUS AIDER

Montrer de la curiosité…

… de façon diplomatique

• J'aimerais savoir si…

• Est-ce que je peux savoir comment… ?

• Je serais curieux de connaître…

• Vous pouvez me dire… ?

… plus directement

• Alors ?

• Tu me racontes ?

• Comment ça s'est passé ?

Si les questions vous dérangent, vous pouvez dire…

• Cela ne vous regarde pas.

• Vous êtes bien indiscret(-ète) !

• Ce ne sont pas vos affaires.

• De quoi je me mêle ?

• C'est pas tes oignons. *(fam.)*

VOCABULAIRE
> les déclaratifs

LES VERBES « DÉCLARATIFS »
Sauf mention contraire, ces verbes peuvent être suivis d'une subordonnée introduite par que.

admettre	entendre dire	raconter
affirmer	s'exclamer	rappeler
ajouter	expliquer	reconnaître
annoncer	faire remarquer	répéter
apprendre	hurler	répliquer
assurer	indiquer	répondre
avertir	informer	révéler
avouer	insinuer	souligner
bafouiller	insister sur le fait que	supplier
balbutier	jurer	vouloir savoir si
bégayer	mentionner	
certifier	murmurer	
chuchoter	nier	
confier	noter	
confirmer	objecter	
constater	observer	
crier	se plaindre	
déclarer	préciser	
demander si	prétendre	
démontrer	prévenir	
dire	promettre	

1 Reliez les mots de sens voisin.

a	affirmer	**1**	assurer
b	bafouiller	**2**	avouer
c	crier	**3**	bavarder
d	interroger	**4**	bégayer
e	murmurer	**5**	chuchoter
f	papoter	**6**	hurler
g	rappeler	**7**	prier
h	reconnaître	**8**	questionner
i	répondre	**9**	répéter
j	supplier	**10**	rétorquer

REMARQUE

Ne pas confondre *demander si* (question) et *demander de* + infinitif ou *que* + subjonctif (ordre) :
*Il m'a **demandé si** je restais* ≠ *Il m'a **demandé de** rester.*

PAROLES
l'allusion *(f.)*
l'aveu *(m.)*
le bavardage
le bégaiement
le commérage
le cri
la déclaration
le discours
l'engueulade *(f., fam.)*
l'exclamation *(f.)*
l'exposé *(m.)*
l'injure *(f.)*
l'interrogatoire *(m.)*
la promesse
les ragots *(m.)*
la réplique
le serment

2 Dans quel lieu ces paroles sont-elles prononcées ?
le discours – le serment – l'exposé –
le bavardage – l'aveu – la réplique
a | en classe ➞ .....
b | au tribunal ➞ .....
c | au café entre amis ➞ .....
d | à la tribune ➞ .....
e | au théâtre sur scène ➞ .....
f | au commissariat ➞ .....

Expressions
avoir la tchatche *(fam.)*
avoir la langue bien pendue
avoir une langue de vipère
ne pas avoir la langue dans sa poche
c'est du baratin
être mauvaise langue
tenir sa langue

3 Parmi les expressions ci-dessus, retrouvez celles qui signifient :
a | parler franchement et sans peur
b | parler facilement et sans retenue
c | dire du mal des autres
d | savoir garder un secret

PERSONNES
bavard
l'interlocuteur
le menteur
le négociateur
l'orateur
le tchatcheur
le vantard

4 Mettez les mots ci-dessus au féminin et employez-les dans une phrase.

AUTRES VERBES DE PAROLE
(NON SUIVIS D'UNE PROPOSITION)

appeler	se lamenter
bavarder	médire
calomnier	mentir
causer	se moquer
citer	négocier
commenter	nommer
dévoiler	papoter
discuter	plaisanter
exposer	prêter serment
exagérer	prier
formuler	questionner
gronder	réclamer
injurier	(se) taire
insulter	(se) vanter

GRAMMAIRE
> le discours rapporté au passé

La concordance des temps

• présent	→ imparfait
« Je viens. »	→ *Il a dit qu'il venait.*
• passé composé	→ plus-que-parfait
« J'ai vu ce film. »	→ *Il m'a dit qu'il l'avait vu.*
• futur simple	→ conditionnel présent
• futur antérieur	→ conditionnel passé
« Quand j'aurai fini ce travail, je partirai en vacances. »	
→ *Il m'a dit qu'il partirait en vacances quand il aurait fini ce travail.*	
• impératif	→ infinitif présent
« Prête-le moi. »	→ *Il m'a demandé de le lui prêter.*
• Les autres temps sont inchangés :	
le conditionnel reste un conditionnel, le subjonctif un subjonctif…	
« Je veux que tu reviennes. » → *Il m'a dit qu'il voulait que je revienne.*	
• À noter que l'imparfait peut subsister ou bien devenir, dans certains cas, un plus-que-parfait.	
« Hier, j'étais malade mais aujourd'hui ça va. » → *Il m'a dit qu'il avait été/était malade la veille…*	

L'expression du temps dans le discours rapporté

Discours direct	**→ Discours rapporté**
la semaine dernière	→ la semaine précédente/d'avant
il y a trois jours	→ trois jours avant/auparavant/plus tôt
avant-hier	→ l'avant-veille
hier	→ la veille
aujourd'hui	→ ce jour-là
en ce moment	→ à ce moment-là
ce matin	→ ce matin-là/le matin
ces jours-ci	→ ces jours-là
cette semaine	→ cette semaine-là
ce mois-ci	→ ce mois-là
demain	→ le lendemain
après-demain	→ le surlendemain
dans trois jours	→ trois jours après/plus tard
la semaine prochaine	→ la semaine suivante/d'après

1 Mettez les phrases suivantes au discours rapporté, avec le verbe introducteur au passé.
Exemple : *Je te répondrai demain. (assurer)*
→ Il m'a assuré qu'il me répondrait le lendemain.

a | Est-ce que tu lui as écrit hier ? *(demander)* → .....
b | Non, je ne l'ai jamais promis. *(affirmer)* → .....
c | Tu pourras venir avec moi cet après-midi ? *(demander)* → .....
d | Oui, c'est vrai, je ne lui ai pas écrit. *(reconnaître)* → .....
e | Tu peux ouvrir la fenêtre ? *(demander)* → .....
f | C'est certain, Alice n'ira pas à Lille. *(confirmer)* → .....
g | Comment tu l'as trouvé ? *(demander)* → .....
h | Aujourd'hui, nous allons visiter le château. *(annoncer)* → .....
i | Qu'est-ce que tu as envie de manger au dîner ? *(demander)* → .....
j | Quand tu reviendras, j'aurai fini mes devoirs. *(promettre)* → .....
k | Si on sortait ce soir ? *(proposer)* → .....

A Les mauvaises langues des interprètes judiciaires

Traductions fantaisistes, corruption, entente avec la police, les commissariats et les prétoires sont envahis par des aigrefins[1].

Ce sont des scènes familières aux habitués des audiences correctionnelles. Un prévenu étranger s'époumone : « *Non, je n'ai pas donné un faux nom ! Non, je n'ai pas dit ça, c'est l'interprète qui ne m'a pas compris !* » Les juges le rabrouent[2] : C'est ça, monsieur, bien sûr, bien sûr... »
Et personne ne le croit.
Pourtant, si étrange que cela paraisse, il n'est pas nécessaire d'être inscrit sur la très sérieuse liste des experts agréés auprès des cours d'appel pour se prétendre interprète. Il suffit de faire le serment d'« apporter son concours à la justice » pour être, au pied levé, intronisé traducteur... sans le moindre diplôme.

Diplômé en charabia

Ainsi, un agent immobilier prétendant maîtriser à la fois le roumain, le valach, le serbe et le croate officie au tribunal de Paris. Ses collègues ont constaté qu'il ne connaissait rien au roumain et ajoutent : « *On ne sait même pas s'il entrave[3] un seul mot des autres langues qu'il est censé connaître.* » Autre cas : celui de ce coach de body-building, autoproclamé maître ès « *dialectes arabes* », qui, en fait, ne possède que des bribes[4] d'arabe classique. « *Je suis bilingue en arabe*, rigole un avocat, *et il n'est pas rare que je hurle quand je m'aperçois que l'interprète traduit n'importe quoi.* »

Plus drôle encore, une prétendue prodige des langues (anglais, italien, espagnol, russe, arabe, polonais et chinois) a passé des années à baragouiner, dans les commissariats et les tribunaux d'Île-de-France, d'effarantes sottises, reprises ensuite sur des procès-verbaux officiels. Jusqu'à ce que l'on s'aperçoive - tardivement - qu'elle n'y entendait rien. Poursuivie pour « usurpation de titre », elle a finalement été condamnée pour avoir gonflé ses notes d'honoraires. Normal, quand la famine règne dans la profession.

[1] Escroc / malhonnête.
[2] Renvoyer quelqu'un en le réprimandant. [3] Comprendre (argot).
[4] Petits morceaux.

Dominique SIMONNOT,
Le Canard enchaîné, 9 avril 2014.

COMPRÉHENSION ÉCRITE

Lecture

1 Lisez le titre de cet article. Selon vous, quel va en être le sujet ?
2 Quel est le sujet de cet article ?
3 Quelle est la cause de ce phénomène ?
4 Quel est le ton de cet article ?

Vocabulaire

5 Relevez les mots qui concernent la justice. Expliquez-les.
6 Relevez les mots qui concernent la parole.
7 Trouvez un équivalent aux énoncés suivants :
a | au pied levé (l. 24)
b | d'effarantes sottises (l. 52)
c | avoir gonflé ses notes d'honoraires (l. 59)
d | la famine règne dans la profession (l. 61)

B L'identité gasconne

COMPRÉHENSION ORALE

« *Tout fait ventre là-bas.* »

1re écoute

1 Quelle est la nature de cet enregistrement ?
Qui sont les interlocuteurs ?
2 Quel en est le thème ?

2e écoute

3 Quelles sont les caractéristiques des Gascons ?
4 Quel événement a lieu à Moncrabeau ?
5 Quelle en est l'origine ? Quel est son but ?
6 Comment se déroule-t-il ?

Vocabulaire

7 Lisez la transcription p. 200 et expliquez les expressions suivantes :
a | beau parleur
b | bon vivant
c | forcer leur nature
d | qui la travestit
e | tout fait ventre

CIVILISATION

A Dany Laferrière, un immortel à l'Académie

Entrée en matière

1 Observez la photo. Que voyez-vous ? Que savez-vous de cette institution ?

1ᵉʳ visionnage (sans le son)

2 Quelle est la nature de l'extrait vidéo ?

3 Nommez tous les lieux présentés dans cet extrait.

2ᵉ visionnage (avec le son)

4 Présentez Dany Laferrière. Que lui arrive-t-il ?

5 Où et comment a-t-il appris la nouvelle ?

6 Pourquoi est-ce un événement qui marque l'histoire de la culture francophone ?

7 En quoi l'œuvre de Dany Laferrière représente-t-elle un espoir pour les jeunes de son pays d'origine ? Pourquoi va-t-il à leur rencontre ?

B Dany Laferrière entre à l'Académie française

L'écrivain canadien né en Haïti Dany Laferrière a été élu jeudi à l'Académie française au fauteuil de l'auteur d'origine argentine Hector Bianciotti, décédé en juin 2012, a annoncé l'institution dont les statuts
5 n'imposent aucune condition de titre, ni de nationalité. C'est la première fois qu'un Canadien fait son entrée dans la vénérable institution, selon l'Académie. Le nouvel immortel[1] a été élu au fauteuil 2 au premier tour par 13 voix sur 23, a précisé l'Académie,
10 fondée par Richelieu en 1635, chargée de veiller au respect de la langue française et d'en composer le dictionnaire. [...]
Parmi les autres candidats à l'immortalité, un prétendant a surpris les vénérables académiciens qui
15 lui ont accordé une voix : un lycéen de 15 ans, Arthur Pauly. « *Imaginons, en faisant un grand effort, que je sois élu, je deviendrais immortel à 15 ans ! Ne serait-ce pas merveilleux ?* », avait écrit le jeune Arthur, passionné de littérature, dans sa lettre de candidature,
20 acceptée par les habits verts. L'âge limite pour poser sa candidature sous la Coupole est depuis 2010 fixé à 75 ans. Mais il n'y a pas d'âge minimum.

« PAS D'UNIVERS SINGULIER QUI NE SOIT CRÉOLE »
Né à Port-au-Prince en Haïti le 13 avril 1953, Dany
25 Laferrière, né Windsor Klébert Laferrière, est un grand intellectuel, écrivain et scénariste qui vit entre Miami et Montréal. Son écriture privilégie le style autobiographique. Il a reçu en 2009 le prix Médicis et le Grand Prix du livre de Montréal pour
30 son roman *L'Énigme du retour*, qui raconte son retour en Haïti, à la suite de la mort de son père, exilé lui-même dans les années 1960 par Papa Doc[2], le père de Jean-Claude Duvalier.
D'abord journaliste en Haïti, Dany Laferrière a quitté
35 l'île en 1974 pour s'installer au Québec après l'assassinat d'un ami journaliste par les hommes de main du dictateur Jean-Claude Duvalier. Son premier roman, *Comment faire l'amour avec un nègre sans se
40 fatiguer*, paru en 1985, a été traduit dans plusieurs langues et adapté au cinéma.
À la fois romancier, poète, scénariste et cinéaste, Dany Laferrière a publié plus d'une vingtaine de livres, dont *Cette grenade dans la main du jeune
45 nègre est-elle une arme ou un fruit ?* prix RFO 2002, et *Vers le sud* (2006), en lice la même année pour le prix Renaudot et adapté également au cinéma. Cette année, il a publié *Journal d'un écrivain en pyjama* (Grasset). En avril dernier, il a également présidé
50 en Haïti des rencontres littéraires entre écrivains haïtiens et québécois. [...]

[1] Les membres sont appelés les « immortels » en référence à l'immortalité de la langue française.
[2] Président dictateur d'Haïti de 1957 à 1971.

Libération, AFP, 12 décembre 2013.

Lecture

1 Quelles sont les informations communes avec la vidéo ?

2 Quel est le rôle de l'Académie française ?

3 Comment devient-on académicien ?

4 Quelles sont les diverses occupations de Dany Laferrière ?

PRODUCTION ÉCRITE

5 Rédigez la biographie d'un écrivain emblématique de votre pays ou de votre écrivain préféré.

unité 2 **Quelque chose à déclarer ?**

VOCABULAIRE
> des paroles et des sons

PARLER TENDANCE

Si vous voulez être tendance, à la mode, branché(e), vous ne devez pas vous contenter du français standard appris dans les manuels mais y ajouter un peu d'argot traditionnel, une pointe de verlan (mots à l'envers) et quelques anglicismes.

1 Que signifient :
a | le flic
b | le fric
c | le mec
d | la meuf
e | la nana
f | le taff
g | kiffer
h | avoir du pif
i | être vénère
j | il/elle est ouf
k | avoir du pot
l | faire la teuf
m | il/elle est zarbi
n | il/elle m'a pas calculé

2 L'Académie française, comme d'autres institutions, fait la chasse aux anglicismes. Faites correspondre l'anglicisme et le mot français correspondant.
Exemple : *after-shave* → *après-rasage*.
a | attaché-case
b | audit
c | best of
d | coach
e | lobby
f | prime-time
g | pull-over
h | sponsor
i | scoop
j | vintage

1 | chandail
2 | exclusivité
3 | florilège
4 | groupe de pression
5 | heure de grande écoute
6 | mallette
7 | mécène
8 | mentor
9 | rétro
10 | vérification

DES SONS

le brouhaha
le boucan
le claquement
le craquement
le crépitement
la détonation
le gémissement
le grincement

résonner
le sifflement
la sonnerie
le tintement
tonner
le tumulte
le vacarme

3 Faites correspondre le son avec sa cause.
a | le brouhaha
b | le claquement
c | le craquement
d | le crépitement
e | la détonation
f | le grincement
g | le grondement
h | le sifflement
i | le tintement
j | le vacarme

1 | le feu
2 | une porte
3 | le vent dans les arbres
4 | une arme à feu
5 | l'orage
6 | une clochette
7 | le parquet
8 | des écoliers pendant la récréation

QUELQUES ONOMATOPÉES

Aie !
Boum !
Clac !
Clap clap !
Dong !
Dring !
Hep !
Floc !
Ouf !
Ouille !
Ouin !
Paf !
Pan pan !
Pin pon pin pon !
Snif !
Splatch !
Tagada tagada !
Tic tac !
Vlam !

4 Dans les BD, on utilise souvent des onomatopées mais lesquelles utilise-t-on pour...
a | appeler quelqu'un
b | des applaudissements
c | un bébé qui pleure
d | un cheval au galop
e | la douleur
f | une horloge
g | les pompiers
h | une porte qui claque
i | la pluie
j | une sonnerie de téléphone

DU CÔTÉ DES ANIMAUX

aboyer
bêler
bourdonner
hurler
chanter
meugler
miauler
parler
rugir
siffler

5 Rendez son cri à chaque animal et le verbe correspondant dans la liste ci-dessus.
a | abeille
b | chat
c | chien
d | coq
e | lion
f | loup
g | mouton
h | oiseau
i | perroquet
j | vache

1 | bêê
2 | bzzz
3 | cocorico
4 | cui-cui
5 | ouuuh
6 | meuh
7 | miaou
8 | ouah, ouah
9 | coco
10 | raah

6 **Intonation**
Écoutez les phrases suivantes et « traduisez-les » en français standard. Puis réutilisez-les dans un court dialogue.

8

DOCUMENTS

Candy crush

> Avec la récente ouverture de la pâtisserie Liberté à Paris par Benoît Castel et la sortie du livre *Pierre Hermé et moi* le 2 mai, la sweet food a enfin sa part du gâteau.
>
> Cronut, cragel, ice cream sandwich... ces temps-ci, les desserts hybrides poussent comme des choux (à la crème) et montrent que le freestyle n'est pas l'apanage du salt and pepper way of life. C'est sans avoir besoin d'être battus au rouleau que les grands chefs passent à la marquise : Cyril Lignac et son application smartphone MesDesserts, Jean-François Piège et sa pâtisserie Gâteaux Thoumieux, ainsi qu'Alain Ducasse et Christophe Michalak avec leur kiosque Choux d'Enfer. Et comme les friandises ont meilleur goût façon « c'est moi qui l'ai fait », les workshops pour amateurs se multiplient : la Michalak Masterclass et l'Atelier Noir de Guillaume Sanchez viennent d'ouvrir.
>
> Si vous êtes déjà en hyperglycémie, vous pouvez soit aller faire un tour au restaurant Privé de Dessert — qui s'amuse à transformer le sucré en salé (mention spéciale au Saint-Honoré burger) — ou goûter à l'Opéra au foie gras et à la fraise de Fauchon. Mangez, bougez, sucrez !
>
> *Stylist*, 6 mai 2014.

COMPRÉHENSION ÉCRITE

Lecture

1 Quelle est la nature de ce document ?

2 Relevez les mots « branchés » d'origine anglophone. Que signifient-ils ? Pouvez-vous les remplacer par un mot français ?

Vocabulaire

3 Que signifient :

a | avoir sa part du gâteau (l. 3)
b | être l'apanage de (l. 6)
c | une friandise (l. 12)

d | être en hyperglycémie (l. 16)
e | un Saint-Honoré (l. 17)
f | un Opéra (l. 18)

PRODUCTION ORALE

4 Que pensez-vous de ce phénomène de prolifération des anglicismes dans les médias ? Existe-t-il dans votre pays ?

PRODUCTION ÉCRITE

5 Vous venez de recevoir un prospectus bourré d'anglicismes et de fautes d'orthographe. Vous écrivez à la société responsable pour lui dire tout le mal que vous en pensez.

STRATÉGIES

Comprendre un document écrit

Ces stratégies vous seront utiles pour réussir au mieux les exercices de compréhension écrite du livre et pour préparer l'épreuve du DELF B2.

L'épreuve de compréhension écrite du DELF B2 dure une heure. Elle comporte deux exercices.
Vous devrez traiter deux types de textes, d'une longueur de 450 à 550 mots chacun.

Dans l'exercice 1, il s'agit d'un texte à caractère informatif.
Dans l'exercice 2, d'un texte à caractère argumentatif.

Les deux textes, souvent des articles de journaux, seront suivis d'un questionnaire de compréhension. Vous trouverez :
— des questions de type « Vrai/Faux », accompagnées d'une demande de justification de la réponse par le texte. Elles sont présentées sous forme de tableau ;
— des QCM ;
— des questions appelant une réponse ouverte, avec demande de reformulation éventuelle.

Pour être prêt(e) le jour de l'épreuve

Lisez régulièrement la presse francophone et entraînez-vous selon ce principe :
• Lors de la première lecture d'un article, identifiez le thème, l'idée principale, la fonction et le ton général.
• À la deuxième lecture, relevez les points d'information précis et significatifs et identifiez les points de vue, les enjeux exprimés.
• Enfin, recherchez les points de lexique ou de syntaxe en relation avec le thème du document. Certains relèvent d'une langue standard, d'autres énoncés peuvent avoir un double sens, un sens métaphorique, etc. Entraînez-vous à les reformuler.

Il est nécessaire de vous entraîner à ce type de lecture car il vous faudra être rapide lors de l'épreuve. En effet, vous n'aurez que 30 minutes par exercice.

La variété des textes issus de la presse francophone ainsi que les différentes activités de compréhension écrite proposées dans le livre vous permettront de vous préparer efficacement à cette épreuve.

EXERCICE 2 (de l'épreuve) *12 points*

Prof, un métier menacé

Quelques jours avant les élèves, les profs de collège et de lycée ont eux aussi bouclé leur cartable. Samia, 26 ans, menue, voix haut perchée, s'apprête à assurer sa première année de titulaire d'anglais, après avoir vécu l'an passé une année de stage « intense et très éprouvante » dans un lycée de la banlieue parisienne. Elle est sûre de ne pas « s'être trompée de métier ». D'emblée, il lui aura pourtant fallu apprivoiser quatre classes, une bonne centaine d'ados « agités, peu concentrés, récalcitrants », qui ne la prenaient pas au sérieux avec son minois juvénile[1]. Elle aura mis plusieurs mois à juguler les chahuts[2], à se casser la voix, à plancher[3] jour et nuit pour trouver des solutions pédagogiques. Elle, l'ex-petite fille modèle, issue du même milieu modeste que ses élèves (origine algérienne, un père maçon et une mère agent d'entretien), n'a pas compris au début qu'il fallait aussi leur apprendre « leur métier d'élève ». Au fil du temps, elle a réussi à instaurer une « relation de confiance » avec les plus coriaces. Ces nouvelles générations pour qui le sens de l'école ne va plus de soi, sa collègue Joëlle Paris, chaleureuse sexagénaire, les a vues arriver, depuis ses débuts en 1973. Elle s'y est adaptée, car elle carbure à l'énergie, quitte parfois à « péter les plombs » et à traiter ses élèves de « petits connards » – un mot que sa classe, qui l'idolâtre, prend affectueusement. Elle qui voulait devenir au choix « clown ou journaliste » a finalement à moitié réussi, « toujours en représentation devant un public ». Cette fois, c'est décidé, elle rempile pour la der des ders[4] au lycée Paul-Éluard de Saint-Denis, après trente ans de bons et loyaux services sous la double casquette de prof de théâtre et de portugais. Sorties, voyages, spectacles, Joëlle fourmille de projets jusqu'au bout, mais se dit « souvent épuisée », le nez dans le guidon[5]. Elle a vu changer le métier du tout au tout. Pas seulement à cause de l'évolution des profils et des comportements des élèves, mais aussi d'une institution qui a bouleversé ses objectifs et ses méthodes, et encore d'un « individualisme galopant » qui a cassé toutes les solidarités chez les profs. Signe des temps, l'amicale[6] de son lycée a été dissoute, faute de participants.

1 Visage d'enfant. 2 Stopper l'agitation. 3 Travailler. 4 Toute dernière année. 5 Être débordé. 6 L'association.

Fanny CAPEL, Lorraine ROSSIGNOL,
Télérama, 31 août 2013.

1 Les nouvelles générations d'élèves sont : *(1,5 point)*
☐ plus difficiles. ☐ plus individualistes. ☐ plus mûres.

2 Pendant son année de professeure stagiaire, Samia : *(1,5 point)*
☐ a peiné à s'imposer devant ses élèves.
☐ ne s'est pas sentie suffisamment formée.
☐ a pris conseils auprès de ses proches.

3 Vrai ou faux ? Cochez la bonne réponse et recopiez la phrase ou la partie du texte qui justifie votre réponse. *(4,5 points)*
• Samia regrette d'être devenue professeure. V ☐   F ☐
Justification : ....
• Son origine sociale est similaire à celle de ses élèves. V ☐   F ☐
Justification : ....
• Joëlle Paris est appréciée dans ses classes. V ☐   F ☐
Justification : ....

4 Après trente ans d'enseignement, Joëlle Paris se sent parfois : *(1,5 point)*
☐ déprimée.   ☐ incomprise.   ☐ très fatiguée.

5 Quel constat Joëlle Paris fait-elle au propos de l'évolution du métier d'enseignant ? *(3 points)*
....

unité 2 **Quelque chose à déclarer ?**

ATELIERS

1 ORGANISER LE CONCOURS DES MENTEURS

Vous allez organiser le concours des menteurs. Vous inventerez des mensonges étonnants et amusants. À l'issue d'une présentation orale, la meilleure équipe de menteurs sera désignée !
Lors d'une discussion collective, on effectuera le choix des thèmes ou pourquoi pas procéder à un tirage au sort.

Démarche

Par paire.

1 Préparation

• Vous choisissez un nom pour votre équipe.
• Chaque équipe doit raconter deux petites histoires étranges ou extraordinaires : l'une sera vraie et l'autre fausse mais crédible et amusante. Laissez aller votre imagination !

2 Réalisation

• Rédigez vos deux histoires.
Votre mensonge doit paraître le plus vraisemblable possible afin que les étudiants puissent croire en sa réalité.

3 Présentation

• Chaque membre du groupe s'attribue une histoire et la présente devant la classe.
• À l'issue de la présentation, les étudiants doivent détecter quel est le mensonge et quelle est la vérité.
• Ensuite, votez pour le meilleur mensonge : le groupe vainqueur sera celui qui aura su raconter de manière crédible le mensonge le plus extravagant.

2 RÉALISER UNE INTERVIEW

Vous allez réaliser une interview sur le thème des langues.

Démarche

Formez des groupes de deux ou trois.

1 Préparation

• Vous choisissez une personne à interviewer sur le thème des langues et préparez les questions que vous lui poserez.
• Vous pouvez choisir quelqu'un de votre entourage ou un professeur mais vous pouvez également vous lancer le défi de contacter une personnalité du monde littéraire, de la culture ; voire un Académicien !
Dans ce cas, préparez un courrier dans lequel vous formulez votre demande.

2 Réalisation

• Vous réalisez l'interview soit en face à face, soit au téléphone, par Skype...
• Vous la retranscrivez sous la forme d'un article en rapportant les paroles de votre interlocuteur, sans oublier le titre et le chapeau.

3 Présentation

Vous présentez votre interview à la classe et réunissez tous les articles dans un journal de classe.

ÇA PRESSE !

Il n'y a pas de fumée sans feu.

Informer

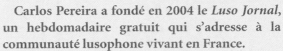

A La presse d'Alessandro

Je suis arrivé en France en 2006. À l'époque, j'étudiais les sciences politiques et j'avais besoin d'apprendre le français car c'est toujours la langue de la diplomatie. Dans les milieux diplo-
5 matiques, sa maîtrise est nécessaire ; en effet les traités sont toujours écrits en français, même si l'anglais est devenu dominant.

Je lis donc régulièrement la presse française, plutôt les journaux, étant très attaché à la presse
10 papier. Je lis un quotidien national et aussi des magazines. De plus, je veux me tenir au courant de ce qui se passe autour de moi, alors je prends le temps de lire un quotidien régional.

En fait, je lis pratiquement le même type de
15 journaux en France et en Italie. Mais je note quelques différences : par exemple, je trouve que la presse italienne est plus engagée dans la bagarre politique, alors que la presse française se radicalise davan-
20 tage pendant les élections. En Italie, la presse est engagée politiquement 24 heures sur 24, sans
25 doute en raison de la situation politique beaucoup plus ten-due qu'en France.

Alessandro, Italie.

B Le journal de Carlos

Carlos Pereira a fondé en 2004 le *Luso Jornal*, un hebdomadaire gratuit qui s'adresse à la communauté lusophone vivant en France.

La France est la deuxième plus grande ville du
5 Portugal. Entre 900 000 et plus d'un million de lusophones résident dans l'Hexagone, selon les statistiques, dont 30 000 à Paris. Cette immense communauté a ses grands moments comme cette année, le 40ᵉ anniversaire de la Révolution des œil-
10 lets*. Elle a ses lieux, comme la boîte de nuit Le Mikado, à Pigalle. Elle a aussi son journal.

Administré en collaboration avec la chambre de commerce franco-portugaise, le *Luso Jornal* est un hebdomadaire gratuit. On y écrit en français ou en
15 portugais, selon son envie. Géré à temps plein par trois personnes qui centralisent tout depuis Paris, il bénéficie également de collaborateurs à temps partiel (dont le graphiste, qui travaille depuis le Portugal) et d'une soixantaine de bénévoles répar-
20 tis dans l'Hexagone.

« *Nous sommes un journal local étendu à toute la France* », explique son directeur Carlos Pereira. Distribué dans les associations, les écoles portugaises ou encore le consulat, ce « *pato* »
25 (*canard*, en portugais) est tiré à 10 000 exemplaires. Sur son site Internet, il revendique plus de 40 000 visiteurs. « *Nous avons de la marge car nous nous adressons aussi aux lusophiles, aux Cap-Verdiens, aux Brésiliens...* », précise Pereira. Arrivé en France
30 il y a 30 ans, ce dernier fut notamment animateur, organisateur d'un festival de théâtre, directeur marketing... Il a tout arrêté pour fonder le journal en 2004.

L'objectif de son hebdomadaire ? « *Nous*
35 *souhaitons montrer une communauté dynamique, ouverte, et surprendre nos lecteurs en leur montrant qu'untel est portugais. Nous pouvons parler de tout tant que ça concerne les Portugais de France et que les autres journaux n'en parlent pas.* »
40 Rubriques culture, politique, entreprise, opinion... Le *Luso Jornal* traite de sujets variés. Le journal veut aussi refléter la diversité de la communauté. Carlos Pereira, intarissable : « *À l'Elysée, le secrétaire général aux Affaires*
45 *européennes est d'origine portugaise. Et je ne vous parle pas des députés, des chefs d'entreprise, des élus locaux...* »

* *Insurrection militaire qui mit fin au régime dictatorial au Portugal, le 25 avril 1974.*

Vincent LECONTE, *Le Nouvel Observateur*, 9 mai 2014.

Entrée en matière
1 Comment vous informez-vous ?

Lecture
2 Pourquoi Alessandro lit-il la presse française ?
3 Que lit-il ?
4 Quelles différences voit-il entre la presse française et la presse italienne ?

Vocabulaire
5 Trouvez des équivalents ou expliquez les expressions suivantes :
a | l'anglais est devenu dominant
b | je veux me tenir au courant
c | la presse est engagée politiquement
d | la presse française se radicalise davantage
e | une situation politique beaucoup plus tendue

Lecture

1 Présentez le parcours personnel et professionnel de Carlos.

2 Qu'est-ce qui caractérise la population portugaise en France ?

3 Quelles sont les particularités du *Luso Jornal* ?

4 Quel visage de la communauté portugaise Carlos souhaite-t-il montrer ?

Vocabulaire

5 Relevez le vocabulaire en relation avec la presse.

C L'actualité brûlante

« *Mais vous pourriez y aller à deux...* »

1re écoute (du début à 1'05'')

1 Quelle profession Édith Bouvier et William Daniels exercent-ils ?

2 Pour quels médias travaillent-ils ?

3 Quels pays ont-ils couverts ?

2e écoute (de 1'06'' à la fin)

4 Dites si ces affirmations sont vraies ou fausses et justifiez votre réponse.

a | Édith Bouvier et William Daniels évoquent leur passion des voyages.

b | S'ils n'étaient pas à Paris, ils choisiraient le même pays comme destination.

c | En tant que travailleuse indépendante, Édith Bouvier a des difficultés financières.

d | Elle est souvent confrontée à la détresse humaine et le vit difficilement.

e | Elle se ressource en faisant du sport.

f | William Daniels évoque l'importance de témoigner de ce qui se passe dans le monde.

D Les Français et l'info

De quelle manière vous tenez-vous au courant principalement de l'actualité nationale et internationale ?

Par la télévision

Par la radio

57 %

17 %

10 % — Par la presse écrite

10 % — Par Internet via les sites d'information des grands titres nationaux

5 % — Par Internet sur d'autres sites

1 % — Ne se prononcent pas

La Croix-TNS Sofres – janvier 2014.

1 Êtes-vous surpris par ces résultats ?

2 Et vous, de quelle manière vous tenez-vous au courant de l'actualité ?

3 À quels médias faites-vous le plus confiance ?

4 La presse écrite est en déclin en France. Est-ce aussi le cas dans votre pays ?

unité 3 **Ça presse !**

VOCABULAIRE
> la presse

LA COMMUNICATION

le communiqué de presse
la couverture médiatique
la conférence de presse
l'information (f.)
la liberté d'information
la censure
le média
la médiatisation
médiatique
multimédia

LA PRESSE

l'abonnement (m.)
s'abonner
l'agence (de presse) (f.)
la diffusion
l'hebdomadaire (m.)
le lecteur/la lectrice
le lectorat
le mensuel
le périodique
la presse à scandale
la presse féminine
le quotidien
régional
la revue
le tirage

Expressions

avoir bonne presse
une feuille de chou
la rubrique des chiens écrasés
un torchon

LES TYPES D'ARTICLES

le billet
la brève
la chronique
la critique
la dépêche
l'éditorial (m.)
l'enquête (f.)
l'entretien (m.)
le reportage

DANS LE JOURNAL

la caricature
la colonne
le dessin d'humour
le feuilleton
l'interview (f.)
la manchette
la rubrique
le sommaire
le sondage
les sources (f.)
le supplément
le titre/les gros titres
la une

1 Reliez ces mots à leur définition.
a | l'éditorial
b | un canard
c | le bouclage
d | l'accroche
e | la dépêche
f | l'angle
g | le chapeau

1 | Une ou deux phrases en tête d'article, destinée à retenir l'attention du lecteur.
2 | Façon de traiter un sujet.
3 | Mise en forme définitive d'une page (texte et images) avant correction.
4 | Au XVIe siècle, fausse nouvelle. Désigne aujourd'hui, familièrement, un journal.
5 | Texte d'introduction qui concentre en quelques lignes l'essentiel de l'information.
6 | Texte de réflexion et de commentaire en réaction à une actualité donnée.
7 | Information diffusée par une agence.

2 Donnez les définitions des mots suivants.
a | le fait divers
b | la manchette
c | la rubrique
d | le scoop
e | le tirage
f | la une

LES RUBRIQUES

culture et loisirs
économie
faits divers
jeux
météo
petites annonces
politique française
politique internationale
social
société
spectacles
sports

PRODUCTION ORALE

3 La presse et vous
a | Lisez-vous un quotidien ? À quelle fréquence ? L'achetez-vous, êtes-vous abonné(e) ou le consultez-vous sur Internet ?
b | Si oui, pourquoi lisez-vous ce journal ? Si non, pourquoi ?
c | Quelles sont vos rubriques favorites ?
d | Comment pourriez-vous caractériser les quotidiens ou magazines que vous lisez (forme, lectorat, tendance politique…) ?
e | Connaissez-vous des journaux ou des magazines français ? Lesquels ? Voyez-vous des différences importantes avec la presse de votre pays ?
f | Présentez le quotidien ou le magazine de votre pays que vous préférez (format, tirage, tendance politique, rubriques les plus importantes).

GRAMMAIRE
> la cause et la conséquence

> ÉCHAUFFEMENT

1 Soulignez, dans les phrases suivantes, les mots et structures qui expriment la cause et la conséquence.

a | J'avais besoin d'apprendre le français car il reste toujours la langue de la diplomatie.

b | Sa maîtrise est nécessaire, en effet les traités sont toujours écrits en français.

c | Je veux me tenir au courant, alors je lis aussi un quotidien régional.

d | La presse est engagée politiquement, sans doute en raison de la situation politique beaucoup plus tendue qu'en France.

e | Je lis donc régulièrement la presse française.

> FONCTIONNEMENT

2 Dans les phrases suivantes, ces structures sont-elles suivies d'un nom (N), d'un verbe (V) ou d'une proposition (P) ?

Exemple : *Il a perdu le match car il était épuisé.* (*car* cause **P**)

a | Je ne lis plus de quotidien, par manque de temps.

b | Il a tellement plu que tous les champs sont inondés.

c | Vu l'augmentation du nombre d'accidents, il est temps que le gouvernement réagisse.

d | Il y a une grève des bus, aussi a-t-il pris son vélo.

e | Il a été condamné pour avoir détourné de l'argent public.

La cause

Verbes		Structures suivies d'une proposition + subjonctif	
• avoir pour origine	• d'autant (plus) que		• pour
• découler de	• dès l'instant où		• sous le prétexte de
• être causé par	• dès lors que	• ce n'est pas que	• à la suite de
• être dû à	• du fait que	• de crainte que	• par suite de
• provenir de	• maintenant que	• de peur que	• vu
• être provoqué par	• du moment que/où	**Structures suivies d'un nom**	**Structures suivies d'un infinitif**
• résulter de	• à présent que		
Structures suivies d'une proposition + indicatif	• à partir du moment où	• étant donné	• à force de
	• sous prétexte que (ou + conditionnel)	• du fait de	• de crainte de
• c'est que	• vu que	• faute de	• de peur de
		• par manque de	• pour + infinitif passé

La conséquence

Verbes	Structures suivies d'une proposition + indicatif	Structures suivies d'un nom
• entraîner	• à tel point que	• de là
• occasionner	• ainsi	• d'où
• permettre	• aussi	**Structures suivies d'un infinitif**
• produire	• c'est pourquoi	• assez … pour
• résulter	• de ce fait	• au point de
• susciter	• en conséquence	• trop … pour
	• si bien que	
	• tellement (de)… que	

> ENTRAÎNEMENT

3 Intonation **10**

Répétez les phrases suivantes. Relevez les énoncés qui expriment la cause ou la conséquence. Réutilisez-les dans de courts dialogues.

Gutenberg vit dans l'Aisne

Ovni dans la société du high-tech, *le Démocrate de l'Aisne*, journal basé à Vervins, utilise les mêmes procédés de fabrication que lors de sa création, en 1906.

5 C'est le dernier journal en Europe réalisé au plomb typographique, procédé d'impression inventé par Gutenberg en 1450. Signe qu'elle n'a pas l'intention de devenir un monument historique, cette feuille hebdomadaire de quatre pages, austère à souhait
10 et dépourvue de toute photo, vient de changer de rédacteur en chef. Manuel Caré, ex-journaliste à *l'Aisne nouvelle*, a succédé à Jacques Piraux. Le patron actuel du titre l'avait repris en 2008, alors qu'il était en dépôt de bilan. Depuis s'est
15 créée l'Association des amis du Démocrate, afin de pérenniser la « marque », qui a réalisé 150 000 € de chiffre d'affaires et 10 % de bénéfices en 2013. Pas peu fier de léguer des finances saines, Piraux tirera sa révérence d'ici à deux mois, le temps que
20 son successeur soit en selle. Caré a immédiatement apporté son ordinateur au bureau qui sert de rédaction. Un anachronisme dans ce décor XIXe, observé d'un œil curieux par Pascal Ceccaldi. Le fondateur, dont le buste trône au-dessus d'une
25 armoire, n'en revient pas de tant de modernité. Sous-préfet de Vervins démissionnaire, il avait créé *le Démocrate* pour appuyer sa campagne à la députation en 1906.
Va pour le PC, mais pas question en revanche de
30 changer d'un iota la réalisation du journal. Au cœur de l'atelier, on est jeudi et c'est jour de bouclage. Dominique Picard, quarante-trois ans de métier, est à la manœuvre. Le chef virevolte entre la Linotype de 1936 et le plan de travail où il réalise
35 les pages du journal. La « Lino », combinaison de microfonderie et de machine à écrire, crache les matrices des textes, sitôt les caractères frappés sur le clavier.
À la moindre faute, c'est toute la ligne qu'il faut
40 recomposer. L'orfèvre fabrique mais aussi vérifie : il fait partie des derniers professionnels à savoir lire les articles à l'envers !
Pour succéder à Picard, qui partira à la retraite dans quinze mois, *le Démocrate* a embauché un ouvrier
45 de 22 ans. Julien Noiroux a de qui tenir. Son père était ouvrier typographe. Pour rien au monde ce diplômé d'un BTS de gestion n'aurait exercé un autre métier. Reste que l'art de réaliser des pages, à partir de lignes de 90 caractères chacune, se
50 maîtrise moins facilement que Windows !

Olivier MÉRIAC, *Marianne*, 4-10 avril 2014.

Entrée en matière

1 Pour quelle invention Gutenberg est-il connu ?
2 Lisez le chapeau et imaginez le sujet de l'article.

Lecture

3 Quelle est la principale particularité du *Démocrate de l'Aisne* ?
4 Que savez-vous de ce journal ?
5 Est-il rentable ?
6 Combien y a-t-il d'employés ? Présentez-les.

Vocabulaire

7 Quels sont les mots utilisés pour désigner *le Démocrate de l'Aisne* ?
8 Quels sont les mots utilisés pour accentuer son côté étrange ?

PRODUCTION ÉCRITE

9 L'irruption de la vie privée dans le champ médiatique est actuellement générale : la presse « people », l'actualité politique, l'image, la starisation... Les faits et gestes des personnages publics semblent susciter l'intérêt du public.
Que pensez-vous de la surexposition médiatique de la sphère privée ?

A La presse francophone

La presse quotidienne nationale et régionale française

La diffusion de la presse nationale quotidienne est en baisse constante et les Français lui préfèrent la presse régionale.

C'est *Ouest France* qui a le plus gros tirage quotidien (795 000 exemplaires payants). Il est suivi du *Parisien* (qui propose une édition nationale, *Aujourd'hui en France*, 490 000 exemplaires au total). *Le Figaro* (320 000 exemplaires) arrive en 3e position.

Viennent ensuite *Sud Ouest* (315 000), *Le Monde* (275 000 exemplaires), le quotidien sportif, *l'Équipe* (245 000 exemplaires).

Les quotidiens gratuits, *Métro news, 20 minutes* et *Direct matin*, sont en constante progression.

Guide Presse annuaire francophone de la presse en ligne.

La presse quotidienne nationale

Aujourd'hui en France
Le Figaro
Le Monde
Libération
L'Humanité
La Croix
Les Échos (presse économique)
L'Équipe (sports)

La presse hebdomadaire

Le Point
L'Obs
L'Express
Marianne
Politis
VSD
Paris-Match
Courrier international (presse internationale)

Quelques magazines spécialisés

Alternatives économiques (presse économique)
L'Expansion (presse économique)
Télérama (télévision)
Elle (presse féminine)
Le Canard enchaîné (satirique)
Charlie Hebdo (satirique)

Quelques titres de la presse quotidienne francophone

AFP (Agence France-Presse)
El Watan (Algérie)
La Libre Belgique (Belgique)
Le Soir (Belgique)
Le Devoir (Canada)
La Presse (Canada)
Le Soleil (Sénégal)
Le Matin (Suisse)
La Tribune de Genève (Suisse)

Quelques titres de la presse quotidienne régionale

Ouest France
Sud Ouest
Le Parisien
La Voix Du Nord
Le Dauphiné Libéré
Le Télégramme
Le Progrès
La Montagne
La Dépêche du Midi
Les Dernières Nouvelles d'Alsace
L'Est Républicain

PRODUCTION ORALE

1 Avez-vous déjà lu un de ces périodiques ?

2 Vous procurez-vous un de ces titres sur Internet, dans une bibliothèque ou dans un kiosque à journaux ?

3 Choisissez un article et présentez-le à la classe.

B Le journal 〔11〕

« *Ça ne m'étonne pas que tu lises ça.* »

COMPRÉHENSION ORALE

1 Qui parle ? Quel est le thème de la discussion ?

2 Quels sont les arguments et critiques avancés ?

3 Est-ce une situation habituelle ?

Vocabulaire

4 Relevez les synonymes de journal. Lesquels sont péjoratifs ?

5 Trouvez dans le texte, page 200, des équivalents de :

a | ça m'est égal
b | les environs
c | petit village isolé
d | faits divers
e | seulement
f | regarder

GRAMMAIRE
> le passif

> ÉCHAUFFEMENT

1 Quel est le temps du verbe souligné dans les phrases suivantes ?

a | Tu as vu comment il <u>est écrit</u> ?

b | Ce qui <u>s'est passé</u> dans le coin.

c | La région <u>est administrée</u>.

d | Il <u>se lit</u> facilement.

e | Ce qui <u>est arrivé</u>.

> FONCTIONNEMENT

2 Dans les phrases suivantes, le sujet « réel », celui qui fait l'action exprimée par le verbe, n'apparaît pas comme tel. Quelles sont les structures utilisées ? Complétez le tableau.

a | Cette édition spéciale s'est vendue très vite.

b | Il est inadmissible de censurer les photos de ce reporter.

c | Elle s'est fait faire un brushing pour l'interview.

d | Ce magazine est distribué dans les gares.

e | Ça ne se voit pas.

f | On prévoit une stagnation durable de l'économie.

g | Il a été trouvé un portable rose. Prière de venir le rechercher à l'accueil.

h | Le directeur de la rédaction a été remplacé par son fils.

i | Défense de fumer dans l'imprimerie.

j | Il s'est fait agresser dans le métro.

> Quand le sujet « réel » d'un verbe est inconnu ou considéré comme peu important, il y a plusieurs possibilités :
> • **le passif**. Le complément est mis en valeur (phrases **d** et ......). L'agent (le sujet « réel ») est précédé de *par*.
> • **la forme pronominale** (phrases ...... et ......) exprime souvent une règle. Elle personnalise l'objet.
> • *on* (phrase ......) représente un groupe (les Européens, les experts, le public...) ou une personne inconnue.
> • **un verbe impersonnel** (phrases ...... et ......).
> • *se faire* + infinitif peut être utilisé pour un acte volontaire (phrase ......) ou au contraire quand on est une victime (phrase ......).
> • **un substantif suivi d'un infinitif** (phrases ...... et ......).

> ENTRAÎNEMENT

3 Transformez ces titres de journaux en utilisant le passif.

Exemple : *Élection d'Hélène Warin à l'Académie française.* → *Hélène Warin est élue à l'Académie française.*

a | Construction d'un nouveau pont sur le Rhône

b | Report du vote de la loi logement

c | Interdiction des drapeaux étrangers à Nice

d | Défaite du Brésil en demi-finale

e | Expulsion de trois diplomates

f | Augmentation de 20 % du salaire du PDG de Global

g | Création prochaine d'un parc de loisirs à Caen

h | Arrestation de l'ancien président Bordure

i | Remise du prix Goncourt à Lydie Salvayre

j | Envoi de 500 gendarmes à La Réunion

4 Dans quelles régions ces quotidiens sont-ils lus ?

Exemple : Le Parisien *est lu en Île-de-France.*

a |

b |

c |

d | LE PROGRÈS

1 | Aquitaine

2 | Bretagne

3 | Lorraine

4 | Rhône-Alpes

DOCUMENTS

Les titres

COMPRÉHENSION AUDIOVISUELLE

Entrée en matière

1 Regardez l'image extraite de la vidéo. À votre avis, qu'allez-vous visionner ?

1ᵉʳ visionnage (sans le son)

2 Quels événements voyez-vous à l'image ?
3 Quels éléments vous permettent de le dire ?

2ᵉ visionnage (avec le son)

4 Combien de départements ont été touchés par les intempéries ?
5 Que va-t-il se passer dans la soirée sur la Côte d'Azur ?
6 Que dénoncent les manifestants gaziers et électriciens ?
7 Qu'est-il arrivé à l'entreprise Michelin ?
8 Où aura lieu le festival de musique ?

Vocabulaire

9 Reformulez les énoncés suivants :
a | Les trombes d'eau ont déjà causé de gros dégâts.
b | Prudence ce soir et cette nuit le long du littoral.
10 Recherchez dans le texte p. 212 des équivalents de :
a | craindre
b | industriel
c | s'installer
d | voler

PRODUCTION ÉCRITE

11 Choisissez un des titres que vous venez de visionner. Développez-le et imaginez son contenu informatif.
12 Préparez le journal télévisé du jour. Recherchez et sélectionnez quatre informations puis rédigez leur contenu.

PRODUCTION ORALE

13 Présentez vos informations à la manière d'un journaliste.
14 Parlez de vos programmes télévisés préférés en justifiant vos choix.
15 Vous passez une soirée devant la télé entre amis. Vous devez vous mettre d'accord sur le programme.

POUR VOUS AIDER

Devant la télé
- **Où est passé le programme de la télé ?**
- **Qu'est-ce qu'il y a à la télé ce soir ?**
- **Qu'est-ce que tu as envie de regarder ?**
- **Je peux changer de chaîne ?**
- **Où est la télécommande ?**
- **Tu me passes la télécommande ?**
- **Arrête de zapper, tu m'énerves !**
- **Tu peux baisser (le volume), s'il te plaît ?**
- **Tu peux mettre plus fort ?**
- **Qu'est-ce qu'il a dit ? Je n'ai rien entendu.**
- **Quelles sont les nouvelles ?**
- **Quoi de neuf ?**
- **T'es encore scotché(e) devant la télé !**

VOCABULAIRE
> événements et faits divers

L'ÉVÉNEMENT (M.)
l'accident (m.)
la catastrophe
le conflit
la crise
l'émeute (f.)
l'incident (m.)
la tragédie

avoir lieu
se déclencher
éclater
se produire

grave
dramatique
étrange
imprévu
exceptionnel
inquiétant
inattendu
préoccupant
tragique
violent

ÉVÉNEMENTS NATURELS
le cyclone
le glissement de terrain
l'inondation (f.)
l'orage (m.)
l'ouragan (m.)
la sécheresse
la tempête
le tremblement de terre
le tsunami
le typhon

LE FEU
allumer
le brasier
brûler
la cendre
se consumer
l'étincelle (f.)
l'extinction (f.)
la flamme
l'incendie (m.)
prendre feu
le sinistre

la lumière
briller
la clarté
clignoter
l'éclair (m.)
étinceler
la lueur
lumineux

les secours (m.)
l'assistance (f.)
le pompier
secourir
sauver

POLICE ET JUSTICE
le vol
l'arrestation (f.)
le commissariat
les forces de l'ordre
l'intervention (f.)
l'interpellation (f.)
l'interrogatoire (m.)
intervenir
la garde à vue
le jugement
la plainte
la police
le prisonnier
le procès

l'assassinat (m.)
l'agression (f.)
le cambriolage
le crime
le délit de (fuite)
l'enlèvement (m.)
l'évasion (f.)
le hold-up
le meurtre
le pickpocket
le trafic
commettre un délit, un crime

Expressions
un coup de feu
se faire la belle
prendre la poudre d'escampette
faire la peau de quelqu'un
faire un casse, un braquage

1 Dites le nom de la personne qui est l'auteur de ces actions et quelles sont les verbes ou expressions verbales correspondants.
Exemple : *le vol* → *le voleur/la voleuse/ voler*
a | le cambriolage → .....
b | le meurtre → .....
c | l'assassinat → .....
d | le trafic → .....
e | l'arrestation → .....
f | le jugement → .....
g | le crime → .....
h | le délit → .....
i | la plainte → .....

2 Quels sont les mots qui correspondent à ces définitions ?
a | le kidnapping
b | la vente de produits interdits
c | ne pas s'arrêter après un accident dont on est responsable
d | une attaque de banque
e | s'échapper de prison

1 | s'évader
2 | un braquage/un hold up
3 | l'enlèvement
4 | le trafic
5 | commettre un délit de fuite

3 Complétez les phrases avec les mots suivants (faites les accords nécessaires) :
éclair – feu – glissement – incendie – jugement – pickpocket – plainte – pompier – prisonnier – procès.
a | Faites attention à votre portefeuille, il y a souvent des ..... sur la ligne 1.
b | On m'a volé mon sac. Je vais porter ..... au commissariat.
c | Le ..... est sur le point de se terminer. On attend le ..... .
d | La mairie a été détruite par un ..... . Les ..... sont arrivés trop tard.
e | Deux ..... se sont évadés du centre pénitentiaire de Fleury-Mérogis.
f | Cet arbre a été frappé par un ..... et il a pris ..... .
g | Les fortes pluies ont provoqué un ..... de terrain.

Un paon à Montmartre

Comment un paon a-t-il pu atterrir en plein Paris, rue Clignancourt (XVIIIᵉ), au 6ᵉ étage d'un immeuble haussmannien, sur le balcon de Jean-Michel ? Vendredi, pompiers de Paris,
5 policiers, services de la mairie, association « Stéphane Lamart » étaient perplexes.

« *Quand j'ai ouvert les rideaux de mon salon ce matin,* raconte tout sourire ce riverain de 38 ans, *je suis tombé nez-à-nez avec la bête ! J'ai d'abord cru*
10 *que c'était une blague. Je ne savais pas que les paons pouvaient voler* ». Toute la journée, Jean-Michel a cherché une solution pour sauver le bel oiseau bleu. Son téléphone a sonné sans cesse. « *Mes copains l'ont baptisé Peter Paon et m'ont soumis diverses pro-*
15 *positions : le manger, l'empailler, l'adopter !* »

En début de soirée, les pompiers ont tenté d'intervenir avec la grande échelle. Le petit immeuble parisien était en émoi. « *Les enfants sont montés chez moi voir l'oiseau* », glisse le riverain.

20 « *Un paon à Paris, c'est un événement rare,* décrypte Stéphane Lamart de l'association de protection des animaux. *On trouve parfois des serpents, des petits crocodiles perdus dans les canalisations. La semaine dernière, avec l'aide de la police, qui*
25 *a établi un périmètre de sécurité, nous avons sauvé un cygne égaré sur le périphérique, porte de Vincennes.* »

Vendredi soir, après l'intervention des pompiers pour sauver Peter Paon, un mystérieux propriétaire
30 s'est fait connaître. Il devra récupérer lui-même son animal en faisant appel à une société de capture spécialisée.

Céline CAREZ, *Le Parisien*, 7 mars 2014.

COMPRÉHENSION ÉCRITE

Entrée en matière

1 Lisez cet article. Dans quelle rubrique le classeriez-vous ?

Lecture

2 Quel est le sujet de ce texte ? Pouvez-vous résumer la suite des événements ?
3 Quel est le ton de cet article ? Justifiez votre opinion.
4 Un événement analogue serait-il possible dans votre ville ?

Vocabulaire

5 Trouvez des équivalents ou expliquez les expressions suivantes :
a | perplexes (l. 6)
b | empailler (l. 15)
c | glisse le riverain (l. 19)
d | décrypte (l. 20)
e | égaré (l. 26)
f | capture (l. 32)

PRODUCTION ÉCRITE

6 Rédigez un titre ainsi qu'un court article à propos de ce fait divers insolite à l'entrée du métro.

unité 3 **Ça presse !**

À la une de la francophonie

1 Faites correspondre l'article et son journal.

a  Le Matin

 c LE JOURNAL DE MONTRÉAL

d LE SOIR

b  El Watan.com

e L'INTELLIGENT

1

Actu Sports Culture Économie Débats Blogs Images Victoire

classé dans | Charles Michel | Rapport

rubriques

La mission de Charles Michel prolongée par le Roi

Charles Michel a fait rapport au roi Philippe. À sa demande, l'informateur poursuit sa mission.

Véronique Lamquin, Mis en ligne 4 juillet 2014.

2

A LA UNE POLITIQUE ECONOMIE SOCIÉTÉ CULTURE SPORT INTERNATIONAL LIBRES OPINIONS

Visite du Président Français en Côte d'Ivoire

Politique - 3156

Mise à jour le Dimanche, 13 Juillet 2014 23:27

3

MONDE SUISSE SPORTS FAITS DIVERS PEOPLE LOISIRS SOCIÉTÉ HIGH-TECH ÉCONOMIE AUTO SANTÉ SERVICES

Images

ÉMOI

BERNE NE VEUT PAS DE SHERPAS AU CERVIN

L'OFFICE DES MIGRATIONS REFUSE À ZERMATT (VS) ET AU CLUB ALPIN LE DROIT DE FAIRE VENIR DIX MONTAGNARDS NÉPALAIS, SPÉCIALISTES DE LA RÉFECTION DES CHEMINS UN SAVOIR-FAIRE DE PERDU

4

ACCUEIL ACTUALITÉ ENQUÊTES SPORTS SPECTACLES JM LE SAC DE CHIPS OPINIONS

TROIS-RIVIÈRES

Elle change d'école à cause d'un croissant aux noix

AMÉLIE **ST-YVES**
PUBLIÉ LE JEUDI 20 NOVEMBRE 2014, 13H59

5

Une Actualités Sports Economie Monde Culture Régions Hebdo Contributions Spécial Services

L'INFO EN CONTINU

Une crise à enchâssements • Réagissez

Par Hacen Ouali le 14/07/14 à 10h00

Les équilibres sont-ils définitivement rompus à Ghardaïa ? Depuis plus de huit mois, la vallée du M'zab

▶lire la suite

2 Imaginez des entrefilets qui correspondent à ces titres extraits du journal *Le Matin* du 14 juillet 2014.

a | Joli vol plané pour un motard
b | Intempéries : plusieurs lignes coupées
c | Cette supportrice allemande a tout donné
d | Un train déraille et perd ses avions !
e | Contrôle renforcé de l'abstinence au volant
f | À l'aube, ils nettoient la nuit
g | Un homme encagoulé s'enfuit avec les billets de loterie

3 Proposez une légende à ces photos.

ATELIERS

1 FAIRE UNE REVUE DE PRESSE

Vous allez réaliser une revue de presse. Vous allez consulter des journaux et magazines, sélectionner les nouvelles les plus importantes, par rubrique, puis les présenter à la classe.

Démarche

En sous-groupes.

1 Préparation

• Chaque membre du groupe regroupe et feuillette des journaux et magazines du même jour ou de la semaine.
Si vous n'avez pas de version papier, consultez les titres en ligne.
• Sélectionnez deux ou trois informations à la une qui vous intéressent mais aussi dans les différentes rubriques du journal. Vous pouvez également choisir de développer une information insolite.

2 Réalisation

• Vous reprenez toutes les informations et articles sélectionnés. Discutez-en au sein du groupe, faites des choix. Vous les analysez : angles et choix des journalistes en fonction des journaux et magazines. Si plusieurs articles évoquent la même actualité, soulignez les points communs et les différences dans le traitement de l'information.
• Préparez votre synthèse en hiérarchisant les informations.
• Vous rédigez votre revue de presse accompagnée de citations extraites des articles concernés.
N'oubliez pas de citer vos sources. Par exemple : « D'après le journal *Le Monde*… » *ainsi que le nom du journaliste.*

3 Présentation

• Chaque groupe présente sa revue de presse à la classe.
• Cette revue de presse peut être également audiovisuelle. Dans ce cas, chaque étudiant rédige le texte qu'il va lire au micro. La séquence sera enregistrée ou filmée, puis écoutée ou visionnée en classe. Si vous le souhaitez, vous pourrez comparer votre revue de presse à celle du même jour diffusée sur une station radiophonique.

2 CRÉER LA UNE D'UN QUOTIDIEN

Vous allez réaliser la une d'un journal.

Démarche

En groupe classe puis en sous-groupes.

1 Préparation

• Ensemble, vous allez d'abord étudier la une d'un quotidien régional ou national en repérant les éléments qui constitue cette première page : le bandeau, la manchette, l'accroche, la périodicité, les colonnes, l'édito, le type d'illustrations, l'emplacement et l'occupation des textes, le sommaire…
La première page est très importante. C'est la vitrine du journal, celle qui donne envie de l'acheter et de le lire.
• Formez des sous-groupes.

2 Réalisation

• Chaque groupe va réaliser la une d'un journal régional ou national.
• Vous choisissez les informations qui vous paraissent importantes, les titres et les illustrations et faites une maquette.
• Pour la mise en page de la une, vous réfléchissez aux points suivants :
– le titre du journal ;
– le logo ;
– l'éditorial ;
– la structure en colonnes ;
– le sommaire, etc.

3 Présentation

Chaque groupe présente sa une à la classe puis l'affiche ou la publie dans le journal de l'école, qui pourra organiser le concours de la « meilleure une ».

PARTIR

Les voyages forment la jeunesse.

Étudiantes en vadrouille

A Les voyages d'Ekaterina

Pour moi voyager, c'est l'occasion de voir un monde différent du mien, de faire des rencontres, d'apprendre quelque chose de nouveau. J'aime bien changer de décor pour sortir de la routine
5 quotidienne.

Quand j'entends le mot « voyage », les premiers mots qui me viennent en tête sont « la valise, la route, l'avion ». Le voyage est un processus, il commence dès que tu fermes la porte de ton apparte-
10 ment avec l'idée que tu ne vas pas rentrer avant des jours, des semaines ou même des mois.

Je me souviens du premier voyage que j'ai fait seule. C'était un voyage à Londres. De plus, c'était la première fois que j'allais en Europe, et j'étais très
15 impressionnée. J'ai adoré voir des gens calmes, pas du tout pressés, qui sourient… Tout ça bien sûr en comparaison avec Moscou, ma ville natale. Aujourd'hui, je comprends bien que Londres n'est pas un bon exemple de ville tranquille, mais, à l'époque,
20 c'était réellement un idéal pour moi.

En ce qui concerne mes destinations favorites, je n'ai pas de préférences marquées. Cela dépend du but du voyage. Parfois j'aime bien voyager dans des pays totalement différents, à l'autre bout du
25 monde. Parfois je préfère les voyages tranquilles en Europe. Comme j'aime bien ce continent et que je pense arriver à comprendre (plus ou moins) la mentalité européenne, si on peut dire qu'elle existe, je ne m'attends pas à beaucoup de surprises lors de
30 tels voyages, mais on ne peut pas toujours chercher les extrêmes !

Je préfère les paysages urbains. J'aime aussi les paysages exotiques, par exemple les forêts tropicales ou les déserts, mais je n'aime pas me retrouver
35 dans de tels endroits plus de deux ou trois jours. C'est peut être parce que je suis née à Moscou et qu'après j'ai déménagé à Paris (c'est-à-dire que je n'ai habité que dans des capitales assez vastes). J'aime le mouvement et le rythme qu'on ne trouve
40 que dans les villes.

Dans un voyage, j'essaye d'imaginer quel effet cela me ferait d'être née et d'avoir grandi dans cette partie du monde. J'essaye toujours de voir la partie historique, mais aussi de comprendre ce que font
45 les habitants : comment ils passent leurs weekends, ce qu'ils mangent, quelles sont leurs priorités.

Je n'ai quasi que de bons souvenirs de mes voyages. Un jour cependant, dans une grande ville dont je tairai le nom pour ne vexer personne, j'ai

Ekaterina, Russie.

50 été braquée. Cela fait partie de mon expérience et je me souviens maintenant de cette histoire comme d'une anecdote. Avec un ami français, on sortait d'un restaurant pour prendre un taxi. À ce moment-là, deux jeunes hommes nous ont arrêtés
55 et « proposé » de leur donner portables et argent. Mais ils ont été plutôt gentils : quand je leur ai demandé de récupérer mes papiers, ils ont dit : « *Oui, oui, bien sûr, s'il vous plaît.* » Le lendemain, nous sommes allés au poste de police pour signaler le
60 vol. Et pendant 15 minutes, nous avons dû écouter les policiers qui n'ont fait que rire des touristes (de nous). Après il est apparu qu'il existait un bureau de police pour les touristes qui avaient été dévalisés. Un bureau entier avec la queue à l'entrée ! Les poli-
65 ciers était très souriants là aussi. Et ils proposent même de faire une photo (si l'appareil photo n'a pas encore été volé bien sûr) comme souvenir d'une expérience traditionnelle.

Je n'ai pas de rêves de voyage. J'essaye juste de
70 découvrir petit à petit les côtés différents de cette planète. Actuellement, je prépare un voyage en Australie. C'est le dernier continent où je ne suis jamais allée (sauf l'Antarctique, mais je ne le prends pas en compte… il fait trop froid là-bas). J'ai choisi de
75 rester à Sydney, car c'est une ville assez grande (et, je l'ai déjà dit, j'aime les paysages urbains), et de voyager vers les autres villes et dans le désert australien. Je trouve que c'est une combinaison idéale pour moi : d'un côté des villes et de l'autre des pay-
80 sages « exotiques », que je n'ai jamais vus.

COMPRÉHENSION ÉCRITE

Lecture

1 À quelles questions Ekaterina a-t-elle répondu ?
2 Quelles sont ses préférences à propos des voyages ?
3 Que pensez-vous de l'anecdote racontée par Ekaterina (l. 52-68) ? Pourrait-elle se dérouler dans votre pays ?

Vocabulaire

4 Trouvez des équivalents ou expliquez les mots suivants : **a** l'occasion (l. 1)   **b** pressés (l. 16)
c marquées (l. 22)   **d** lors de (l. 29)
e je tairai le nom pour ne vexer personne (l. 49)

f j'ai été braquée (l. 49)
g dévalisés (l. 63)

PRODUCTION ORALE

5 À votre tour, répondez aux questions posées à Ekaterina.

PRODUCTION ÉCRITE

6 Faites le récit d'un de vos voyages.
7 Racontez une anecdote à propos de l'un de vos voyages.

B Amélie et ses envies d'ailleurs

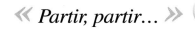 « Partir, partir… »

COMPRÉHENSION ORALE

Entrée en matière

1 Quelle est la nature de ce document ?

1re écoute (en entier)

2 À quelle occasion le journaliste rencontre-t-il Amélie ?
3 Quelles informations avez-vous sur Amélie ?
4 En quoi consiste son projet ?

2e écoute (en entier)

5 Pourquoi a-t-elle choisi ce pays ?
6 Pour quelle raison n'a-t-elle pas sélectionné une université en Angleterre ?
7 Son petit ami sera-t-il un frein à son départ ?

C La présence française à l'étranger

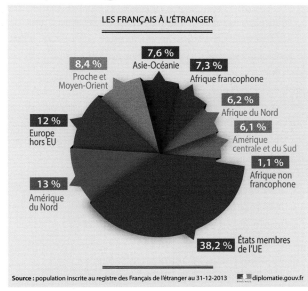

LES FRANÇAIS À L'ÉTRANGER

7,6 % Asie-Océanie
8,4 % Proche et Moyen-Orient
7,3 % Afrique francophone
6,2 % Afrique du Nord
12 % Europe hors EU
6,1 % Amérique centrale et du Sud
1,1 % Afrique non francophone
13 % Amérique du Nord
38,2 % États membres de l'UE

Source : population inscrite au registre des Français de l'étranger au 31-12-2013   diplomatie.gouv.fr

Au 31 décembre 2013, 1 642 953 de nos compatriotes étaient inscrits au registre mondial des Français établis hors de France, soit une hausse de 2 % par rapport à l'année précédente.

COMPRÉHENSION ÉCRITE

Lecture

1 Où les Français de l'étranger sont-ils installés majoritairement ?
2 Dans quelles parties du monde sont-ils peu présents ?
3 Vos compatriotes s'installent-ils facilement dans un pays étranger ?

A Des chiffres

Enquête

L'étude montre que le mouvement d'expatriation s'accélère. La population des Français établis à l'étranger est estimée de 1,5 à 2 millions de personnes. « Qualifiée et active », elle a augmenté de « 3 % à 4 % par an au cours des dix dernières années (soit environ de 60 000 à 80 000 personnes par an). » Dans le même temps, la population française croissait de 0,6 % en moyenne.

[...]

Par ailleurs, les expatriés sont moins pressés de rentrer. De 2005 à 2013, la part de ceux qui envisagent un séjour supérieur à dix ans est passée de 27 % à 38 %, relève la CCIP* en citant une étude de Mondissimo, un site Internet consacré à l'expatriation. Le baromètre Deloitte montre, lui, que 28 % des jeunes diplômés envisagent une expatriation à vie. « *C'est une vraie préoccupation* », assure Jean-Marc Mickeler. Le directeur des ressources humaines de Deloitte rappelle que le baromètre précédent avait

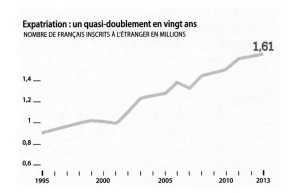

Expatriation : un quasi-doublement en vingt ans
NOMBRE DE FRANÇAIS INSCRITS À L'ÉTRANGER EN MILLIONS

montré un doublement de la part des jeunes diplômés qui voient leur avenir professionnel à l'étranger : 27 %, contre 13 % en 2012.

* *Chambre de commerce et d'industrie de région Paris-Île-de-France.*

Benoît FLOC'H, *Le Monde*, 10 mars 2014.

COMPRÉHENSION ÉCRITE

Entrée en matière
1 Lisez cette enquête et donnez-lui un titre.

Lecture
2 Quel est le thème de cette étude ?
3 Quel résumé pouvez-vous en faire ?
4 Quelle est la tonalité de cet article ?
5 Relevez les expressions utilisées pour présenter et commenter ces données chiffrées.

Vocabulaire
6 Que signifient :
a | l'expatriation
b | s'accélérer
c | la population active
d | envisager
e | un baromètre

B Bye-bye la France

COMPRÉHENSION AUDIOVISUELLE

1er visionnage (sans le son)
1 Qui voyez-vous ? Reconnaissez-vous quelqu'un ?
2 A votre avis, où ce reportage se situe-t-il ?

2e visionnage (avec le son)
3 Relevez les données chiffrées contenues dans cette vidéo.
4 Relevez les expressions utilisées pour les présenter.

PRODUCTION ORALE
5 Êtes-vous surpris(e) par ces chiffres ?
6 La situation est-elle comparable dans votre pays ?

VOCABULAIRE
> commenter des données chiffrées

COMMENTER UN TABLEAU

Ces données/statistiques font apparaître que…

L'étude montre/indique…

INDIQUER UN NOMBRE

Le nombre (total) des chômeurs est de 4 millions.

28 % des jeunes diplômés envisagent de partir.

L'excédent/Le déficit budgétaire se monte à 30 milliards d'euros.

Le chiffre du chômage s'élève à 10 % de la population active.

Le total/La somme représente…

La population est estimée à 2 millions de personnes.

INDIQUER UNE QUANTITÉ

Plus/Moins de 30 % des citadins pensent que…

Un grand nombre de Marseillais estiment que…

Le double/Le triple de…

Le baromètre précédent avait montré un doublement de la population.

Si on additionne les revenus de 2013 et ceux de 2014, on obtient…

INDIQUER UNE FRACTION

La part des impôts indirects s'est accrue.

Les proportions sont respectivement de 27 % et 16 %.

La moitié/Le tiers/Le quart/Un cinquième des Français prend le train.

Les deux tiers/Les trois quarts des Franciliens ont une voiture.

Ces voyages représentent 16 % de l'ensemble.

Plus d'un tiers des Européens, soit 80 millions…

INDIQUER UNE MAJORITÉ OU UNE MINORITÉ

La plupart des citadins prennent les transports en commun.

La place de la voiture est majoritaire/prépondérante, celle du vélo minoritaire.

POUR MODULER UN CHIFFRE

environ/approximativement un quart

près de/presque la moitié

POUR COMPARER

Par rapport à 2013, la situation de 2014…

Ils sont 27 %, contre 13 % en 2012.

L'écart entre le chiffre officiel et le nombre réel est important/considérable.

La différence est minime/faible/négligeable.

La part du train est deux fois plus importante dans les voyages professionnels.

Le pluriel des noms collectifs

• Quand un nom collectif est suivi d'un complément au pluriel l'accord peut se faire avec un des deux noms, suivant que l'on veut mettre l'accent sur le groupe ou les individus :

La majorité des Français mange du pain.

Une minorité de Français pêchent à la ligne.

• Quand le nom collectif est employé seul, le verbe est au singulier :

La foule criait sa joie.

• Exception : *la plupart.*

La plupart étaient heureux.

1 Commentez ces tableaux.

Les expatriés, beaucoup mieux formés que la moyenne

PART DES DIPLÔMÉS…

53 % des expatriés (au-delà de bac+3)

12,5 % de la population totale (au-delà de bac+2)

DURÉE ENVISAGÉE DU SÉJOUR À L'ÉTRANGER, EN % DES JEUNES DIPLÔMÉS

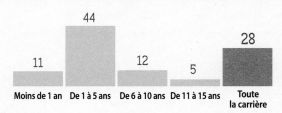

Moins de 1 an	De 1 à 5 ans	De 6 à 10 ans	De 11 à 15 ans	Toute la carrière
11	44	12	5	28

Benoît Floc'h, *Le Monde*, 10 mars 2014.

2 Placez les mots manquants. Faites les accords nécessaires :

baisse – entre – évoluer – multiplier – passer – privilégier – progresser – proportion – taux – tiers.

Pendant 40 ans, la ..... de Français qui partent en vacances a ..... régulièrement chaque année. Elle est ..... de 43 à 65 %. La génération née ..... 1940 et 1944 est la première à connaître un ..... de départ supérieur à 60 %.

Récemment la situation a légèrement ..... et nous assistons à une ..... des départs. De même, pour des raisons d'économies, près d'un ..... des vacanciers (31 %) ..... les séjours en famille et, depuis quelques années, les séjours en camping se .....

A Une bouteille à la mer

Un habitant de Landerneau* a trouvé la semaine dernière une bouteille jetée à la mer par un Québécois, il y a 16 ans !

Cela peut ressembler à un conte, mais c'est une
5 belle histoire vécue par un Landernéen. Il a trouvé
une bouteille jetée à la mer il y a 16 ans par un
Québécois. Les deux hommes ont discuté, via Internet, dimanche soir.

Lucien Sanquer, dit Lulu, est un Landernéen amou-
10 reux de la nature et surtout de la côte. Chaque
jour, qu'il pleuve, qu'il vente, Lulu se promène le
long des plages du littoral.

Mardi, alors que la tempête Petra pointait le bout
de son nez, Lulu prenait l'air sur la plage de Los-
15 marc'h à Crozon. La tempête a, comme à chaque
fois, apporté au rivage son lot de fortunes de mer.
*« Je longeais la dune quand un point rouge a attiré
mon regard, raconte Lulu. Je me suis approché et
j'ai vu qu'il s'agissait d'un petit drapeau canadien*
20 *enfermé dans une bouteille en plastique. À l'intérieur, il y avait un courrier. »*
La lettre dactylographiée est rédigée en anglais et
est datée du 10 avril 1998. La bouteille aura mis
seize ans avant d'arriver sur nos côtes. L'auteur du
25 courrier est un garçon de 16 ans, Nicolas Morin
habitant Granby. *« Avec un copain, on a regardé où
était cette ville. Elle se situe environ à 200 km au
sud de Québec »*, indique Lulu. Les questions af-
fluent : « Où a-t-il jeté la bouteille ? d'un bateau ?
30 Il a maintenant 32 ans. Où vit-il ? Est-il marié ?
A-t-il des enfants ? »
De retour chez lui, il montrait tout de suite son
« trésor » à l'un de ses copains, exilé pendant près
de 40 ans au Québec, où se sont installées ses filles.

35 Quelques coups de fils plus tard, Jacques Meyer
retrouve la maman Morin, par l'intermédiaire de
son gendre.

Radio Canada fait le lien

Samedi soir, Lulu a un nouveau coup de chaud :
40 une journaliste de Radio Canada a découvert l'info
publiée de l'autre côté de l'Atlantique, et annonce
la bonne nouvelle : elle a retrouvé le Nicolas de
Lulu !

Hier soir, dans le salon des Sanquer, Anne, la
45 fille de Lulu, lance Skype tandis que le retraité
de 63 ans l'avoue, passant la main sur son bras :
« J'en frissonne. » Nicole, l'épouse, Jacques et
d'autres encore profitent du moment.

Rencontre sur Skype

50 Après une bonne heure d'attente, ça sonne. Nicolas Morin, un grand gaillard de 32 ans, apparaît sur
l'écran. Sa voix chante. Nicolas raconte qu'il n'a
jamais quitté Granby où il travaille, qu'il est fian-
cé... et qu'il aime toujours autant les pizzas qu'il
55 évoquait dans son courrier d'adolescent... Éclats de
rires dans la pièce.

* *Ville située sur une côte de la Bretagne.*

Aude KERDRAON, *Ouest France*, 10 février 2014.

COMPRÉHENSION ÉCRITE

Entrée en matière

1 Regardez la photo et lisez le titre. À votre avis, quel sera le sujet de l'article ?

Lecture

2 Dans quelles circonstances Lucien Sanquer a-t-il découvert la bouteille ?

3 Comment a-t-il pu retrouver l'auteur de la lettre ?

4 Présentez l'auteur de la lettre. Qu'est-il devenu ?

5 Selon vous, pourquoi la journaliste commence-t-elle son article par : « *Cela peut ressembler à un conte* » ?

Vocabulaire

6 Reformulez les énoncés suivants :

a | alors que la tempête Petra pointait le bout de son nez, Lulu prenait l'air sur la plage (l. 13)

b | quelques coups de fils plus tard, Jacques Meyer retrouve la maman Morin, par l'intermédiaire de son gendre (l. 35)

c | un grand gaillard (l. 51)

PRODUCTION ÉCRITE

7 Imaginez le contenu du courrier de Nicolas Morin.

PRODUCTION ORALE

8 Pourriez-vous accomplir un tel geste ?

B *Clair de Lune*, Blaise Cendrars

COMPRÉHENSION ORALE

On tangue on tangue sur le bateau

Entrée en matière

1 Aimez-vous lire ou écouter des poèmes ? Pourquoi ?

1re écoute (sans la transcription)

2 Où se passe la scène ?

3 Quelle est la nationalité de la jeune femme ? À quoi rêve-t-elle ?

2e écoute (avec la transcription p. 201)

4 Quels sont les termes en relation avec la navigation ?

5 Qui est l'homme à la machine à écrire ?

Intonation

6 À votre tour, récitez ce poème en essayant d'imiter le phrasé du comédien.

PRODUCTION ORALE

7 Cherchez un écrit (extrait de roman, poème, conte…) en relation avec le thème du voyage et lisez-le à la classe.

Portrait de Blaise Cendrars par Modigliani (1917).

C Faire une réclamation

PRODUCTION ÉCRITE >>>>DELF

Vous aviez prévu de prendre le vol AZ 2209 samedi dernier à 7 h 15 à destination de la Guadeloupe. Or, à votre arrivée en zone d'embarquement à l'aéroport, vous découvrez que votre vol a été annulé par la compagnie aérienne qui ne vous a donné aucune information, fourni aucun service, ni proposé de prise en charge.

Vous êtes furieux(-se) car vous aviez réservé un hôtel en bord de mer pour une semaine et vos vacances doivent donc être reportées.

Vous écrivez une lettre à la compagnie aérienne afin d'exprimer votre insatisfaction et pour demander une indemnisation.

POUR VOUS AIDER

Pour protester

- **Je suis surpris(e) de** + inf.
- **Je m'étonne de** + inf.
- **Je ne suis pas (du tout) satisfait(e) de vos services.**
- **J'aimerais avoir des explications.**
- **Ce n'est pas sérieux/professionnel.**
- **C'est lamentable/insupportable/scandaleux !**
- **C'est une honte/un scandale !**

Pour la lettre formelle, se référer à la page Stratégies, p. 174.

Luxe et démesure :
les voyages « no limit » des ultrariches

Quel rêve proposer, trois fois l'an, à une clientèle d'entrepreneurs, dirigeants de grosses sociétés, banquiers et avocats d'affaires, qui a déjà tout vu, partout, et évolue naturellement dans un univers
5 globalisé ? D'abord, assurer le « basique » : prestations de luxe (palaces, jets, hélicoptères, yachts...) et service irréprochable. Le voyage, bulle de repos, doit être *« fluide, assisté, rassurant, leur épargner tout stress »*, témoigne Marie-Louise Moineau, à la
10 tête de Tselana Travel, qui prépare parfois un dossier durant deux semaines, sans compter la longue écoute initiale permettant de cerner au plus près les envies.

Les clients, que l'agence vient chercher le jour J au
15 domicile, ne font évidemment pas la queue pour une carte d'embarquement à l'aéroport. À l'arrivée, ils bénéficient d'un passage en douane accéléré. La limousine qui les attend au pied de l'avion a deux minutes de retard ? Ils appellent l'agence, à
20 leur disposition 24 heures sur 24, y compris pour réorganiser entièrement le voyage s'il leur prend de vouloir rester trois jours plutôt que deux au bord du lagon.

Trop stressés pour se sentir privilégiés dans leur
25 vie quotidienne, ils paient le prix fort pour avoir cette impression lorsqu'ils voyagent. Puisqu'*« ils ne supportent pas le tourisme de masse »*, comme le rappelle — mais cela allait sans dire — Exclusif voyages, tout se privatise : les croisières (brise-
30 glace inclus), les avions ou gros hélicoptères (l'Australie en jet privé, le Grand Nord canadien en hélicoptère, se vendent bien), les hôtels, palais de maharadjahs, îles des Bahamas, Art Institute de Chicago, Palais des doges à Venise...
35 Et même les experts en tout genre. Le dernier chic que ces virées nature avec vulcanologues, océanologues, ces rencontres de peuplades reculées avec ethnologue, balades économico-sociales avec préfet de telle île des DOM-COM, tournées des peintres
40 new-yorkais aux côtés d'un historien de l'art. Ou séjours en clinique-palace, avec visite comprise des plus grands médecins spécialistes de la planète pour un « rééquilibrage » global.

Pascale KRÉMER, *Le Monde*, 29 mars 2014.

Entrée en matière

1 Lisez le titre. Selon vous, quel est le thème de ce texte ?

Lecture

2 Qui sont les clients visés par les agences ?
3 Pourquoi sont-ils prêts à payer « le prix fort » ?
4 Quels sont les avantages dont ils bénéficient ?
5 Quel est le ton de cet article ?

Vocabulaire

6 Pouvez-vous expliquer les mots suivants ?
a | bulle de repos (l. 7)
b | brise-glace inclus (l. 29)
c | rencontres de peuplades reculées (l. 37)
d | île des DOM-COM (l. 39)
e | tournées des peintres new-yorkais (l. 39)

PRODUCTION ORALE

7 Seriez-vous attiré(e) par ce type de voyages ?
8 Racontez votre plus beau souvenir de vacances.

VOCABULAIRE
> le lieu

GÉNÉRALITÉS
l'arrière *(m.)*
l'avant *(m.)*
l'axe *(m.)*
le bord
le centre
le coin
la distance
l'éloignement *(m.)*
l'emplacement *(m.)*
l'endroit *(m.)*
entourer
l'espace *(m.)*
l'extérieur *(m.)*
une extrémité
faire face à
l'intérieur *(m.)*
l'intervalle *(m.)*
la limite
lointain
le niveau
l'orientation *(f.)*
s'orienter
l'origine *(f.)*
la périphérie
la place
la profondeur
le site
la situation
(se) situer
se trouver
le voisinage

POUR QUALIFIER UN LIEU
étendu
immense
large
minuscule
spacieux
vaste

ADVERBES ET PRÉPOSITIONS
Voir Mémento grammatical p. 194.

LOCALISATION
à
ailleurs
en l'air
en avant
d'un bout à l'autre
çà et là
chez
dans
de tous côtés
du côté ouest
en
à l'endroit

par endroits
à l'envers
ici
là
là-bas
n'importe où
nulle part
partout
quelque part
par terre

PAR RAPPORT À UN POINT
à l'angle (de)   dans
à l'arrière (de)   devant
en arrière   au devant de
au-delà de   à (la) droite (de)
autour (de)   sur votre droite
autre part   entre
à l'avant (de)   face à
en bas (de)   face à face
au bord (de)   en face (de)
au bout (de)   au fond (de)
au centre (de)   à (la) gauche (de)
au coin (de)   sur votre gauche
dans un coin   en haut (de)
sur le côté (de)   de haut
dedans   hors de
dehors   de là
en dehors de   par là
derrière   au milieu (de)
dessous   au pied de
au-dessous (de)   au sein de
en dessous (de)   au seuil de
par-dessous   sous
dessus   sur
au-dessus (de)   à la tête de
par-dessus   en tête (de)

DISTANCE ET PROXIMITÉ
aux alentours
contre
tout contre
à côté (de)
au côté de
du côté (de)
à l'écart (de)
dans les environs (de)
loin (de)
au loin
un peu plus loin
à mi-chemin
à peu de distance de
près (de)
tout près
à proximité de

DIRECTION ET MOUVEMENT
d'un bout à l'autre
en chemin
en direction de
dans la direction de
tout droit
jusqu'à
par
par là
à travers
sur la route de
vers

Expressions
être à sa place
prendre beaucoup de place
remettre quelqu'un à sa place
à vol d'oiseau
à deux pas

1 Complétez les phrases suivantes.
a | Elle est québécoise, elle vient ..... Montréal.
b | Il habite ..... Rome.
c | Je l'ai rencontré ..... la route d'Orléans.
d | Ils ont dormi ..... la rue.
e | C'est long. On va s'arrêter ..... chemin.
f | Ne déplace pas cette statuette, remets-la ..... sa place.
g | La gare ? C'est ..... droit.
h | Tu cherches la valise ? Regarde ..... haut de l'armoire.
i | Au ..... de cet arbre, il y a des champignons.
j | Je ne veux plus vous voir, disparaissez ..... de ma vue !
k | Ne reste pas ..... moi, je ne vois rien.

2 Quels sont les noms qui correspondent aux adjectifs suivants ?
a | axial → .....
b | central → .....
c | éloigné → .....
d | immense → .....
e | limitrophe → .....
f | originel → .....
g | périphérique → .....
h | proche → .....
i | profond → .....
j | spatial → .....

Les Tribulations d'Alexandra David-Néel

Louise Alexandrine David (elle préférera se prénommer Alexandra) est née le 24 octobre 1868 à Saint-Mandé, dans la banlieue parisienne. Elle est la fille unique d'un instituteur, militant républicain, et d'une mère belge d'origine scandinave. En 1873, les David s'installent en Belgique.

Très jeune, Alexandra montre un caractère indépendant et fait de nombreuses tentatives de fugue (dès l'âge de 5 ans). Elle sympathise avec les idées anarchistes et féministes et plus tard collaborera à *La Fronde*, un journal féministe.

Elle entre au Conservatoire royal de Bruxelles, où elle étudie le piano et le chant, et obtient un premier prix de chant.

À sa majorité, elle quitte sa famille et gagne Paris. Passionnée par l'Orient, elle décide d'y étudier le sanscrit et le tibétain pour suivre une carrière d'orientaliste et se convertit au bouddhisme en 1889.

Puis, sous le pseudonyme d'Alexandra Myrial, elle interprète, en tant que chanteuse lyrique, Verdi, Gounod, Bizet... à l'Opéra de Hanoï, puis à Athènes, en Inde et à Tunis où elle rencontre Philippe Néel qu'elle épouse en 1904.

En 1911, le gouvernement français la subventionne pour un voyage d'études de 18 mois en Inde. Elle part seule et reviendra après... 14 ans !

Elle arrive au Sikkim en 1912 pour étudier le bouddhisme. Durant ses pérégrinations, elle eut l'occasion de rencontrer le fils du Maharaja du Sikkim et d'interviewer le dalaï-lama.

En 1914, elle fait la connaissance d'un jeune moine de 15 ans, Aphur Yongden, dont elle fit son compagnon de voyage, puis son fils adoptif. Ils se retirèrent en ermitage dans une grotte à 4 000 mètres d'altitude.

Elle vécut ensuite plusieurs années à Lachen, près de la frontière du Tibet, qu'elle visite malgré l'interdiction des autorités britanniques, qui décidèrent de l'expulser du Sikkim. Elle se rendit ensuite au Japon, en Corée, en Chine, en Mongolie, au Tibet, toujours en compagnie de Yongden.

En 1924, déguisés en mendiante et en moine, les deux aventuriers partent ensuite pour Lhassa qui était alors interdite aux étrangers. Ils y séjournent deux mois et visitent la ville sainte, les monastères des environs.

Repassant par le Sikkim et l'Inde, l'exploratrice et Yongden rentrent en Europe par bateau. À son retour, en 1925, le récit de ses aventures dans son livre, *Voyage d'une Parisienne à Lhassa*, lui vaut une célébrité mondiale.

Alexandra David-Néel s'installe alors en Provence et, parallèlement, fait des conférences en Europe.

En 1937, Alexandra David-Néel repart pour la Chine, où elle est bloquée du fait de la guerre, puis l'Inde. Elle rentre en France en 1946, à Digne où elle décède en 1969, âgée de 101 ans.

COMPRÉHENSION ÉCRITE

Lecture

1 Quelles sont les principales étapes de la vie d'Alexandra David-Néel ? Recensez ses diverses occupations.

2 Justifiez le titre de cet article. Quels sont les pays dont il est fait mention ?

3 En quoi la vie d'Alexandra David-Néel est-elle exceptionnelle ?

Vocabulaire

4 Trouvez un équivalent ou expliquez les expressions suivantes :

a | tentatives de fugue (l. 15)

b | sous le pseudonyme d'Alexandra Myrial (l. 27)

c | ils se retirèrent en ermitage dans une grotte (l. 41)

d | elle se rendit ensuite au Japon (l. 47)

e | déguisés en mendiante et en moine (l. 50)

PRODUCTION ORALE/ÉCRITE

5 Faites le portrait d'un personnage exceptionnel de votre pays.

VOCABULAIRE
> la géographie

GÉNÉRALITÉS
l'atlas (m.)
la carte
géographique
le plan

le continent
l'équateur (m.)
le globe
l'hémisphère (m.)
l'horizon (m.)
la latitude
la longitude
austral
l'est (m.)
méridional
le midi
le monde
le nord
l'occident (m.)
l'orient (m.)
l'ouest (m.)
le sud
la terre
le tropique

LE PAYS
la capitale
la frontière
indigène
le peuplement
peupler
la région
le territoire

LE RELIEF ET LA VÉGÉTATION
le désert
désertique
forestier
la forêt
la jungle
l'oasis (f.)
la plaine
un plateau
le pôle
la prairie
rural
la savane
le sol
la steppe

Expressions
le monde entier
la planète bleue
la grande bleue
le toit du monde

L'EAU ET LES COURS D'EAU
le bassin
la berge
le canal
la cascade
la chute
couler
le courant
le delta
l'embouchure (f.)
l'estuaire (m.)
l'étang (m.)
le fleuve
fluvial
se jeter dans
le lac
le marais
la profondeur
la rive
la rivière
le ruisseau
la source
le torrent

Expressions
en amont
en aval

LA MER
l'archipel (m.)   le littoral
l'atoll (m.)   la marée
la baie   marin
le bord de mer   l'océan (m.)
le cap   la péninsule
la côte   la plage
le détroit   la presqu'île
la falaise   Le rivage
le golfe   le sable
l'île (f.)   la vague

Expressions
la marée basse
la marée haute
la marée descendante
la marée montante
la mer d'huile

LE PORT
la digue
le phare
le quai

LA MONTAGNE
l'altitude (f.)
l'avalanche (f.)
la caverne
la chaîne
le col

la colline
s'élever à
le glacier
la grotte
le massif
le mont
le pic
au pied de
le rocher
le sommet
la vallée
le versant

LE VOLCAN
le cratère
l'éruption (f.)
la lave

1 Quels sont les adjectifs qui correspondent aux noms suivants ?
a | le continent → ......
b | l'équateur → ......
c | la forêt → ......
d | la mer → ......
e | la montagne → ......
f | le sable → ......
g | la terre → ......
h | le territoire → ......
i | le tropique → ......
j | le volcan → ......

2 Complétez le texte avec les mots suivants et faites les accords nécessaires :
sable – colline – littoral – espace – côte – région – sommet – territoire – Atlantique – altitude – ouest.

À l'époque de la conquête de la Gaule par les Romains, l'Aquitaine désignait la ..... qui s'étendait entre la Garonne, l'..... et les Pyrénées.
La diversité géographique de son ..... est grande. D'est en ....., du nord au sud, vallées et ....., au relief modeste, alternent avec des ..... variant entre 80 et 300 mètres.
Le ..... aquitain a été sauvegardé d'une urbanisation excessive. Ainsi, les 250 km de ..... offrent autant de plages de ..... fin. La plaine des Landes est un triangle de 14 000 km² dont la Pointe de Grave, Bayonne et Nérac constituent les trois ..... .
La variété de ses ..... naturels protégés attire les amoureux de la nature.

PRODUCTION ORALE/ÉCRITE
3 Présentez la géographie de votre pays ou de votre région.

Comment choisir son compagnon de voyage?

Le compagnon d'aventures : voilà peut-être la clé du succès (ou de l'échec) d'un voyage...

Avec qui partir ? Malheureusement, c'est souvent un élément que l'on traite comme un détail quelconque du voyage. Comme de mettre deux ou trois pantalons dans le sac. Si le copain est libre les mêmes dates, dispose d'un budget comparable, ça sera l'heureux élu. Grave erreur, estime Robert Bérubé, agent de voyage spécialiste de l'aventure. Surtout pour un premier voyage. « Le jeune est nerveux : c'est son premier voyage en Europe et il ne veut pas partir seul alors il choisit n'importe qui ! », dit-il. Et c'est (trop) souvent à l'autre bout du monde qu'il réalise que finalement, ce collègue, il ne le connaît pas du tout... Trop tard. Comment prévenir avant de partir ? Idéalement, poursuit Robert Bérubé, avant de partir trois mois, les compagnons devraient faire un test d'une semaine.

Les amis d'enfance

Partir avec un frère, un cousin ou un ami de longue date est-il garant d'une meilleure entente à l'autre bout du monde ? Non.« Ce n'est pas le degré de connaissance qui compte », estime Marcel Bernier, psychologue au Centre d'aide aux étudiants de l'Université Laval, qui s'intéresse au voyage depuis une quinzaine d'années. Un voyage apporte un contexte de vie totalement différent, dit-il. On découvre alors plein de facettes de la personnalité d'un proche.

Les jeunes amoureux

Faire son premier voyage en amoureux, c'est vraiment comme un nouveau départ... « Pour un jeune couple, ça passe ou ça casse, tranche Robert Bérubé, copropriétaire de l'agence Routes du monde. Quand ça fait 25 ans qu'un couple est ensemble, il y a peu de chance d'avoir des surprises en voyage. » Toutefois, il est peut-être plus risqué encore pour un jeune couple de ne pas partir ensemble. « Lorsqu'il y en a un qui part et l'autre qui reste, au retour, il peut y avoir un décalage », estime le psychologue Marcel Bernier. Le conjoint qui revient de voyage après six mois aura tout un bagage que l'autre n'aura pas, estime ce spécialiste. Inévitablement, cela aura créé une distance. « Partir ensemble peut aussi souder une relation, dit Marcel Bernier. Et lorsque la relation se termine, il restera cette belle expérience d'intimité en souvenir. »Le psychologue compare ces premiers grands voyages sac au dos à l'emménagement en appartement. « Aller vivre ensemble, ce n'est pas comme d'organiser une sortie le samedi soir, dit-il. La dynamique relationnelle n'est plus la même. C'est une intimité soutenue, avec des prises de décisions communes. »

Ménage à trois

Partir à trois est aussi un risque souvent mal calculé. Le stress du voyage peut rapprocher deux copains, au détriment du troisième. « Je déconseille fortement un voyage à trois », confie le jeune globe-trotter Jérôme Duchesneau, qui a vécu l'expérience alors qu'il était à l'université. Deux copains et lui avaient planifié un road trip, pour un été. « Inévitablement, dit-il, à trois, il y en a un qui est mis à l'écart. Les jeunes peuvent se dire que ça ne leur arrivera pas, car ils sont les trois meilleurs amis du monde. Mais partir en voyage, c'est vivre 24 heures sur 24 avec quelqu'un. »

Stéphanie BÉRUBÉ, *La Presse*, 13 avril 2014 .

EXERCICE 1 (de l'épreuve)) *13 points*

1 Selon l'auteure de l'article, voyager à plusieurs :   *(1 point)*
☐ permet de faire des économies.
☐ permet de partager les moments difficiles.
☐ comporte quelques risques.

2 Afin d'éviter les mauvaises surprises :   *(1,5 point)*
☐ Mieux vaut voyager seul que mal accompagné.
☐ Il serait préférable de partir quelques jours ensemble avant le grand départ.
☐ Participer à un voyage organisé est plus sûr.

3 Quelle est l'erreur typique du jeune voyageur selon Robert Bérubé ?   *(1 point)*
....
....

4 Vrai ou faux ? Cochez la bonne réponse et recopiez la phrase ou la partie du texte
qui justifie votre réponse.   *(4,5 points)*
• Il existe un décalage entre le fait de connaître quelqu'un et celui de voyager avec lui.   V ☐   F ☐
Justification : ....
....
• Les vieux couples tiennent mieux la distance que les jeunes couples.   V ☐   F ☐
Justification : ....
....
• La bonne entente est garantie en voyageant à trois.   V ☐   F ☐
Justification : ....
....

5 Pour un couple d'amoureux :
• Quel est le risque encouru s'ils ne voyagent pas ensemble ?   *(1 point)*
....
....
• Quel avantage cela présente-t-il de voyager ensemble ?   *(1 point)*
....
....

6 En quoi vivre ensemble et voyager ensemble est-il différent ?   *(2 points)*
....
....

7 Expliquez : « *On découvre plein de facettes de la personnalité d'un proche.* »   *(1 point)*
....
....

ATELIERS

Eugène Delacroix,
*Album de voyage
au Maroc, Espagne,
Algérie*, 1832.

1 RÉALISER UN CARNET DE VOYAGE FICTIF

Vous allez rédiger un carnet de voyage.
Vous raconterez un voyage d'une semaine étape par étape : le départ, le jour de l'arrivée, les différents moments, les points forts...
Pour ce faire, vous allez utiliser des photos, écrire et rassembler des textes, et éventuellement mettre de la vidéo ou du son, des liens à la manière d'un blog de voyage si vous souhaitez raconter votre voyage en ligne.

Démarche

Formez des groupes de trois ou quatre.

1 Préparation

• Dans chaque groupe, vous choisissez le thème de votre voyage : un voyage en France ou dans un pays francophone, un voyage à vélo, une croisière, une randonnée pédestre, etc.
• Pour vous aider, consultez des guides et des blogs de voyage, des sites à vocation touristique ou documentaire.
• Vous ferez une sélection de photos personnelles, découpées dans des magazines ou trouvées sur Internet : photos de paysages, de villes (scènes de rue), de sites touristiques, de personnes, de restaurants...
• Vous pourrez aussi sélectionner des textes sur le thème de votre voyage.

2 Réalisation

• À partir des photos et des textes sélectionnés, chaque groupe va écrire son carnet de voyage étape par étape.
• Par exemple, vous allez :
— imaginer des anecdotes, des rencontres insolites, des découvertes surprenantes, des lieux hors du commun... ;
— décrire les endroits qui vous ont touchés, que ce soit positif ou négatif ;
— évoquer les moyens de transports utilisés.

3 Présentation

Chaque groupe présente son carnet de voyage à la classe et explique les raisons de la destination choisie, sans oublier de donner son avis sur cette aventure commune.

2 PLANIFIER UN VOYAGE DANS UNE RÉGION FRANÇAISE OU FRANCOPHONE

Vous allez organiser un voyage en groupe dans une région française ou francophone.

Démarche

Formez des groupes de trois ou quatre.

1 Préparation

• Dans chaque groupe, vous choisissez une destination et vous vous mettez d'accord sur le type de séjour que vous souhaitez : séjour culturel, gastronomique, détente...
• Vous réunissez les informations nécessaires à la préparation de votre voyage : des guides touristiques et gastronomiques, des prospectus divers, des horaires de train et d'avion, des plans, des idées de balades thématiques et d'excursions, des exemples de circuits, des sites de voyages...

2 Réalisation

• Vous allez déterminer un programme, choisir des prestataires, établir un budget global et sa répartition pour les postes suivants : les transports, l'hébergement, la restauration, les visites, les activités, la location d'un véhicule, les dépenses courantes.
• Vous imaginez un itinéraire puis vous vous partagez le travail : chaque membre du groupe constitue une liste de propositions concernant les différents postes.
• Imaginez des solutions alternatives, des bons plans et trouvez le meilleur compromis entre vos envies et les coûts. Décidez si certaines activités et visites de certains sites peuvent être organisées sans recourir à un intermédiaire.
• Enfin, vous faites une mise en commun, établissez ensemble un budget global prévisionnel et prévoyez comment financer votre voyage.
Si vous devez franchir une frontière, vérifiez les formalités pour les visas !

3 Présentation

Chaque groupe présente son programme à la classe en expliquant le choix de sa destination et du type de séjour. La classe choisira le groupe qui lui donne envie de faire ce voyage.

HISTOIRE DE...

L'histoire est un perpétuel recommencement.

Histoires personnelles

A L'histoire de Nadia

Nadia, Doubaï.

Je suis passionnée par l'histoire depuis mon jeune âge grâce à ma mère qui était professeur
5 d'histoire et de philosophie au lycée.

À la maison, j'étais entourée de livres d'histoire et d'objets anciens.
10 J'ai aussi un très bon souvenir d'excursions à la découverte de petits villages médiévaux et de villes symbolisant l'art et la Renaissance italienne comme Florence, Pise, Rome ou Venise. J'ai la chance d'avoir grandi
15 dans un pays où les villes sont des musées à ciel ouvert.

La période de l'histoire qui m'a toujours fascinée dès l'école est la Renaissance italienne. À cette époque, l'Italie, qui est située au milieu de
20 la Méditerranée, devint le centre du commerce entre l'Europe et l'Orient.

Les quatre Républiques maritimes italiennes (Gênes, Pise, Venise et Amalfi) s'enrichirent grâce au commerce maritime.
25 Ce fut une période de renouveau artistique dans tous les domaines : littérature (avec Pétrarque, Castiglione et Machiavel), peinture et sculpture (Michel-Ange, Léonard de Vinci et Raphaël) et architecture (le Dôme de Florence et la basilique
30 Saint-Pierre à Rome). Ensuite, ce mouvement s'étendit en France avec notamment la construction des châteaux de la Loire comme Chambord ou Chenonceaux et l'installation de Léonard de Vinci à Amboise, à l'invitation de François Ier.
35 Par contre, si j'avais pu décider à quelle époque j'aurais pu vivre, j'aurais choisi La Belle Époque qui correspond à la fin du XIXe siècle et au début du XXe siècle. C'est à mes yeux une période de grand rayonnement culturel, de joie de vivre,
40 d'optimisme et de croyance dans le progrès et les innovations.

Il est très important de souligner que le symbole en est bel et bien Paris, la Ville Lumière, qui était alors un centre artistique et intellectuel
45 mondial. J'aurais adoré vivre dans le quartier de Montmartre fréquenté par des artistes talentueux comme Modigliani, Picasso et Toulouse-Lautrec… et assister à l'Exposition universelle de 1900 !

COMPRÉHENSION ÉCRITE

Lecture
1 Qu'est-ce qui a provoqué la passion pour l'histoire de Nadia ?
2 Quelles sont les périodes historiques qu'elle préfère ? Dites pourquoi.

Vocabulaire
3 Relevez les expressions de temps.
Exemples : *depuis, période…*
4 Trouvez des équivalents ou expliquez :
a villages <u>médiévaux</u> (l. 12)
b des musées <u>à ciel ouvert</u> (l. 15)
c grand <u>rayonnement</u> culturel (l. 39)
d <u>bel et bien</u> (l. 43)

Issis, Suresnes.

B Issis, l'histoire dans le sang

J'ai toujours été passionnée par l'histoire. Mon intérêt vient de loin, de mon enfance.

J'ai grandi avec les histoires de mon grand-père, Enrique Herrera, qui fut très actif politi-
5 quement. Il a vécu deux dictatures et, lors de la première, il dut s'exiler en Argentine.

Il est mort en 2010 à l'âge de 97 ans et c'est de lui que je tiens cet intérêt que j'ai pour la société ou l'histoire.
10 Le 7 mai dernier, dans la salle d'attente du kiné, j'ai commencé à parler avec une dame à propos du 8 mai qui est un jour férié en France ; je lui ai demandé si c'était bien la fin de la guerre. Je lui ai expliqué que j'étais chilienne et que, à la
15 différence des Européens, pour nous, la guerre était un sujet un peu lointain. Elle a commencé à me raconter des histoires de cette époque et je lui ai posé des questions. Elle avait seize ans quand la guerre a fini et elle m'a expliqué que, le 8 mai,
20 les gens dansaient. Les années qui suivirent la fin de la guerre furent une fête, elle fréquentait les boîtes de Saint-Germain-des-Prés… J'ai adoré converser avec elle parce que j'aime parler avec des personnes qui ont vécu l'histoire, des
25 témoins de l'histoire.

Alors, le 8 mai, j'ai suivi la cérémonie de l'Arc de triomphe à la télé et j'ai assisté aussi à la cérémonie, place du 8 Mai ! À Suresnes, la ville où je demeure. Et j'ai trouvé très touchant de voir tous
30 les anciens combattants à la cérémonie.

COMPRÉHENSION ÉCRITE

Lecture

1 Que savez-vous d'Issis ?
2 A-t-elle des points communs avec Nadia ?
3 Justifiez le titre : *L'histoire dans le sang.*
4 De quel 8 mai parle-t-elle ?

Vocabulaire

5 Expliquez :
a un kiné (l. 11)

b un jour férié (l. 12)
c elle fréquentait les boîtes de Saint-Germain-des-Prés (l. 21)
d converser (l. 23)
e des témoins de l'histoire (l. 24)
f je demeure (l. 29)
g touchant (l. 29)
6 À quel temps sont les verbes suivants : *fut – dut – suivirent – furent* ? Quels sont leurs infinitifs ?

C L'arrivée en France « *Mon père, lui, est venu tout seul.* »

COMPRÉHENSION ORALE

1ʳᵉ écoute (du début à 1'18'')

1 Que savez-vous de la personne qui parle ?
2 Comment est-elle arrivée en France ?
3 Quelles ont été ses impressions à son arrivée ? Relevez les mots et expressions d'appréciation à ce propos.

2ᵉ écoute (de 1'19'' à la fin)

4 Que pense-t-elle de l'école ?

5 Quelle anecdote raconte-t-elle au sujet de l'école ?

Vocabulaire

6 Expliquez ou trouvez des synonymes aux énoncés suivants :
a il est venu <u>sur un pari</u>
b c'était <u>fabuleux</u>
c on s'est réveillé <u>en catastrophe</u>

D Nombre d'étrangers résidant en France, depuis 1945

COMPRÉHENSION ÉCRITE

Lecture

1 De quel pays venaient principalement les étrangers en 1945 ? Est-ce encore le cas dans les années 2000 ?
2 L'immigration en provenance de l'ensemble de l'Europe et de l'Afrique a-t-elle évolué de la même manière depuis 1945 ?
3 Depuis quand la part des immigrés en France est-elle stable ?

RÉPARTITION PAR NATIONALITÉS, en millions — Source : Insee

TOTAL : **3,7** millions d'étrangers

Autres (dont Russie)
Africains
Turcs
Algériens
Tunisiens
Marocains
Autres Europe
Polonais et Belges
Espagnols
Portugais
Italiens

1946 1954 1962 1968 1975 1982 1990 1999 2008

www.lefigaro.fr, 10 octobre 2012.

PRODUCTION ORALE

4 Le phénomène de l'immigration existe-t-il aussi dans votre pays ? Depuis quand ?
5 D'où viennent les immigrés présents dans votre pays ?
6 Se sont-ils bien intégrés ? Sont-ils bien acceptés ?

unité 5 **Histoire de...**

VOCABULAIRE
> l'histoire

LA PRÉHISTOIRE
l'âge de pierre
l'âge de bronze
le néolithique
le paléolithique

L'ANTIQUITÉ
la dynastie
égyptien(ne)
l'empereur *(m.)*
l'empire *(m.)*
gallo-romain(e)
gaulois(e)
grec/grecque
le pharaon
la pyramide
romain(e)

LE MOYEN ÂGE
la chevalerie
la croisade
la féodalité

le chevalier
le croisé
le seigneur

LA ROYAUTÉ
l'Ancien régime
l'aristocrate
l'aristocratie *(f.)*
le château
la Cour
la couronne
le couronnement
couronner
le courtisan
La monarchie
le monarque
le noble
la noblesse
le privilège
le règne
régner
le royaume
le souverain
succéder (à)
le trône

Les titres
le baron
le comte
le duc
le marquis

le prince
le roi

1 Quels sont les féminins des noms suivants ?
a | le baron ➞ .....
b | le chevalier ➞ .....
c | le comte ➞ .....
d | le duc ➞ .....
e | un Égyptien ➞ .....
f | l'empereur ➞ .....
g | un Grec ➞ .....
h | le marquis ➞ .....
i | le prince ➞ .....
j | le roi ➞ .....

QUELQUES MOMENTS MARQUANTS
la Renaissance
Les grandes découvertes
La traite des esclaves
Le Siècle des Lumières
la Révolution
l'Empire
la République
La colonisation
La Belle Époque
Les guerres mondiales

Expressions
monter sur le trône
une vie de château
des dépenses pharaoniques
la petite/grande couronne
le chevalier servant

2 Complétez les phrases avec les mots suivants (faites les accords nécessaires) :
Ancien – Belle – grotte – préhistorique – mondial – pharaon – prince – princesse – pyramide – trône.
a | Les hommes ..... décoraient les ..... de fresques.
b | Sous l'..... régime, le ..... succédait à son père.
c | En Égypte, à leur mort, les ..... étaient momifiés et placés dans une ..... .
d | La fille d'un roi est une ..... . En France, elle ne pouvait pas monter sur le ..... .
e | La période qui a précédé la 1ʳᵉ Guerre ..... est surnommée la ..... Époque.

PRODUCTION ORALE

3 L'histoire et vous
a | Vous intéressez-vous à l'histoire ? Lisez-vous des livres historiques ? Allez-vous voir des films, des expositions historiques ?
b | Quelle est la période historique qui vous intéresse le plus ? Dans quel pays ?
c | Quels sont les personnages historiques les plus importants de votre pays ?
Présentez-les rapidement.
d | Quel est, à votre avis, l'événement historique le plus important des dix dernières années dans votre pays, sur la planète ?
e | À quelle époque auriez-vous aimé vivre ?

PRODUCTION ÉCRITE   >>>>DELF

4 Lisez cet article.

Commémoration en question

La France passe trop de temps à commémorer les événements du passé, en particulier les Première et Seconde Guerres mondiales.

Toutes ces grandes cérémonies coûtent très cher à l'État alors que notre pays manque d'argent.

Pour mémoire, le 8 Mai est célébré en France pour commémorer l'arrêt des combats en Europe contre l'Allemagne nazie en 1945. Le 11 novembre est quant à lui, le jour du souvenir de l'armistice mettant un terme à la Première Guerre mondiale, en 1918.

Une journée unique de commémoration pour les morts des différentes guerres serait donc largement suffisante.

Vous réagissez à cet article par une lettre afin qu'elle soit publiée dans le courrier des lecteurs.

DOCUMENTS

A Les Femmes du 6ᵉ étage

COMPRÉHENSION AUDIOVISUELLE

1ᵉʳ visionnage (sans le son)

1 Quelle est la nature de cette vidéo ?

2 Où ce film se passe-t-il ? À quelle époque ?

3 Qui sont ces femmes ? Comment sont-elles vêtues ?

2ᵉ visionnage (avec le son)

4 Quelle est la situation ?

5 À votre avis, qui sont les personnages principaux du film ? Décrivez-les.

6 Essayez de les caractériser.

7 Quel est le ton de ce film ? Sur quoi est-il basé ?

8 Comment le film devrait-il se terminer ?

PRODUCTION ORALE

9 Avez-vous envie de voir ce film ? Pourquoi ? Quels films français avez-vous vus ?

PRODUCTION ÉCRITE

10 Dans un courriel, racontez à un(e) ami(e) un film que vous venez de voir et qui vous a marqué(e).

B Histoires d'immigration

COMPRÉHENSION ÉCRITE

Lecture

1 Observez ce document et décrivez-le. D'où provient-il ?

2 D'après vous, à quelles histoires le slogan fait-il référence ?

PRODUCTION ORALE

3 Êtes-vous d'accord avec ces réflexions sur l'immigration ? Discutez-en par groupe.

a | L'immigration est le signe d'une société vivante, en bonne santé.

b | S'adapter à une nouvelle culture, une nouvelle langue et un nouveau style de vie n'est pas difficile.

c | Accueillir l'immigration, c'est accueillir la « misère du monde ».

d | Les immigrés sont souvent victimes de discrimination.

e | Les étrangers en situation irrégulière sont exposés à l'exploitation par des employeurs clandestins sans scrupules.

PRODUCTION ÉCRITE

4 Choisissez une des réflexions ci-dessus et développez-la sous la forme d'un article.

GRAMMAIRE
> le passé

> ### ÉCHAUFFEMENT

1 Dans les phrases suivantes, quel est l'infinitif des verbes soulignés ? Quel est le temps de ces verbes ?

Un système bancaire moderne <u>vit</u> le jour.
Les quatre Républiques maritimes italiennes <u>s'enrichirent</u> grâce au commercial maritime. Ce <u>fut</u> une période de renouveau artistique dans tous les domaines. Ensuite, ce mouvement <u>s'étendit</u> en France.

> ### FONCTIONNEMENT

2 Qu'est-ce que ce temps exprime ? Quel temps emploierait-on à l'oral ?

Le passé simple

Le passé simple exprime un fait passé ponctuel, considéré de son début à sa fin. Il ne marque aucun contact entre ce fait et le présent. Il est maintenant utilisé uniquement dans la langue écrite littéraire, universitaire ou journalistique (en général à la 3e personne).

Dans la langue orale et dans la langue écrite non littéraire, il est remplacé, depuis le XXe siècle, par le passé composé.

Conjugaison

Il y a 4 conjugaisons différentes :

je parl**ai**	je conn**us**	je sort**is**	je v**ins**
tu parl**as**	tu conn**us**	tu sort**is**	tu v**ins**
il parl**a**	il conn**ut**	il sort**it**	il v**int**
nous parl**âmes**	nous conn**ûmes**	nous sort**îmes**	nous v**înmes**
vous parl**âtes**	vous conn**ûtes**	vous sort**îtes**	vous v**întes**
ils parl**èrent**	ils conn**urent**	ils sort**irent**	ils v**inrent**

Formation

Le passé simple se construit en général sur la forme du participe passé :

chanter : chant**é** → il chant**a**   finir : fin**i** → il fin**it**   boire : b**u** → il b**ut**   avoir : **eu** → il **eut**

Exceptions

- les verbes en -andre/-endre/-erdre/-ompre/-ondre/-ordre : *elle perdit/elle rendit/elle interrompit*
- les verbes en -attre : *il battit*
- les verbes en -indre : *elle peignit/elle craignit/elle rejoignit*
- les verbes en -frir et en -vrir : *il couvrit/il découvrit/il offrit/il ouvrit/il souffrit*
- les verbes en -uire : *elle conduisit/elle cuisit*

et aussi :

convaincre	→ *il convainquit*		écrire	→ *elle écrivit*
être	→ *il fut*		faire	→ *elle fit*
mourir	→ *il mourut*		naître	→ *elle naquit*
tenir	→ *il tint*		vaincre	→ *elle vainquit*
venir	→ *il vint*		vêtir	→ *elle vêtit*
voir	→ *il vit*			

Les temps du passé

On peut utiliser :

• le passé composé pour......

— une action passée ponctuelle : *Hier, j'**ai relu** les Mémoires d'Hadrien.*

— le résultat passé ou présent d'une action passée : *C'est un bon historien : j'**ai tout compris**.*

• l'imparfait pour...

— le cadre d'une action, un état, une situation passés : *Quand Gandhi **était** jeune, il **habitait** en Afrique du Sud.*

— une description : *Hier, le président **portait** une casquette.*

— une habitude passée : *Quand il avait vingt ans, il **étudiait** à la bibliothèque tous les soirs.*

— une action en cours d'accomplissement dans le passé, généralement en relation avec un passé composé ou un passé simple (= être en train de) : *Quand je suis entré, le professeur **lisait** un article sur Hérodote.*

• le plus-que-parfait pour...

— un fait terminé antérieur à un autre passé : *Quand je suis arrivé, il **était** déjà **parti**.*

Remarque

La distinction entre passé composé et imparfait existe aussi pour un sentiment, un état d'esprit :

*Il **avait** peur avant l'épreuve d'histoire.* (état d'esprit)

*Quand ils ont vu la momie, les enfants **ont eu** peur.* (réaction)

> ENTRAÎNEMENT

3 Repérez les passés simples dans cet extrait de *Sylvie* de Gérard de Nerval (1808-1855). Dites quelle serait leur forme au passé composé (attention aux accords des participes passés).

Adrienne se leva. Développant sa taille élancée, elle nous fit un salut gracieux et rentra en courant dans le château. Je revins près de Sylvie, je m'aperçus qu'elle pleurait. La couronne donnée par mes mains à la belle chanteuse était le sujet de ses larmes. Je lui offris d'en aller cueillir une autre, mais elle me dit qu'elle n'y tenait nullement, ne la méritant pas. Je voulus en vain me défendre, elle ne me dit plus un seul mot pendant que je la reconduisais chez ses parents. Rappelé moi-même à Paris pour y reprendre mes études, j'emportai cette double image d'une amitié tendre tristement rompue.

4 Mettez ce texte au passé. Si vous le souhaitez, utilisez le passé simple.

François Toussaint naît dans une plantation en Haïti. Son père, un chef africain, a été déporté comme esclave.

L'enfant bénéficie de la protection du gérant de la plantation, Baillon de Libertat, ce qui lui permet de ne jamais travailler dans les champs mais à l'habitation, auprès de son maître. Il s'occupe des bêtes, devient cocher et, à 33 ans, en 1776, obtient d'être affranchi.

Il épouse une jeune noire libre, Suzanne Simon-Baptiste, qui a déjà un enfant métis, Placide. Le couple s'installe dans une plantation de 13 hectares.

DOCUMENTS

Parler Franc

Bruneau DELMAS, *Charlemagne*, Glénat Fayard, 2014.

COMPRÉHENSION ÉCRITE

Lecture

1 À quelle époque cette BD se situe-t-elle ?

2 Quel est le cadre de l'action ?

3 Qui sont ces hommes ? De quelle origine sont-ils ? Décrivez-les.

4 Qui est le personnage principal ? Le connaissez-vous ? Qu'annonce-t-il ?

5 Quel est le style de cette BD ? À votre avis, à qui est-elle destinée ?

PRODUCTION ORALE

6 Qui sont les personnalités de l'Histoire de France ? de celles de votre pays ?

Toussaint Louverture, le père de l'indépendance haïtienne

Toussaint Breda naquit en 1743, dans une plantation sucrière de la colonie française de Saint-Domingue (aujourd'hui Haïti). On dit qu'il est le fils d'un chef béninois qui fut déporté comme esclave.

5 Enfant, il s'occupe des bêtes, puis devient cocher.

En 1776, il est affranchi. Il épouse alors une jeune femme noire libre, avec laquelle il devient propriétaire d'une plantation qui comprend une vingtaine d'esclaves !

10 Le 22 août 1791, les esclaves du Bois Caïman se révoltent. Toussaint les rejoint et gagne son surnom de Louverture en raison du courage avec lequel il enfonce les rangs ennemis.

La colonie, étant en proie à la guerre civile et 15 assaillie à la fois par les Espagnols et la flotte anglaise, la Convention* vote le décret d'abolition de l'esclavage le 4 février 1794 tant par idéal que pour se rallier les esclaves révoltés. Toussaint rejoint alors le camp républicain avec ses hommes. Il 20 obtient le grade de général de division. Il repousse les Anglais, devient gouverneur de la colonie, et s'empare même de la partie espagnole de l'île.

Il se désigne alors Gouverneur général à vie le 8 juillet 1801. Ceci n'est pas du goût de Bona-25 parte qui envoie 25 000 hommes pour mater la rébellion. Le 2 mai 1802, Toussaint doit se rendre au général Leclerc. En échange de la paix, il obtient le droit de se retirer sur sa plantation. Mais il est arrêté le 7 juin, déporté en France et incarcéré 30 au fort de Joux, dans le Jura, l'un des lieux les

Toussaint n'était pas un homme sans mérite.

plus froids de France. Il tombe malade et meurt le 7 avril 1803.

« En me renversant, on n'a abattu à Saint-Domingue que le tronc de l'arbre de la liberté, mais il repoussera car ses racines sont profondes et nombreuses ». Toussaint Louverture, après son arrestation.

Pendant ce temps, à Saint-Domingue, les noirs se sont révoltés contre la tentative de rétablisse-35 ment de l'esclavage et obtiennent la victoire sur les troupes françaises. Haïti devient indépendante le 1er janvier 1804, consacrant ainsi la victoire posthume de Toussaint Louverture.

* *Assemblée de la Révolution française de 1792 à 1795.*

unité 5 Histoire de...

COMPRÉHENSION ÉCRITE

Entrée en matière

1 Lisez le titre de cet article. Connaissez-vous Toussaint Louverture ?

Lecture

Lisez l'article.

2 Quelles sont les principales étapes de sa vie ?

3 En quoi sa personnalité sort-elle de l'ordinaire ?

4 Quelle est sa *« victoire posthume »* ?

Vocabulaire

5 Donnez un équivalent ou expliquez les mots suivants :

a | cocher (l. 5)

b | affranchi (l. 6)

c | en proie à (l. 14)

d | assaillie (l. 15)

e | le décret d'abolition (l. 16)

f | se rallier (l. 18)

g | [il] s'empare (l. 22)

h | mater la rébellion (l. 25)

i | [il] doit se rendre (l. 26)

j | incarcéré (l. 29)

PRODUCTION ORALE/ÉCRITE

6 Votre pays compte-t-il lui aussi un héros de l'indépendance ? Faites son portrait.

VOCABULAIRE/GRAMMAIRE
> le temps

LA PÉRIODE DE TEMPS
l'époque *(f.)*
l'ère *(f.)*
l'instant *(m.)*
le moment
le temps

> Attention ! En français, on utilise assez peu le mot **temps**, sauf dans certaines expressions *(un certain temps, en même temps…)* et pour la météo. Vous lui préférerez **moment**, **période** ou **époque**.
> Exemples : *Pendant cette période, nous avons eu des moments difficiles. / À cette époque, il ne régnait pas encore.*

LE PRÉSENT
à ce jour
à notre époque
à présent
actuellement
aujourd'hui / d'aujourd'hui
ces jours-ci
de nos jours
désormais
dorénavant
en ce moment
maintenant
pour l'instant
pour le moment

LE PASSÉ
à l'époque
à l'instant
autrefois
en ce temps-là
récemment
une fois
+ *nom de durée*
ça fait
il y a

L'AVENIR *(M.)*
à jamais
à l'avenir
bientôt
dans un délai de
d'un moment à l'autre
tout à l'heure
+ *nom*
dans

L'ANTÉRIORITÉ *(F.)*
au préalable
auparavant
avant / d'avant

d'ici là
plus tôt
+ *nom*
avant
en attendant
jusqu'à

LA SIMULTANÉITÉ
à ce moment-là
au même moment
alors
en même temps
simultanément
+ *nom*
au cours de
au moment de
lors de

LA POSTÉRIORITÉ
après
ensuite
par la suite
plus tard
+ *nom*
à partir de
après

LE COMMENCEMENT
au début   de … à …
à l'origine   dès
+ *nom*   depuis
à partir de

LA FIN
à la fin
enfin
en fin de compte
finalement
+ *nom*
jusqu'à

LA DURÉE
brièvement
continuellement
définitivement
en un clin d'œil
en un rien de temps
longtemps
un certain temps
un instant
un moment
+ *nom*
ça fait … que
depuis
durant
en
il y a … que
pendant
pour

LA FRÉQUENCE
à l'occasion
de temps en temps
irrégulièrement
par moments
sans arrêt

L'IMMÉDIATETÉ *(F.)*
aussitôt   tout d'un coup
immédiatement   tout de suite
soudain   + *nom*
tout à coup   dès

LE RYTHME
par étapes   peu à peu
petit à petit   progressivement

LA RÉPÉTITION
de nouveau   encore une fois
encore   une nouvelle fois

1 Complétez le texte suivant :
en un rien de temps — fin — à partir de — pendant — désormais — durant — début. Louis XIV exerça le pouvoir personnel-lement ..... 1661. Il a alors déclaré à la mort de Mazarin : « *Messieurs les Ministres, Le Cardinal de Mazarin est mort, c'est à moi que vous vous adres-serez .....* ». Et ce fut le ..... d'un règne de cinquante-quatre ans.
....., il concentra tous les pouvoirs entre ses mains. ..... son règne, le royaume fut en guerre ..... trente-cinq ans. Louis XIV connut une ..... de règne difficile tant l'État était endetté.

2 Remplacez les mots soulignés par leur équivalent et, si nécessaire, changez l'ordre des mots :
après — aussitôt — encore — finalement — instantanément — maintenant — parfois — pendant — progressivement — soudain.
a | Il faut y aller <u>petit à petit</u>.
b | Il est <u>de nouveau</u> absent.
c | Elle est apparue <u>tout à coup</u>.
d | <u>Dès</u> qu'il est devenu ministre, il a pris la grosse tête.
e | Je relis Xénophon <u>de temps en temps</u>.
f | Elle a compris <u>en un clin d'œil</u>.
g | Il a rencontré François Ier <u>lors d'</u>une visite à Calais.
h | <u>En fin de compte</u>, il ne vient plus.
i | <u>Une fois</u> qu'il est parti, l'ambiance s'est améliorée.
j | <u>De nos jours</u>, il est rare de circuler à cheval.

GRAMMAIRE
> les propositions temporelles

Cahier d'activités unité 5

> ÉCHAUFFEMENT

1 Dans les phrases suivantes, quels sont les énoncés qui indiquent le temps ?

a | Depuis que nous avons rejoint l'Union européenne, nous voyageons plus facilement.

b | Alexandre le Grand est mort alors qu'il n'avait que 33 ans.

c | Ils manifesteront jusqu'à ce que le gouvernement fasse des concessions.

d | Il faut résister avant qu'il ne soit trop tard.

e | Après avoir conquis la Gaule, Jules César rentra à Rome.

> FONCTIONNEMENT

2 Comment se construisent-ils (+ infinitif, +indicatif, + subjonctif…) ?

Expression de la simultanéité **+ indicatif**		Expression de l'antériorité **+ subjonctif**	Expression de la postériorité
maintenant que	tandis que	avant que	après que
alors que	après que	d'ici à ce que	une fois que
au moment où	une fois que	en attendant que	
comme	tant que	jusqu'à ce que	
en même temps que	aussitôt que		
lorsque	dès que		
pendant que	à mesure que		
quand	au fur et à mesure que		

- **Avant de** + **infinitif présent** : *Avant de **connaître** la vie de château, il lui faudra gagner au loto.*
- **Après** + **infinitif passé** : *Après **avoir passé** un bac littéraire, elle s'est inscrite en fac d'histoire.*
- **Une fois** + **participe passé** : *Une fois le monument **terminé**, un ministre l'inaugurera.*

> ENTRAÎNEMENT

3 Mettez le verbe au temps et au mode convenables.

a | Une fois que vous (être) ..... inscrit, vous pourrez accéder à la bibliothèque.

b | Il a reconnu Louis XVI au moment où il le (voir) ..... de profil.

c | Nous proclamerons notre indépendance dès que l'armistice (être) ..... signé.

d | Vous avez encore le temps d'ici à ce que le conférencier (prendre) ..... la parole.

e | Je pense que nous devrons interrompre ce guide avant qu'il (dire) ..... trop des bêtises.

f | Le nouveau roi s'est transformé en dictateur après qu'il (être) ..... monté sur le trône.

4 Intonation
Écoutez ce dialogue.

a | Quelle est la situation ?

b | Relevez les expressions concernant le temps ou la mémoire et dites ce qu'elles signifient.

c | Regardez le texte. Rejouez le dialogue et réutilisez à votre tour deux de ces expressions dans un court dialogue.

POUR VOUS AIDER

- **Prends ton temps, on n'est pas pressés.**
- **J'ai pas le temps, adressez-vous à quelqu'un d'autre.**
- **Dépêchez-vous ! On est à la bourre. *(fam.)***
- **C'est urgent. Grouille-toi ! *(fam.)***
- **Ça urge. *(fam.)***

PRODUCTION ORALE

5 Lisez ces citations sur le temps et dites si vous êtes d'accord avec leurs auteurs.

a | « *Le temps adoucit tout.* » Voltaire

b | « *Le temps d'apprendre à vivre, il est déjà trop tard.* » Louis Aragon

d | « *Le temps manque pour tout.* » Honoré de Balzac

c | « *Il faut donner du temps au temps.* » Miguel de Cervantes

e | « *Le temps de lire, comme le temps d'aimer, dilate le temps de vivre.* » Daniel Pennac

Grandes périodes de l'Histoire de France

1 Faites correspondre les éléments suivants :

Les dates	Les périodes	Les intellectuels
a | XVIe siècle	**1** | La Révolution française	**I** | Pierre de Ronsard
b | XVIIe siècle	**2** | Les Années folles	**II** | Madame de Staël
c | XVIIIe siècle	**3** | Le siècle des Lumières	**III** | André Breton
d | XVIIIe siècle	**4** | La Renaissance	**IV** | Denis Diderot
e | XIXe siècle	**5** | Le siècle de Louis XIV	**V** | Olympe de Gouges
f | 1900–1914	**6** | Les 30 glorieuses	**VI** | Simone de Beauvoir
g | 1918–1929	**7** | L'Empire	**VII** | Molière
h | 1945–1973	**8** | La Belle Époque	**VIII** | Marcel Proust

2 À quelle période correspond chacune de ces photos ?

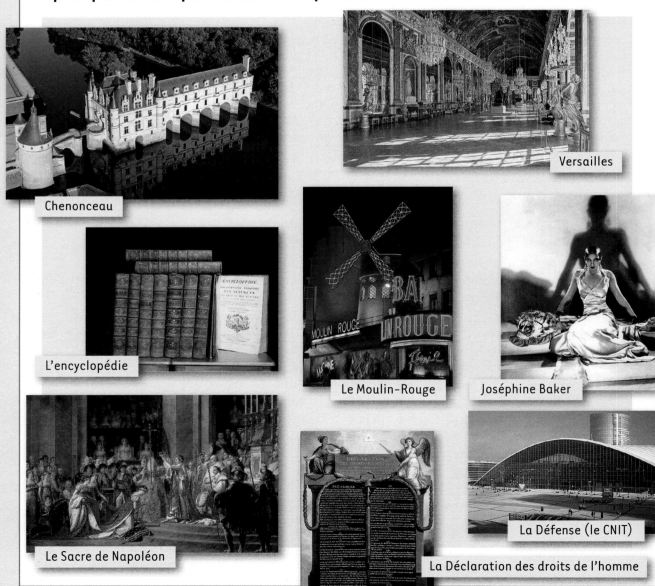

Chenonceau

Versailles

L'encyclopédie

Le Moulin-Rouge

Joséphine Baker

Le Sacre de Napoléon

La Déclaration des droits de l'homme

La Défense (le CNIT)

3 Pouvez-vous expliquer les noms des grandes périodes de l'activité 1 ?

4 Voici quelques mouvements artistiques. Par quels tableaux sont-ils représentés ?

> **a** | L'impressionnisme
> **b** | Le classicisme
> **c** | L'abstraction
> **d** | Le romantisme
> **e** | Le surréalisme
> **f** | Le pointillisme
> **g** | Le cubisme

René Magritte

Claude Monet

Georges Seurat

Sonia Delaunay

Charles Le Brun

Pablo Picasso

Théodore Géricault

ATELIERS

1 RÉALISER LE PORTRAIT D'UN PERSONNAGE HISTORIQUE

Vous allez faire le portrait d'un personnage historique français.

Démarche

Formez des groupes de deux ou trois.

1 Préparation

• Chaque groupe choisit une personnalité historique.
Faites la liste des différentes périodes

Émilie du Châtelet, mathématicienne et physicienne (1706-1749).

de l'Histoire de France que vous appréciez avec les personnalités correspondantes. Discutez-en ensemble puis faites un choix.
• Vous recherchez des vidéos, des documents, des illustrations dans des livres et revues d'histoire, des encyclopédies, sur Internet...
• Renseignez-vous sur le contexte historique dans lequel votre personnalité a vécu.
• Prenez des notes sur sa biographie. Vous décrirez bien sûr les actions qu'elle a accomplies mais vous pourrez aussi combiner portrait physique et portrait moral afin de composer un portrait complet et de permettre à votre auditoire de se le représenter. *Notez simplement les mots et les dates clés, des chiffres, quelques citations et les informations précises dont vous pourriez avoir besoin.*

2 Réalisation

• Vous pouvez faire un portrait descriptif de votre personnage historique, c'est-à-dire un portrait qui le décrit positivement ou négativement de manière objective ou non. Vous rédigez vos textes et insérez vos illustrations. Choisissez la forme de présentation la mieux adaptée en fonction de l'équipement de votre classe : une grande affiche, un diaporama, une présentation sur TNI...
• Vous pouvez organiser votre exposé en plusieurs parties :
– présentation du personnage et du contexte historique auquel il appartient ;
– son portrait physique et moral ;
– ses principales réalisations ;
– sa portée historique.

3 Présentation

• Vous présentez le portrait de votre personnage historique à la classe et justifiez votre choix en soulignant l'importance qu'il a eue dans l'Histoire de France.

2 FAIRE UNE ENQUÊTE

Vous allez faire une enquête pour établir le classement des dix personnalités mondiales les plus importantes pour l'histoire de l'humanité.

Démarche

Formez des groupes de trois ou quatre.

1 Préparation

• Chaque groupe fait la liste de trente personnes influentes dans l'histoire mondiale puis la soumettra aux personnes qu'il souhaite interviewer.
Faites vos recherches sur Internet, à la bibliothèque... Veillez à varier les nationalités et à trouver un équilibre hommes/femmes.

2 Réalisation

• Vous interrogez les étudiants de la classe. Vous leur présentez la liste des trente personnalités historiques que vous avez préparée et leur demandez d'en choisir dix.
Vous pouvez également étendre votre enquête aux étudiants de l'école et aussi à des personnes extérieures.
• En groupe, faites la mise en commun des réponses obtenues et établissez le Top 10 des personnalités mondiales les plus importantes pour les personnes que vous avez interviewées.
• Vous recherchez des illustrations et préparez de courtes biographies correspondant aux dix personnages historiques.
Votre biographie ne doit faire que quelques lignes.

3 Présentation

• Chaque groupe présente les résultats de son enquête à la classe.
• Y a-t-il des personnalités communes à chaque groupe ? Ouvrez le débat, tentez d'expliquer les choix des personnes interrogées.

Gandhi (1869-1948).

À VOTRE SANTÉ !

Le travail c'est la santé.

La médecine et nous

A Docteur Li

Li, Chine.

Pourquoi êtes-vous devenue médecin ?

Devenir médecin était presque une évidence car j'ai grandi dans la cour d'un hôpital. Ma mère est médecin, mon père est pharmacien ; ils travaillent
5 dans le même hôpital.

Après l'obtention de mon diplôme, j'ai travaillé comme médecin urgentiste à Shanghai pendant deux ans puis je suis venue à Paris faire des stages dans les hôpitaux. De ce fait, je connais bien les
10 deux systèmes de santé.

Depuis 2012, je travaille en France dans une compagnie d'assistance médicale en tant que médecin consultant pour la partie Asie-Pacifique. La compagnie a une branche à Shanghai avec laquelle je suis
15 en relation pour gérer les cas des personnes malades ou blessées dans la zone Asie-Pacifique qui ont besoin d'une assistance. Mon rôle consiste à contacter le patient et le médecin qui s'occupe de lui dans le pays où il est pour évaluer son état de santé et la qua-
20 lité de la prise en charge médicale. Hier encore par exemple, nous avons proposé un rapatriement dans le pays d'origine du patient pour assurer de meilleurs soins.

Quelles différences avez-vous notées entre la
25 *France et la Chine ?*

Dans le domaine médical, les relations sont avant tout humaines, que ce soit en Chine ou en France.

La différence se situe surtout au niveau de l'accès aux soins. Un patient en France a accès à tout le sys-
30 tème de santé alors qu'en Chine, cela va dépendre de sa capacité à payer. De plus, la Chine étant un pays immense, la qualité entre les hôpitaux des différentes régions est énorme.

Les services des hôpitaux chinois proposent des
35 consultations sans rendez-vous tous les jours. Le patient prend un ticket pour voir un médecin en fonction de son problème. Ensuite, s'il a reçu une prescription, il se présente à la pharmacie de l'hôpital pour recevoir son traitement. Mais il n'y a pas
40 de soins à domicile, ni par les infirmiers, ni par les médecins ; ce serait illégal.

En France, un patient se présentant à l'hôpital peut recevoir un début de traitement, puis avoir une ordonnance pour récupérer ses médicaments
45 auprès d'une pharmacie de ville, voire bénéficier de soins à domicile.

Par contre, à ce que je vois, les médecins français sont une espèce en voie de disparition ! Leur nombre ne cesse de baisser et c'est encore plus
50 vrai pour les spécialistes. Cela entraîne des délais très importants pour avoir un rendez-vous ; il faut attendre plusieurs mois dans certains cas. Parfois je pense que les patients sont guéris bien avant de voir le médecin, ils se sont soignés tout seuls !

55 *Et au niveau de la sécurité sociale ?*

En Chine, le niveau de prise en charge par la sécurité sociale est très faible. Malheureusement, il y a des personnes qui ne peuvent pas avoir accès aux soins à cause de leur coût. Les patients doivent dans
60 tous les cas avancer les frais.

En France, la situation est plus égalitaire. Le patient, quelle que soit sa situation sociale et financière, aura accès aux soins.

COMPRÉHENSION ÉCRITE

Entrée en matière

1 Observez la photo. Où se trouve Li ?
2 Quelles professions du domaine médical connaissez-vous ?

Lecture

3 Comment Li explique-t-elle sa vocation pour la médecine ?
4 Dans quel secteur médical travaille-t-elle ? Quelle est sa fonction ?
5 Quelles différences voit-elle entre la Chine et la France ?
6 Pourquoi certains patients « *sont guéris bien avant de voir le médecin* » en France ?

7 Le coût pour les patients est-il le même dans les deux pays ? Pour quelles raisons ?

Vocabulaire

8 Relevez les mots en relation avec le thème de la médecine et de la santé.

PRODUCTION ORALE

9 L'accès aux soins est-il égalitaire dans votre pays ?
10 Les établissements hospitaliers sont-ils publics ou privés ? Quels sont les meilleurs ? Pourquoi ?
11 Quelle est votre recette pour rester en bonne santé ?
12 Connaissez-vous des « remèdes de grand-mère » ?

B La santé par les objets connectés

« C'est le fameux phénomène de l'automesure. »

Entrée en matière

1 Observez la photo. Selon vous, à quoi servent ces appareils connectés ?

2 écoutes (en entier)

2 Vrai ou Faux ? Justifiez votre réponse.

a Les objets connectés permettent de connaître notre état de santé en temps réel.

b Le pèse-personne relié à un portable nous prévient en cas de prise de poids.

c On peut mesurer son rythme cardiaque par les poignets.

d Le tensiomètre connecté permet de contrôler la pression artérielle au jour le jour.

e Ces objets intelligents sont extrêmement coûteux.

f Avec l'oxymètre, on mesure le taux d'oxygène dans l'air que l'on respire à proximité.

g Un scanner médical est en projet.

h Le rôle du médecin a changé.

Vocabulaire

3 Trouvez des équivalents aux énoncés suivants. Vous pouvez consulter la transcription p. 202.

a champ d'investigation **b** pathologie **c** lentilles de contact **d** en devenir esclave

C La relation des Français avec leurs médecins

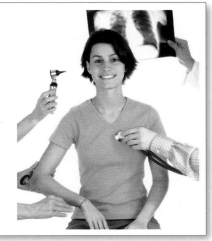

Les Français entretiennent des relations étroites avec leurs médecins qu'ils consultent souvent et régulièrement. En effet, 92 % des Français ont consulté un médecin généraliste au cours des 12 derniers mois et un Français sur deux a consulté un spécialiste durant la même période.

Ces nombreuses et fréquentes consultations ne sont pas toujours utiles ou nécessaires. Plus d'un quart des Français (28 %) reconnaissent que certaines de leurs visites chez le médecin n'étaient finalement pas nécessaires.

Lorsqu'ils consultent leur médecin traitant, les patients attendent avant tout des conseils ou un avis (75 %). Moins des deux tiers disent consulter pour se faire prescrire des médicaments.

Mondial Assistance-TNS Sofres, Les Français et leurs médecins :
les Français abusent-ils des consultations ?

1 Avez-vous la même relation à la médecine que les Français ?

2 Consultez-vous régulièrement un médecin ?

3 Allez-vous sur Internet pour obtenir des informations en matière de santé ?

4 Les nouvelles technologies occupent une place de plus en plus importante dans notre quotidien. Avec les applications à usage médical sur Smartphone, la santé devient de plus en plus mobile et connectée. Ces applications permettent désormais aux professionnels de santé d'effectuer des examens, de poser des diagnostics ou encore de partager à distance des données avec leurs patients. Que pensez-vous de ces nouveaux outils ? Est-ce un progrès pour la médecine ? Vont-ils modifier la relation médecins-patients ? Exprimez votre point de vue sur le site masanté.fr.

VOCABULAIRE
> santé et maladie

LA MÉDECINE ET LES MÉDECINS

l'acupuncture (f.)
l'anesthésiste
le/la cardiologue
le chirurgien
le dentiste
le docteur
le/la gynécologue
l'homéopathie (f.)
l'infirmier/l'infirmière
l'interne
la sage-femme
le psychiatre

ausculter
diagnostiquer
examiner
guérir
prendre la tension, le pouls
prescrire
soigner

Expressions
le médecin traitant
le médecin de famille
le généraliste/spécialiste

1 Que font ces spécialistes ?
a | l'anesthésiste
b | le/la cardiologue
c | le/la chirurgien-dentiste
d | le/la sage-femme
e | le/la psychiatre

LE SYMPTÔME

le bouton
la douleur
l'épuisement (m.)
l'évanouissement (m.)
la fièvre
l'hémorragie (f.)
l'hématome (m.)
l'inflammation (f.)
l'irritation (f.)
la migraine
la nausée
la tumeur
le vertige

démanger
enfler
gonfler
saigner
souffrir
tousser
vomir

LA MALADIE

l'angine (f.)
l'asthme (m.)
la bronchite
le cancer
la crise cardiaque
le diabète
la grippe
l'infection (f.)
l'indigestion (f.)
l'infarctus (m.)
les oreillons
la rougeole
le rhumatisme
le rhume

les blessures (f.)
l'ampoule (f.)
la bosse
le (petit) bobo
la coupure
l'entorse (f.)
la fracture
la brûlure

Expressions
avoir bonne/mauvaise mine
avoir des hauts et des bas
avoir la tête qui tourne
avoir mal au cœur
avoir la crève (fam.)
avoir une rage de dent
être malade comme un cheval/un
chien
ne pas être dans son assiette
attraper/prendre froid
tomber malade
tomber dans les pommes

2 Comment peut-on avoir ou développer les maladies et les symptômes
suivants ?
a | l'ampoule : .....
b | l'angine: .....
c | l'asthme: .....
d | la bosse: .....
e | la grippe: .....
f | l'indigestion: .....
g | la migraine: .....
h | la nausée: .....

3 Quels sont les noms qui correspondent aux verbes suivants ?
a | s'aggraver → .....
b | cicatriser → .....
c | démanger → .....
d | s'évanouir → .....
e | examiner → .....
f | gonfler → .....
g | guérir → .....
h | se rétablir → .....
i | tousser → .....
j | vomir → .....

LE TRAITEMENT

l'ampoule buvable (f.)
l'antibiotique (m.)
le bouche à bouche
le cachet
le comprimé
la convalescence
la diète
les gouttes (f.)
la greffe
le paracétamol
la pastille
la pilule
la pommade
la piqûre
le sirop
le somnifère
le suppositoire
la transfusion
la vitamine

4 Dans la liste ci-dessus, relevez les
différentes formes de médicaments et
dites lequel vous prendrez contre :
a | la toux
b | le mal de tête
c | l'insomnie
d | l'irritation de la gorge
e | la fatigue

Expressions
avoir le bras en écharpe
faire faire une prise de sang
des points de suture

L'INVALIDITÉ (F.)

aveugle
le handicap
muet(te)
sourd(e)

A Médecins Sans Frontières

MEDECINS SANS FRONTIERES

Médecins Sans Frontières est une association médicale humanitaire internationale, créée en 1971 à Paris par des médecins et des jour-
5 nalistes.

Depuis plus de quarante ans, Médecins Sans Frontières apporte une assistance médicale à des populations dont la vie ou la santé
10 est menacée : principalement en cas de conflits armés, mais aussi d'épidémies, de pandémies, de catastrophes naturelles ou encore d'exclusion des soins. Toutes
15 ces situations nécessitent des ressources médicales et logistiques adaptées.

Indépendante de tous pouvoirs politiques, militaires ou religieux,
20 MSF agit en toute impartialité, après évaluation des besoins médi-caux des populations. La garantie de l'indépendance de l'association s'enracine dans son financement,
25 assuré par la générosité de ses do-nateurs privés. En France, en 2013, 95,8 % des ressources de MSF étaient d'origine privée. Aucun fonds n'est accepté du gouverne-
30 ment français. ■

http://www.msf.fr

B Médecins du Monde

Créé en 1980, Médecins du Monde est un mouvement indépendant de militants actifs, en France et à l'international, qui soignent, témoignent et accompagnent le changement
5 social.

À partir de programmes médicaux innovants et grâce à un travail de plaidoyer, l'organisation met les personnes exclues et leurs communautés en capacité d'accéder à la santé tout en se battant
10 pour un accès universel aux soins.

Médecins du Monde milite pour un monde où tous les obstacles à la santé auront été abolis, un monde où la santé sera reconnue comme un droit fondamental.
15 L'association conduit des actions partout dans le monde : à l'international, dans plus de 60 pays, mais aussi en France et dans les 14 pays du Réseau Médecins du Monde.

Elle maintient ses activités au-delà des crises
20 afin de participer à l'effort de reconstruction d'un pays. Sur place, la formation d'équipes médicales et les liens avec les partenaires lo-caux garantissent le suivi des projets dans la durée.

http://www.medecinsdumonde.org

unité 6 **À votre santé !**

COMPRÉHENSION ÉCRITE

Lecture

1 Comparez les présentations de ces deux associations. Quels sont leurs points communs ? leurs différences ?

2 Mettent-elles l'accent sur les mêmes points ?

Vocabulaire

3 Expliquez les expressions suivantes :

a | pandémies (**A**, l. 12)
b | s'enracine (**A**, l. 24)

c | Aucun fonds n'est accepté du gouvernement (**A**, l. 28)
d | en capacité de (**B**, l. 9)

e | abolis (**B**, l. 12)
f | les liens (**B**, l. 22)

PRODUCTION ORALE

4 Connaissez-vous d'autres ONG à but humanitaire ?

5 Êtes-vous prêt(e) à devenir bénévole pour une de ces associations ?

GRAMMAIRE
> participe présent, gérondif, adjectif verbal

Cahier
unité 6
d'activités

1 Sur quelle base les mots soulignés sont-ils formés ?

a | Je travaille dans une compagnie d'assistance médicale en tant que médecin <u>consultant</u> pour la partie Asie-Pacifique.

b | La Chine <u>étant</u> un pays immense, la qualité entre les hôpitaux des différentes régions est énorme.

c | Un patient <u>se présentant</u> aux urgences, peut recevoir un début de traitement puis avoir une prescription.

d | Lorsqu'ils consultent leur médecin <u>traitant</u>, les patients attendent avant tout des conseils.

e | Les appareils connectés servent à surveiller sa santé <u>en effectuant</u> de petits examens.

> FONCTIONNEMENT

2 Dans les phrases précédentes, dites si les mots soulignés correspondent à un participe présent, un gérondif ou un adjectif verbal. Qu'expriment-ils ?

Voir Mémento, p. 190.

> ENTRAÎNEMENT

3 Remplacer les gérondifs ci-dessous par une autre forme.

Exemple : *Il révise ses cours de médecine en écoutant de la musique.* → *Pendant qu'il révise ses cours de médecine, il écoute de la musique.*

a | C'est en faisant un régime très strict qu'il a perdu du poids.

b | Elle a été malade en buvant trop de lait.

c | Vous tousseriez moins en arrêtant de fumer.

d | Faites attention en lui parlant, il est contagieux.

e | C'est en aidant son ami à déménager qu'il s'est fait mal au dos.

f | Tu pourras contacter les urgences en composant le 15.

g | En ne mangeant pas autant de chocolat, elle serait plus mince.

h | En cultivant nos fruits et nos légumes, on aurait moins de problèmes de santé.

i | Il a guéri en suivant les conseils d'un médecin homéopathe.

4 Mettez les verbes entre parenthèses à la forme qui convient : adjectif verbal ou participe présent.

a | Voici les médicaments (correspondre) ...... à votre prescription.

b | Elle est arrivée blessée à la consultation médicale, mais (sourire) ....

c | Les conseils de ce docteur ne sont pas très (convaincre) ....

d | Il est tombé malade l'année (précéder) ...... son mariage.

e | Les médecins ont un avis (diverger) ...... en ce qui concerne le cas de ce patient.

f | Nous avons fait un (exceller) ...... dîner pour célébrer le diplôme de médecine d'Eva.

g | Il s'est montré (négliger) ...... dans son diagnostic.

h | Ce sont des pastilles (contenir) ...... de la vitamine C.

i | J'ai vu deux chirurgiens (se diriger) ...... vers le bloc opératoire.

5 Complétez les phrases suivantes en utilisant un participe présent, un gérondif ou un adjectif verbal.

a | Il a rencontré par hasard son médecin...

b | Je cherche un sirop...

c | Ce médecin avait des arguments...

d | Il s'est coupé le doigt...

e | Vous pourriez devenir infirmière...

f | Il voudrait un conseil médical...

g | Cet hôpital a...

h | J'ai vu la pharmacienne...

i | Le médecin a surpris son patient...

Journal d'un corps

71 ans, 8 mois, 4 jours Mercredi 14 juin 1995

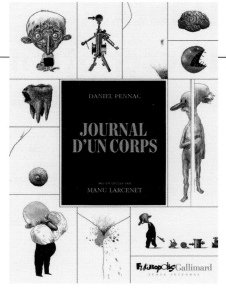

Intrusion massive du corps commun dans l'autobus 91, à la station des Gobelins. Quand j'y monte, gare Montparnasse, le bus est vide. Je profite de cette solitude inespérée pour m'abîmer[1]
5 dans une lecture que perturbent à peine les passagers qui, de station en station, s'asseyent autour de moi. À Vavin[2], toutes les places assises sont occupées. Aux Gobelins[2], le couloir est bondé. Je constate avec l'innocent égoïsme de celui qui,
10 ayant trouvé un siège, jouit d'autant mieux de sa lecture. Un jeune homme, assis en face de moi, est lui aussi plongé dans un livre. Étudiant, sans doute. Il lit *Mars* de Fritz Zorn. Debout dans le couloir, à côté de l'étudiant, une femme forte, la soixantaine
15 essoufflée, un cabas bourré de légumes à la main, respire bruyamment. L'étudiant lève les yeux, croise mon regard, voit la dame et, spontanément, se lève pour lui céder sa place. Asseyez-vous, madame. Il y a quelque chose de germanique
20 dans la politesse du jeune homme. Droit, grand, la nuque raide, le sourire discret, un garçon distingué. La dame ne bouge pas. Il me semble même qu'elle fusille l'étudiant du regard. Désignant le siège de la main, le jeune homme insiste. Je
25 vous en prie, madame. La dame cède, de mauvais gré[3] me semble-t-il. En tout cas sans remercier. Elle s'introduit devant le siège vacant, toujours soufflant, mais ne s'assied pas. Elle se tient face à moi, son cabas à la main, mais reste debout devant
30 le siège vide. Le jeune homme casse sa nuque pour insister encore. Asseyez-vous, madame, je vous en prie. Ici, la dame prend la parole. Pas tout de

suite, dit-elle d'une voix claironnante, j'aime pas quand c'est trop chaud ! Le jeune homme rougit
35 violemment. La phrase est à ce point stupéfiante qu'elle m'empêche de replonger dans ma lecture. Un bref regard latéral me donne à voir la réaction des autres passagers. On étouffe un petit rire, on fixe ses pieds, on regarde ostensiblement
40 dehors, bref on est gêné. C'est alors que la dame se penche vers moi, et qu'elle me dit, son visage à quelques centimètres du mien, comme si nous étions de vieilles connaissances : J'attends que ça refroidisse ! Du coup, c'est moi qu'on regarde. On
45 attend ma réaction. L'idée me vient alors qu'à cette seconde précise nous ne formons tous qu'un seul corps dans l'autobus 91. Le même corps éduqué. Un corps unique dont les fesses ne supportent pas la chaleur des sièges couvés par d'autres fesses,
50 mais qui préféreraient se jeter sous les roues de l'autobus plutôt que de l'avouer publiquement.

[1] *Me plonger.* [2] *Station d'autobus.* [3] *Avec déplaisir.*

Daniel PENNAC, *Journal d'un corps*, Gallimard, 2012.

COMPRÉHENSION ÉCRITE

Entrée en matière

1 Observez la couverture du livre de Pennac et décrivez-la.
2 Tenez-vous ou avez-vous déjà tenu un journal ? Qu'y notez-vous ?

Lecture

3 Qui est présent dans l'autobus ? Faites une description physique des personnages.
4 Que font le narrateur et l'étudiant avant l'intervention de la femme ?
5 Que propose l'étudiant à la femme ? Quelle est sa réaction ?
6 Pourquoi est-ce embarrassant pour les deux passagers masculins ?

7 Comment réagissent les autres passagers ?
8 Quelle est la « morale » de l'histoire ?

Vocabulaire

9 Relevez le vocabulaire en relation avec le corps humain.
10 Reformulez les énoncés suivants :
a | elle fusille l'étudiant du regard (l. 23)
b | elle s'introduit devant le siège vacant (l. 27)
c | on étouffe un petit rire (l. 38)

PRODUCTION ÉCRITE

11 Avez-vous déjà vécu une situation embarrassante dans les transports en commun ? Racontez l'anecdote avec des détails.

VOCABULAIRE
> la description physique

LE PHYSIQUE

l'air *(m.)*
l'allure *(f.)*
l'aspect *(m.)*
la démarche
la morphologie
la silhouette
la stature

LE VISAGE

la face
la figure
le profil
le teint
les traits *(m.)*

LES QUALIFICATIFS

souple
agile
adroit
maladroit
laid
gaucher
droitier
gracieux
élégant
beau
mou
bronzé
difforme
énorme
fort
musclé
raide

*Voir vocabulaire de l'appréciation,
p. 113.*

> **Expressions**
> avoir l'air de
> être bien bâti
> avoir des doigts de fée
> avoir de l'allure

1 Quels sont les noms qui
correspondent à ces adjectifs ?
Exemple : *beau → la beauté*
a | difforme → ......
b | fort → ......
c | gracieux → ......
d | laid → ......
e | léger → ......
f | maigre → ......
g | mou → ......
h | raide → ......
i | souple → ......
j | vigoureux → ......

LE POIDS

peser
la corpulence
corpulent
dodu
grassouillet
gros
maigre
maigrichon
mince
obèse
rondouillard
svelte

> **Expressions**
> être bien en chair
> n'avoir que la peau sur les os
> être maigre comme un clou
> prendre du poids

Voir vocabulaire du changement, p. 171.

2 Classez les expressions et adjectifs
ci-dessus.
a | péjoratifs : ......
b | moqueurs, plutôt gentils : ......
c | neutres : ......
d | positifs : ......

LA TAILLE

de taille moyenne
de grande/petite taille
élancé
géant
gigantesque
grand
minuscule
nain
petit

> **Expressions**
> une grande asperge
> se tenir droit comme un « i »

Avoir les yeux plus gros que le ventre

3 Complétez ces expressions avec
une partie du corps et dites ce
qu'elles signifient. Faites les accords
nécessaires :
nez – coude – dos – nerf – sang –
tête (3) – pied (2) – yeux – poil.
a | avoir la grosse ......
b | avoir des ...... d'acier
c | avoir des ...... de lynx
d | avoir une idée derrière la ......
e | casser les ...... de quelqu'un
f | en avoir plein le ......
g | être à ......
h | garder son ......-froid
i | mener quelqu'un par le bout du ......
j | mettre les ...... dans le plat
k | ne pas savoir où donner de la ......
l | se serrer les ......

4 Faites correspondre les parties du
corps et leurs correspondants familiers.
a | le cerveau
b | les cheveux
c | les mains
d | le nez
e | les pieds
f | le ventre
g | le visage
h | les yeux

1 | le bide
2 | la bouille
3 | le ciboulot
4 | les petons
5 | les menottes
6 | les panards
7 | le pif
8 | la matière grise
9 | la tignasse
10 | les mirettes
11 | la tronche
12 | les tifs

5 Intonation
Dans les phrases suivantes,
repérez de quelles parties
du corps il est question, dites quelle est
la signification de chaque expression.
Répétez-les. Réutilisez-les dans de
courts dialogues.

17

A

Les doigts dans le nez

Le truc pour savoir si vous êtes beau ou pas (fonctionne à 100 %)

En Toscane, du temps de Leonard de Vinci, la beauté physique était surtout affaire de mathématiques et de symétrie. Cinq siècles plus tard, de l'autre côté du globe, il n'est plus guère question que de doigt dans le nez.

Vos lèvres touchent votre index lorsqu'il est posé contre votre menton et votre museau[1]? Bravo, vous êtes quelqu'un de beau ! Le vent souffle inexorablement sur votre moustache quand vous tentez l'expérience ? Bouh, vous êtes laid !

Le test s'appelle le *finger trap*, raconte France TV Info (en français « piège du doigt »), et s'expérimente depuis peu à grande échelle sur le Twitter chinois,

Weibo (sans jeu de mots), où des milliers d'adolescents prépubères s'amusent à partager leurs résultats, trop fiers d'entrer (ou non) dans le club très fermé des visages harmonieux.

NDLR[2] : si vous échouez, pas de panique ! Il vous reste heureusement l'autre test, celui du bikini bridge : plus l'écart entre vos cuisses est important lorsque vos genoux se touchent, plus vous êtes... maigre.

[1] *Nez (d'un animal).* [2] *Note de la rédaction.*

http://bigbrowser.blog.lemonde.fr, 30 avril 2014.

PRODUCTION ORALE

1 Avez-vous déjà entendu parler de ce test ?

2 Quel est le ton de cet article ? Justifiez votre opinion.

3 À votre avis, les critères de beauté sont-ils les mêmes en France et dans votre pays ?

4 Attachez-vous beaucoup d'importance à votre apparence ? Suivez-vous la mode ? Utilisez-vous régulièrement des produits de beauté ?

5 Pensez-vous que, dans votre pays, les personnes considérées comme belles sont favorisées dans les études ou au travail ?

B Le Malade imaginaire

Le Malade imaginaire, acte 3, scène 10.

La situation

Argan imagine avoir toutes les maladies de la terre et passe son temps à consulter des médecins (il veut même marier sa fille, contre sa volonté, à un apprenti médecin). Excédée, Toinette, sa servante se travestit en médecin pour donner une bonne leçon à son maître.

COMPRÉHENSION AUDIOVISUELLE

Entrée en matière

1 Connaissez-vous Molière ?

2 À votre avis, quel est le sujet de cette pièce ?

1er visionnage (du début à 1' sans le son)

3 Décrivez le décor et les costumes. Vous donnent-ils une idée de l'époque où se déroule cette pièce ?

4 Décrivez les personnages.

2e visionnage (en entier avec le son)

5 Comment qualifieriez-vous les personnages ?

6 Quelle est la « stratégie » de Toinette ?

7 À quels moments le public rit-il ? Pourquoi ?

Vocabulaire

8 Regardez à nouveau la vidéo et relevez le lexique du corps.

9 Lisez la transcription page 212. Parmi les expressions du XVIIe siècle aujourd'hui vieillies ou disparues, lesquelles signifient :

a | être content

b | très

c | ne ... pas

d | fluide

e | rendre service

unité 6 **À votre santé !**

Opération gros nez

MARGERIN, *Père et fils*,
Fluide glacial, 2009.

COMPRÉHENSION ÉCRITE

Lecture

1 Quelle est la nature de ce document ?
À qui est-il destiné ?
2 Résumez la situation.
3 Décrivez le personnage de Lucien.

Vocabulaire

4 Expliquez les jeux de mots avec « *nez* » et
« *casser* ».

5 Trouvez des équivalents aux expressions
suivantes :
a | c'est jouable (vignette 2)
b | un prix de gros (vignette 3)
c | tant qu'à faire (vignette 5)

PRODUCTION ORALE

6 Que pensez-vous de la chirurgie esthétique ?
Conseilleriez-vous à quelqu'un de votre entourage
de se faire opérer ?

GRAMMAIRE

> participe passé et participe composé

> ÉCHAUFFEMENT

1 Dans les phrases suivantes, quelle est la fonction des mots soulignés ?

a | <u>Partie</u> de Chine, je <u>suis venue</u> à Paris.

b | Quelles différences avez-vous <u>notées</u> ?

c | <u>Ayant grandi</u> dans la cour d'un hôpital, je <u>suis</u> <u>devenue</u> tout naturellement médecin.

d | Nous <u>avons proposé</u> un rapatriement dans le pays d'origine du patient.

e | Ils <u>se sont soignés</u> tout seuls.

f | La soixantaine <u>essoufflée</u>

> FONCTIONNEMENT

2 Justifiez les accords de ces participes.
Voir le rappel des règles de l'accord du participe passé dans le Mémento, p. 196.

3 Dans quels cas peut-on trouver un participe passé employé seul ?

Le participe passé

Le participe passé employé seul
Il se comporte comme un adjectif avec le nom auquel il se rapporte.
• Il peut éviter de répéter l'auxiliaire *être* :
Sortis du bureau à midi, ils sont allés à la banque.
= *Ils sont sortis du bureau à midi et ils sont allés à la banque.*
• Le participe passé des verbes transitifs a une valeur passive :
Réalisé par Jean Renoir, le film Le Déjeuner sur l'herbe *s'inspire du tableau de Manet.*
= *Le film* Le Déjeuner sur l'herbe, *qui a été réalisé par Jean Renoir, s'inspire du tableau de Manet.*

Le participe composé

Généralement placé en tête de phrase, le participe composé a un sens causal. Il a une valeur d'antériorité par rapport au verbe de la principale.
On l'emploie plutôt à l'écrit, littéraire ou professionnel.

Construction : participe présent du verbe *avoir* ou du verbe *être* + participe passé.
N'ayant pas pu assister à votre conférence, je me permets de vous écrire.
= *Comme je n'ai pas pu assister à votre cours, je me permets de vous écrire.*
Étant arrivée en retard, elle a raté son rendez-vous.
= *Comme elle est arrivée en retard, elle a raté son rendez-vous.*

> ENTRAÎNEMENT

4 Transformez les phrases suivantes en introduisant un participe passé ou un participe composé.

a | Comme elle est intéressée par la chirurgie, elle va se spécialiser.

b | L'opération a réussi, alors il est sorti de la clinique.

c | Comme il était épuisé par son travail, il partit se reposer à la montagne.

d | J'ai décidé de changer car j'ai lu votre livre.

e | Comme il s'était blessé, il a téléphoné aux urgences.

5 Justifiez l'accord des participes passés dans les phrases suivantes.

a | Les nouvelles qu'il a reçues ne sont pas bonnes.

b | J'aime bien les lunettes qu'elle s'est achetées.

c | Ils se sont aperçus que l'appareil était débranché.

d | Quand leurs regards se sont croisés, ils se sont plu immédiatement.

e | Les jours se sont succédé, identiques.

f | Son ami n'a pas aimé la nouvelle robe qu'elle s'est fait faire.

STRATÉGIES

Comprendre un document oral

Ces stratégies vous seront utiles pour réussir au mieux les exercices de compréhension orale du livre et pour préparer l'épreuve du DELF B2.

L'épreuve de compréhension orale du DELF B2 dure 30 minutes environ. Elle comporte deux exercices. Dans chaque exercice, vous devrez comprendre le contenu d'un enregistrement (un document oral authentique), le premier de façon approfondie, après deux écoutes, et le deuxième de façon globale, après une seule écoute.

Dans l'exercice 1, il s'agit d'un extrait de la radio, par exemple un exposé, une conférence, un documentaire, un discours ou encore un débat (de 4 minutes 30 à 6 minutes).
Dans l'exercice 2, il s'agit d'un monologue ou d'une interaction, par exemple un reportage court, une interview, un bulletin d'informations, etc. (de 1 minute 30 à 2 minutes).

Dans les deux cas, on vérifie une compréhension centrée sur les informations entendues et non des compétences telles que la grammaire ou le lexique.

Les deux enregistrements seront suivis d'un questionnaire de compréhension. Vous trouverez :
— des QCM ;
— des questions ouvertes appelant une réponse brève.

Pour être prêt(e) le jour de l'épreuve
• Écoutez régulièrement la radio (francophone) et entraînez-vous en prenant des notes.
• Quand vous écoutez la radio, ayez le réflexe d'identifier à chaque fois la nature de l'émission, son sujet ainsi que les informations pertinentes. En effet, faites le tri : ne retenez que les informations essentielles ; vous n'aurez pas le temps de tout noter, alors mémorisez aussi. Dans l'épreuve, certaines questions porteront sur un élément d'information précis tel que la fonction d'une personne, des données chiffrées, le nom d'un organisme, une date, etc. Notez ce type d'information car vous risquez de les oublier.
• Repérez également le ton et les différents points de vue. Il vous faudra aussi vous adapter au débit et à l'accent du ou des locuteurs.
Ne vous inquiétez pas si vous ne comprenez pas tout. Ce n'est pas l'objectif de l'exercice.
• Au moment de l'épreuve, lisez toujours avec une grande attention les questions des exercices avant

d'écouter l'enregistrement. Vous en aurez le temps. Cela vous permettra de préparer, d'orienter votre écoute.
Les enregistrements audio et vidéo du livre proviennent de médias francophones. Les différentes activités de compréhension orale proposées vous permettront de vous préparer efficacement à cette épreuve.

EXERCICE 2 (de l'épreuve) *7 points* 18

1 Dans cette émission, les personnes parlent : *(1 point)*
☐ de la nouvelle ministre de la Santé.
☐ des orientations de la future loi de santé.
☐ de l'hôpital public.

2 L'instauration d'un médecin traitant concerne les enfants :
☐ de moins de 6 ans. *(1 point)*
☐ de plus de 6 ans.
☐ de moins de 16 ans.

3 Le professeur André Grimaldi est le fondateur de quel mouvement ? *(1 point)*

....

....

4 Le tiers payant est un dispositif permettant aux malades : *(1 point)*
☐ de ne pas avancer l'argent lors d'une consultation médicale.
☐ d'organiser leur parcours de soins avec leur médecin.
☐ de se faire soigner à l'hôpital.

5 La ministre propose : *(1 point)*
☐ la généralisation du tiers payant.
☐ l'annulation du tiers payant.
☐ l'obligation du tiers payant.

6 Concernant cette mesure, les médecins sont : *(1 point)*
☐ enthousiastes.
☐ réticents.
☐ en opposition.

7 Combien de mutuelles et d'assurances privées existe-t-il en France ?
(1 point)

....

Le professeur André Grimaldi.

unité 6 **À votre santé !**

ATELIERS

1 RÉALISER UNE BROCHURE DE PRÉVENTION SANTÉ

Vous allez écrire une brochure pour les étudiants de l'école sur les thèmes de prévention santé qui les concernent et les préoccupent.

Démarche

En groupe classe puis en sous-groupes.

1 Préparation

• Ensemble faites le point sur les sujets qui concernent et préoccupent les étudiants en matière de santé.
Exemples : *le manque de sommeil, le stress, la nutrition, les addictions (le tabac, l'alcool...), l'activité physique, la contraception, le bien-être...*
• Formez des sous-groupes.

2 Réalisation

• Chaque groupe va réaliser une brochure de prévention contenant des informations pratiques, des tests, des questionnaires...
Par exemple, si votre sujet est le stress :
— dans l'encart informatif, vous donnerez des explications sur les causes de ce phénomène, ses manifestations ainsi que ses effets ;
— vous pourrez également proposer un questionnaire afin d'identifier les différents facteurs de stress et d'évaluer le niveau de stress des étudiants ;
— enfin, vous donnerez des conseils pour aider à mieux gérer le stress, des techniques pour apprendre à se détendre telles que la sophrologie, les massages shiatsu, etc.
Réfléchissez bien à la mise en page de votre brochure. Pensez à un titre, à quelques slogans, aux illustrations, à la présentation...

3 Présentation

• Chaque groupe présente sa brochure à la classe puis l'affiche ou la publie dans le journal de l'école.
• Enfin, débattez sur les manières de mettre en place des actions de prévention.

2 FAIRE UN SONDAGE SUR LE SPORT

Vous allez réaliser un sondage au sein de votre classe/école sur le thème du sport.

Démarche

Formez plusieurs groupes.

1 Préparation

• En groupe, réfléchissez soigneusement au sujet de votre sondage. Le thème en est le sport, mais il vous faut choisir un angle.
Par exemple : les pratiques sportives, la question du dopage, l'argent et le sport de haut niveau, la télévision et le sport, les valeurs véhiculées par le sport...
• Chaque groupe rédige ses questions. Variez-les : faites des questions « ouvertes », mais aussi « fermées ». Ces dernières seront accompagnées de plusieurs propositions de réponses.
Réfléchissez à la manière d'enregistrer les réponses. Pour rassembler les informations, un sondage utilise habituellement un tableau permettant de noter facilement et rapidement les réponses.

2 Réalisation

• Vous posez vos questions aux étudiants de la classe/de l'école.
• En groupe, faites la mise en commun des réponses obtenues et mener une réflexion sur les données recueillies.

3 Présentation

• Chaque groupe présente les résultats de son sondage à la classe.
• Engagez la discussion.

CHASSEZ LE NATUREL...

Chassez le naturel,
il revient au galop.

Nature en mouvement

A La nature de Veronica

Dans mon laboratoire, je m'intéresse à la création de nouvelles technologies, liées par exemple à la biologie moléculaire et aux nanotechnologies. Cela dans le but de créer de nouveaux produits, des
5 plantes, des animaux transgéniques...

J'ai choisi cette filière parce que j'aime beaucoup à la fois la technologie et la nature.

Après mes études, j'aimerais travailler dans l'industrie pharmaceutique pour créer de nouveaux
10 médicaments ou, si je rentre en Argentine, participer à l'amélioration de l'alimentation, de l'élevage.

Je pense que la nature se transforme tout le temps, de façon spontanée. Du coup, si on comprend comment cela fonctionne et qu'on peut l'améliorer,
15 pourquoi ne pas le faire ? Je trouve que les Français sont très frileux par rapport aux manipulations génétiques. Il y a déjà beaucoup de produits qui sont utilisés dans d'autres pays et je ne vois pas pourquoi c'est interdit en France. Aucune étude scientifique
20 n'a montré qu'ils étaient mauvais. Étant donné la taille de la population mondiale et l'explosion démographique, nous ne pourrons pas tous manger bio tout au long de notre vie. Même si les Français disent non maintenant, ils seront bien obligés d'ac-
25 cepter cette évolution à moyen terme et de manger du maïs ou du bœuf transgénique.

Veronica, Argentine
Étudiante en biotechnologie,
Paris.

Par contre, en ce qui concerne l'avenir de la planète, la pollution, je ne suis pas optimiste : il y a trop d'enjeux économiques, trop d'intérêts de la
30 part des industriels.

La recherche pour la préservation de l'environnement m'intéresse beaucoup aussi. Je me sens très proche de la nature. En Argentine, j'avais des plantes partout dans mon appart', plus une tortue,
35 des chiens, un chat et des perroquets. Le perroquet est mon animal préféré, je trouve qu'il est très sympa et très intelligent, il a la capacité d'apprendre facilement.

COMPRÉHENSION ÉCRITE

Lecture

1 Qu'est-ce qui intéresse Veronica dans la vie ?
2 Est-elle préoccupée par les manipulations génétiques ? Pourquoi ?
3 Que pense-t-elle de la position des Français face à l'alimentation transgénique ?
4 Quels sont ses sentiments par rapport à la nature ?

Vocabulaire

5 Trouvez des équivalents de :
a | cela dans le but de (l. 4)
b | l'élevage (l. 11)
c | frileux (l. 16)
d | l'explosion démographique (l. 21)
e | appart' (l. 34)
6 Relevez les termes appartenant au vocabulaire scientifique et expliquez-les.

PRODUCTION ORALE

7 Partagez-vous les idées de Veronica ? Pourquoi ?
8 Vous-même, êtes-vous favorable à la circulation de produits transgéniques ?
9 Êtes-vous optimiste ou pessimiste en ce qui concerne le problème de la pollution ?
10 Avez-vous des animaux ? Quel est votre animal préféré ?

PRODUCTION ÉCRITE

11 La protection de l'environnement tient-elle une place importante dans la vie des citoyens de votre pays ?
Et, à un niveau personnel, à quel moment de votre vie avez-vous ressenti l'importance des problèmes écologiques ?

B Alimentation : les Français redoutent les OGM

83 % des Français déclarent faire attention au caractère naturel des produits qu'ils achètent.

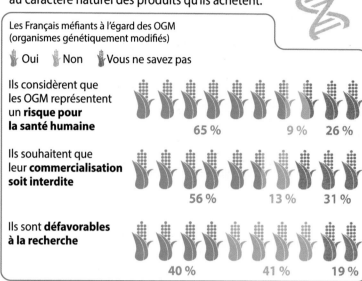

Les Français méfiants à l'égard des OGM
(organismes génétiquement modifiés)

Oui   Non   Vous ne savez pas

Ils considèrent que les OGM représentent un **risque pour la santé humaine**
65 %   9 %   26 %

Ils souhaitent que leur **commercialisation soit interdite**
56 %   13 %   31 %

Ils sont **défavorables à la recherche**
40 %   41 %   19 %

Source : Étude Mediaprism - 60 millions de consommateurs
Terrain mené du 19 avril au 2 mai 2013.

COMPRÉHENSION ÉCRITE

Lecture

1 Les Français sont-ils inquiets de la présence d'OGM dans l'alimentation ? Pourquoi ?
2 Quel type de produits les Français privilégient-ils ?
3 Que pensent-ils de la commercialisation de ce type de produits et de la recherche scientifique ?

C L'expédition de Laurence et Antony

« *Vous avez décidé de tout quitter…* »

COMPRÉHENSION ORALE

Entrée en matière

1 Observez la photo. À votre avis, où a-t-elle été prise ? Que voyez-vous ?

1re écoute (en entier)

2 Quelle est la situation ? Qui parle ?
3 Quelles sont les questions posées ?

2e écoute (en entier)

4 Quel est le projet de Laurence et Antony ?
5 Quelle est l'origine de ce projet ?

Vocabulaire

Lisez la transcription p. 203.
6 Trouvez des équivalents ou expliquez les énoncés suivants :
a | le boulot
b | j'étouffais
c | tout plaquer avec mon mec
d | justement
e | on en a marre
f | les pics enneigés
g | les vallées luxuriantes
h | un projet qui nous prend aux tripes
i | prendre son destin en main
j | sans billet de retour en poche

unité 7 **Chassez le naturel…**

GRAMMAIRE
> les pronoms personnels

Cahier unité 7 d'activités

> ÉCHAUFFEMENT

1 Observez les phrases suivantes et justifiez l'emploi des pronoms personnels soulignés. Quels mots remplacent-ils ?

a | Pour partir et vivre une grande aventure avec mon mec. Dès que je <u>lui en</u> ai parlé, il a été enthousiaste.

b | On en a marre de la société de surconsommation, on voudrait s'<u>en</u> échapper.

c | – Pourquoi les Andes ?
– J'<u>y</u> étais déjà allé il y a une dizaine d'années, j'<u>en</u> avais parlé à Laurence et je voulais <u>les lui</u> faire découvrir.

d | – Je peux lui passer ton vélo ?
– Mais oui, prête-<u>le lui</u>.

e | – Vous voulez savoir ce qu'elle dit sur les OGM dans son mail ?
– Oui, lis-<u>le nous</u>.

f | – Je dois aller chercher des amis à l'aéroport.
– Je vais <u>vous y</u> accompagner.

g | – Tu as ton guide sur le Chili ?
- Non, tu <u>me l'</u>as emprunté hier.

h | – Excusez-moi, où se trouve la ferme de Pierre Pons ?
– Suivez-moi ! Je <u>vous y</u> conduis.

i | – Votre fils est là ?
– Oui, je <u>l'</u>ai entendu rentrer.

j | – Vous voulez des tomates bio ?
– Oui, donnez-<u>m'en</u> deux kilos !

> FONCTIONNEMENT

2 Où se place le pronom quand il y a deux verbes ?

3 Quel est l'ordre des pronoms quand il y en a deux ?

4 Est-ce le même ordre avec un verbe à l'impératif ?

Voir Mémento p. 193 pour la place des doubles pronoms.

Cas particuliers

1. Place du pronom avec deux verbes

• Le pronom se place devant le verbe dont il est le complément. En général, c'est le deuxième verbe sauf si le premier verbe exprime un sens (***voir, entendre, écouter***…) :
*Tu peux **me montrer** la pétition.*
*Tu **les entends** siffler.*
• Avec ***faire*** ou ***laisser*** + infinitif, les pronoms sont placés devant le premier verbe :
– Tes cheveux sont trop longs.
*– Oui, je vais **me les faire couper**.*

2. Emploi de *lui/leur*

• **Lui** et **leur** ne peuvent être employés ni avec un verbe pronominal, ni avec certains verbes (***penser, rêver, songer***…) ou locutions verbales (***faire attention à***…) :
*Je **pense** à elle tout le temps.*
• **Lui** et **leur** peuvent être utilisés exceptionnellement pour remplacer **un objet** si on le personnalise :
*J'aime beaucoup la nouvelle décoration de ton **chalet**, elle **lui** donne plus de charme. (Et non pas : elle y donne.)*

3. Emploi de *le/la/l'*

• On n'emploie pas **le**, **la**, **l'**, **les** avec des verbes comme *aimer, préférer, détester* pour remplacer des choses ou des propositions mais on utilise plutôt **ça**.

— *Tu aimes la campagne/faire du jardinage ?*   — *Oui, j'aime **ça**.*

• Avec certains verbes transitifs, pour remplacer un infinitif précédé de **de**, on emploie **le** et non **en** :

— *Je t'interdis **de** prendre la voiture.*   — *Tu me **l'**interdis ?*

• Un mot indéfini devient rapidement défini : *J'ai vu **un** type bizarre dans le champ devant chez toi, tu **le** connais ?* (**le** *type bizarre que j'ai vu devant chez toi*)

4. Emploi de *en*

• **En** peut remplacer *un, une, des* quand il s'agit de personnes :

— *Vous avez des animaux dans votre ferme ?*

— *Oui, nous **en** avons beaucoup.*

Mais avec un verbe suivi de **de**, on doit en principe utiliser **de lui, d'elle, d'eux, d'elles** :

— *Caroline, vous avez une cliente qui vous attend*

— *Je m'occupe **d'elle** immédiatement.*

• **En** remplace le **de** de provenance.

— *Tu viens te baigner dans le lac ?*

— *Non merci, j'**en** sors. (du lac)*

Mais on ne l'emploie pas pour remplacer le pays ou la ville d'origine avec *venir* :

— *Il connaît le Portugal ?*

— *Oui, il **en** est originaire. (« Il en vient. » signifierait « Il en arrive à l'instant. »)*

5. Emploi de deux pronoms

• À l'oral, on a tendance à simplifier, et souvent, on n'emploie pas **le lui, les leur**... :

— *Il a son emploi du temps ?*

— *Oui, je **lui** ai donné. (« Je **le lui** ai donné. » reste correct à l'écrit.)*

• À l'impératif, il est d'usage de ne pas employer **y** avec un autre pronom.

— *Je viens avec vous à la plage.*

— *D'accord, accompagne-**nous**. (Et non « Accompagne-nous y. »)*

Plus généralement, l'emploi de **y** avec un autre pronom n'est pas toujours de bon goût :

Si « *Je vais les y conduire.* » est possible, « *Je vais les y écouter.* » sonnerait étrangement à des oreilles françaises.

6. Expressions

De nombreuses expressions figées contiennent **y** ou **en** sans que ceux-ci remplacent un mot précis :
Il y a/s'en aller/en avoir marre...

> ENTRAÎNEMENT

5 Complétez les phrases suivantes.

a | — Vous aimez le chocolat ?

— Oui, je ..... mange un peu chaque jour.

b | — Philippe a pris ses médicaments ?

— Oui, je .... ai donnés ce matin.

c | — Vous voulez un melon bio ?

— Oui, nous ..... prendrons ..... bien mûr.

d | — Préviens Virginie que Paul est arrivé !

— Je vais .... dire tout de suite.

e | - Il faut être là-bas à midi.

— Je vais .... conduire.

f | — Vous voulez ses coordonnées ?

— Oui, donnez-..... ..... .

g | — Tu veux un crayon ?

— Oui, prête-..... ..... un des tiens.

h | — Vous avez trouvé la solution ?

— Pas encore, je vais ..... réfléchir.

i | — Elle est jolie, ta nouvelle jupe.

— Je .... suis fait faire sur-mesure.

j | — Il aime vivre à la montagne ?

— Oui, il s'..... habitue très bien.

6 Intonation
Écoutez ces expressions contenant *y* ou *en*. Dites ce qu'elles signifient. Répétez-les puis réutilisez-les dans de courts dialogues.

(20)

unité 7 **Chassez le naturel...**

A Au zoo

1 Vincennes : de très zoo tarifs

QUELLE magnifitude, ce rocher aux singes ! Le mercredi 9 avril, la toute fraîche ministre de l'Écologie, Ségolène Royal, inaugure le nouveau zoo de Vincennes. Lors de sa fermeture, en 2008, il tombait en ruine. Le voilà dé-
5 sormais refait à neuf. Certes, il y aura beaucoup moins d'animaux à voir que dans l'ancien (environ 1 000 contre 1 500, et en plus certains se planquent bien !), mais attention : non seulement ceux-ci seront logés dans un quatre-étoiles, mais, comme le dit Thomas Grenon, le di-
10 recteur du Muséum national d'histoire naturelle, qui gère le zoo, celui-ci est « up to date », comprenez à la pointe de la modernité.

Un « push-rhino » permet de peser et de soigner le rhino-céros blanc. Un « tamer », sorte de couloir tapissé de cous-
15 sins, aide les girafes dans leurs déplacements. Le rocher qui accueille les lions est chauffé. Un bloc chirurgical et une plateforme d'imagerie vétérinaire viennent parfaire l'équipement. Le tout a coûté pas moins de 167 millions d'euros...
20 Énorme investissement qu'a permis un partenariat public-privé (PPP) entre le Muséum national d'histoire naturelle et Chrysalis, une société créée pour l'occasion et dont Bouygues est le pivot. En contrepartie, pendant vingt-cinq ans, le zoo devra payer une redevance de 12,5 mil-
25 lions par an. Où trouver ce bel argent ? Dans la poche des visiteurs, évidemment !

Les girafes se haussent du col
Avant la fermeture, le billet d'entrée plein tarif était de 10 euros. Désormais, il sera de 22 euros pour les adultes
30 et de 16,50 euros pour les enfants de plus de 3 ans. Une famille de deux adultes et deux enfants devra donc s'allé-ger de près de 80 euros pour voir l'inévitable troupeau de girafes et tenter d'apercevoir les singes laineux... Et, si la fréquentation n'atteint pas 1,5 million de visiteurs par
35 an, les tarifs augmenteront.

Sont-ils justifiés ? Thomas Grenon : « Ils sont identiques à ceux de nos concurrents, les autres zoos et les parcs d'attractions. »

Professeur CANARDEAU, *Le Canard enchaîné*, 9 avril 2014.

2 Visite du parc zoologique de Paris

Pour ses 80 printemps, le zoo a fait peau neuve et accueille, du jaguar noir à la grenouille tomate, cent quatre-vingts espèces différentes. Seul vestige de
5 1934, l'emblématique rocher surplombe désormais un espace entièrement re-construit et repensé dans le respect de l'animal et de la biodiversité. Orga-nisé en cinq biozones (Patagonie, Sa-
10 hel-Soudan, Europe, Amazonie-Guyane, Madagascar), le parc est une invitation à la déambulation dans des allées qui serpentent, avec parcours principal et secondaires. Le visiteur traverse des
15 paysages changeants (dont une magni-fique serre tropicale) qui évoquent les milieux naturels des espèces, sans que son regard soit arrêté par une cage ou un grillage. Enclos, larges baies vitrées,
20 relief, bassins, rochers..., l'ensemble des dispositifs favorise l'observation et une certaine proximité avec les animaux. Fini les enfants qui implorent d'être por-tés pour apercevoir la queue d'un singe !
25 Ils pourront contempler seuls un trou-peau de girafes, un singe laineux qui se sert de sa queue comme d'une cin-quième main, un tamanoir qui attrape ses proies avec sa langue, longue de
30 50 centimètres... Parents et bambins peuvent glaner de précieuses infos au gré de la promenade, grâce à des pan-neaux, cartels, kiosques d'exploration, avec écrans, tables tactiles... Une méta-
35 morphose réussie.

Françoise SABATIER-MOREL, *Télérama*, avril 2014.

Lecture

1 Quel est le thème de ces articles ?

2 L'approche et la tonalité de ces deux articles sont-elles les mêmes ?

3 Quels sont les points forts et les points faibles du nouveau Vincennes ?

4 Quels sont les changements effectués ?

5 Relevez les appréciations positives et négatives contenues dans ces articles.

Vocabulaire

6 Expliquez ou trouvez des équivalents de :

a | de très zoo tarifs (**1**, titre)

b | tomber en ruine (**1**, l. 4)

c | pour ses 80 printemps (**2**, l. 1)

d | faire peau neuve (**2**, l. 1)

e | l'emblématique rocher surplombe (**2**, l. 5)

f | implorer d'être portés (**2**, l. 23)

g | glaner de précieuses infos au gré de la promenade (**2**, l. 31)

B Du nouveau à Vincennes

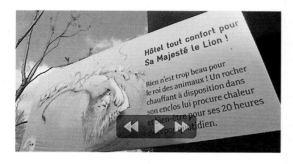

1er visionnage (avec le son)

1 Quel est le thème de ce document ?

2 Que voyez-vous ?

3 De quand datent ces images ?

2e visionnage (avec le son)

4 Que peut-on voir à Vincennes ?

5 Décrivez la nouvelle organisation de Vincennes. Quel est son but ?

6 Quelles sont les nouveautés techniques ?

Vocabulaire

7 Lisez la transcription p. 213 et expliquez ou trouvez des équivalents de :

a | Vincennes entend en finir avec l'univers carcéral

b | tomber en désuétude

c | un haut lieu

d | tomber nez à nez

e | ouvrir un œil

PRODUCTION ORALE

8 Que pensez-vous des zoos ?

9 Aimez-vous visiter des parcs animaliers, des aquariums ?

10 Pensez-vous que ce soit une bonne idée d'y emmener les enfants ?

11 Débat : Pour ou contre les zoos ? La moitié de la classe défend les zoos, l'autre moitié en demande la fermeture.

PRODUCTION ÉCRITE

12 Expliquez, dans un article, pourquoi vous êtes pour ou contre la fermeture des zoos.

13 Dans un courriel à un(e) ami(e), racontez la visite d'un parc animalier qui vous a marqué(e).

unité 7 **Chassez le naturel...**

Un monde réchauffé

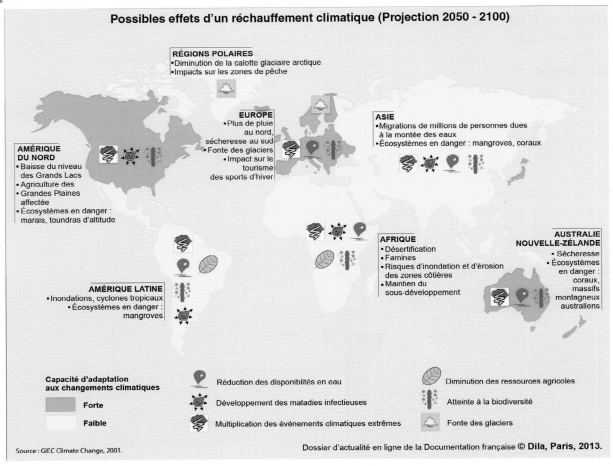

Possibles effets d'un réchauffement climatique (Projection 2050 - 2100)

RÉGIONS POLAIRES
- Diminution de la calotte glaciaire arctique
- Impacts sur les zones de pêche

EUROPE
- Plus de pluie au nord, sécheresse au sud
- Fonte des glaciers
- Impact sur le tourisme des sports d'hiver

ASIE
- Migrations de millions de personnes dues à la montée des eaux
- Écosystèmes en danger : mangroves, coraux

AMÉRIQUE DU NORD
- Baisse du niveau des Grands Lacs
- Agriculture des Grandes Plaines affectée
- Écosystèmes en danger : marais, toundras d'altitude

AMÉRIQUE LATINE
- Inondations, cyclones tropicaux
- Écosystèmes en danger : mangroves

AFRIQUE
- Désertification
- Famines
- Risques d'inondation et d'érosion des zones côtières
- Maintien du sous-développement

AUSTRALIE NOUVELLE-ZÉLANDE
- Sécheresse
- Écosystèmes en danger : coraux, massifs montagneux australiens

Capacité d'adaptation aux changements climatiques
- Forte
- Faible

- Réduction des disponiblités en eau
- Développement des maladies infectieuses
- Multiplication des événements climatiques extrêmes
- Diminution des ressources agricoles
- Atteinte à la biodiversité
- Fonte des glaciers

Source : GIEC Climate Change, 2001.

Dossier d'actualité en ligne de la Documentation française © **Dila, Paris, 2013.**

COMPRÉHENSION ÉCRITE

Lecture

1 Que représente cette carte ?

2 En vous aidant de la carte, trouvez dans quelles parties du monde se font ressentir les effets suivants du changement climatique : la fonte des glaciers, la migration des peuples, les cyclones et inondations, la modification des rendements agricoles, l'insécurité alimentaire, l'extinction d'espèces.

3 Parmi ces problèmes, lesquels sont déjà ressentis dans votre pays ?

4 Quelles conclusions pouvez-vous tirer en ce qui concerne les conséquences du réchauffement climatique sur l'homme et sur l'environnement ?

PRODUCTION ORALE

5 À votre avis, quelles activités humaines sont aujourd'hui les causes principales de l'augmentation du phénomène du réchauffement de la planète ?

6 Que pouvons-nous faire à un niveau individuel ? Citez quelques gestes simples qui ont un impact sur nos émissions de gaz à effet de serre dans les trois domaines suivants : le logement, les déplacements, les loisirs.

Exemples :

• *Chez moi : je prends une douche rapide plutôt qu'un bain.*

• *Mes déplacements : j'opte pour le co-voiturage.*

• *Mes loisirs : je pratique un sport respectueux de la nature.*

7 Observez ce dessin d'humour. Partagez-vous l'opinion de Prof. Herry ? Êtes-vous optimiste ou pessimiste quant à l'avenir de notre planète ?

* GIEC : Groupe d'experts intergouvernemental sur l'évolution du climat.

PRODUCTION ÉCRITE >>>>DELF

8 Vous proposez à un journal local un article dans lequel vous prenez position sur le texte suivant. Vous rappellerez les risques du réchauffement climatique et dénoncerez vous aussi les dégâts écologiques causés par l'homme. Proposez des solutions. (250 mots)

> L'homme est responsable en grande partie du réchauffement climatique via l'émission massive de gaz à effet de serre dans l'atmosphère.
>
> Par ailleurs, les ressources énergétiques, la nourriture, l'eau potable vont finir par manquer ; des guerres sont à venir car le partage sera très difficile. Ceci ne semble pas préoccuper le temps présent. Pourtant il y a urgence. Il faut repenser l'agriculture, l'industrie, l'alimentation, la consommation, etc.
>
> Qu'en pensez-vous ?

VOCABULAIRE > la météo

Cahier unité 7 d'activités

LE BEAU TEMPS

Il fait beau/bon/doux/chaud…
Il y a du soleil.
Le temps est ensoleillé/magnifique…
Le ciel est bleu/dégagé/clair…

LE MAUVAIS TEMPS

Il fait mauvais/gris/lourd/froid/
    frais/frisquet…
Il y a de la pluie/du brouillard/de
    l'orage/des averses/du verglas…
Le temps est pluvieux/glacial/
    orageux/humide…
Le ciel est gris/voilé/couvert/nuageux…

LA TEMPÉRATURE

La température est fraîche/douce/
    élevée/caniculaire.
Il fait frais/froid.
Le temps/L'air est glacial.
La température grimpe = monte /
    descend = baisse

La température est en hausse/en
    baisse
Il fait (plus) 10° C *(degrés)*/10.
Il fait moins 5° C *(degrés)*/moins 5.

2 Classez ces températures de la plus basse à la plus élevée :
doux – chaud – glacial – frais –
torride – froid – accablant – bon.

Expressions

Il fait un temps de chien/un temps de cochon.
Il fait un froid de canard.
Il pleut des cordes.
Il pleut comme vache qui pisse. *(fam.)*
Il est trempé comme une soupe.
Il fait un temps pourri. *(fam.)*
Ça caille ! *(fam.)*
Quel sale temps !

3 Que signifient ces expressions ? Dites si elles ont une relation avec la météo.
a | Il fait un froid de canard.
b | Il est trempé comme une soupe.
c | Il pleut des cordes.
d | Il a pris un coup de froid.
e | Il fait un temps de chien.
f | Il n'a pas froid aux yeux.
g | Il a eu chaud.
h | Il se gèle.
i | Il est resté de glace.

1 | Il n'a peur de rien.
2 | Il pleut très fort.
3 | Il a très froid.
4 | Il est très mouillé.
5 | Il a échappé de peu à un danger.
6 | Il fait très mauvais.
7 | Il fait très froid.
8 | Il n'a pas réagi.
9 | Il a attrapé un rhume.

1 Retrouvez le phénomène météo correspondant aux phrases suivantes.
a | Il fait lourd.
b | Le baromètre est au beau fixe.
c | Un orage a éclaté.
d | Il y a des rafales de 80 à 100 km/h.
e | La chaleur est accablante.
f | La route est très glissante.
g | Le temps s'est éclairci.
h | Le ciel est couvert.
i | Le risque d'avalanche est élevé.
j | C'est une averse.

1 | On entend des coups de tonnerre.
2 | Le ciel est dégagé.
3 | Il pleut fortement et brièvement.
4 | C'est orageux.
5 | C'est très venteux.
6 | Le temps est magnifique.
7 | C'est nuageux.
8 | Il y a du verglas.
9 | C'est la canicule.
10 | Il y a beaucoup de neige.

PRODUCTION ORALE

4 a | Regarde-t-on beaucoup la météo dans votre pays ? Pourquoi ?
b | Quel est le climat de votre pays (saisons, températures, pluies, vents…) ?
c | La météo a-t-elle une influence sur vos projets ? votre humeur ?

unité 7 **Chassez le naturel…**

VOCABULAIRE
> l'environnement

Cahier d'activités unité 7

L'ÉCOLOGIE
écologique
l'écologiste/l'écolo (f. et m.)
la faune
la flore
le milieu naturel
la nature
le respect/la préservation de
  l'environnement
la ressource
la Terre

LES PROBLÈMES ÉCOLOGIQUES
la déforestation
la décharge sauvage
le déchet
la désertification
le dioxyde de carbone
la disparition des espèces
l'épuisement des matières premières
le gaspillage
gaspiller
les gaz (m.) à effet de serre
la marée noire
les nuisances (f.) sonores
la pollution
polluer
la radioactivité
le réchauffement climatique

le trou dans la couche d'ozone
toxique

1 Complétez ce texte avec les mots suivants en faisant les accords nécessaires : flore – ressource – climatique – effet de serre – environnement – faune – Terre – nucléaire – toxique.
Aujourd'hui, les ..... de la notre planète s'épuisent. Les industriels polluent l'eau, l'air et les sols avec leurs produits ..... . Et le ..... représente aussi un grand danger. En effet, le stockage des déchets radioactifs présente un grand risque pour l'..... . Autrefois la ..... et la ..... se développaient partout, mais maintenant nos villes ne sont plus que des blocs de béton. Tous ces bouleversements impliquent des conséquences tragiques comme l'augmentation de l'..... et le réchauffement ..... .
Alors, êtes-vous prêts à sauver notre belle ..... ?

LES SOLUTIONS
dépolluer
la dépollution
le développement durable
l'élimination (f.) des déchets

l'énergie renouvelable (f.)
l'énergie propre (f.)
l'énergie solaire (f.)
l'éolienne (f.)
l'espèce protégée (f.)
le parc naturel
la protection
le reboisement
le recyclage
recycler
la sauvegarde
sauvegarder
le tri sélectif

2 Voici quelques gestes écologiques. Complétez les énoncés avec les verbes suivants : construire – pratiquer – produire – réduire – récupérer – abandonner – faire – composter – changer – développer.
a | ..... les emballages
b | ..... ses déchets
c | ..... le nucléaire
d | ..... les énergies renouvelables
e | ..... une maison écologique
f | ..... le tri sélectif
g | ..... son potager
h | ..... son électricité
i | ..... l'eau de pluie
j | ..... sa façon de consommer

La pollution des mers

COMPRÉHENSION ORALE

Entrée en matière
1 Selon vous, les océans et les mers sont aujourd'hui menacés par quels polluants ?

1ʳᵉ écoute (en entier)
2 Pourquoi la majorité de la population vit-elle près des côtes ?
3 Quelle image avait-on de la mer jusque dans les années 70 ?
4 La pollution touche surtout quel milieu ? Pour quelles raisons ?

2ᵉ écoute (en entier)
5 Quelles sont les causes de la pollution maritime ?
6 Quelles conséquences cette pollution entraîne-t-elle ?

« *La mer représente 71 % de la surface de la planète Terre.* »

Vocabulaire
7 Reformulez les phrases suivantes :
a | les mers sont des pôles d'attractions pour l'homme
b | les activités humaines contribuent aux pollutions
c | la présence des villes côtières accroît cette pollution

PRODUCTION ORALE

8 Êtes-vous sensible à ce type de pollution ? Pouvez-vous en citer d'autres ?
9 Quel est le type de danger pour l'environnement qui vous préoccupe le plus ?

CIVILISATION

A | Les connaissez-vous ?

1 Qui est Marion Cotillard ?

a | Une dirigeante du parti Europe Écologie.
b | Une chanteuse québécoise.
c | Une actrice française.

2 Qui est Pierre Rabhi ?

a | Un paysan philosophe.   **b** | Un auteur de BD.
c | Un ancien ministre de l'Écologie.

3 A votre avis, qu'est-ce qui réunit ces deux personnes ?

B | Rencontre entre Marion Cotillard et Pierre Rabhi

Quand l'écologie a-t-elle surgi dans votre vie ?

Marion Cotillard. – Enfant, j'ai été éveillée par ma famille à ce qu'on n'appelait pas encore l'écologie, mais une forme de respect de soi, des autres, de l'endroit où l'on vit. Bien avant qu'on ne parle des gestes écolos, j'ai essayé de recycler mes journaux. Quand j'allais à la déchetterie, mes amis étaient sceptiques, certains me pensaient même un peu folle. Mais, intimement, je savais que j'avais raison.

Pierre Rabhi. – On m'a aussi traité de fou quand, ouvrier, j'ai quitté Paris pour m'installer en Ardèche dans les années 1960. Tout le monde me disait : *« L'avenir n'est pas à la campagne ! »* Je n'étais pas d'origine paysanne, mon père était forgeron puis mineur dans le Sud algérien. Mais comme toi, Marion, j'étais guidé par une certitude absolue, une protestation forte contre notre modèle de société. De l'Ardèche* aux terres désertiques du Burkina Faso, où j'ai travaillé comme « paysan sans frontières » dans les années 1980, j'ai expérimenté les bases de l'agriculture écologique : elle intègre la gestion de l'eau, du reboisement, de la biodiversité, de la régénération des sols grâce au compostage aérobie, qui permet d'obtenir un engrais naturel de haute qualité...

L'écologie, pour vous, est-ce aussi se soucier de l'autre ?

M. C. – Ce sont des questions sur l'humain qui ont nourri chez moi le besoin d'être proche de la nature, et logique avec elle. Parce que la nature nous survivra. Personne ne va sauver la planète : elle se sauvera toute seule.

P. R. – Je n'ai jamais admis qu'on dise : *« La nature et nous. »* Je suis la nature, car je suis un mammifère. Tu as raison, Marion : les lois de la nature domineront et la Terre nous balaiera si nous ne nous adaptons pas. Un ultimatum est lancé à l'humanité : elle doit changer pour ne pas disparaître.

Pour s'adapter, vous prônez le concept de sobriété heureuse. Que signifie-t-il ?

P. R. – Il s'agit d'une délivrance par rapport au « toujours plus ». Nous vivons dans une société de la compulsion qui ne nous rend pas heureux. Cette surabondance crée en nous un état de manque permanent et nuit à la planète. Or nous sommes ligotés par l'avoir, au détriment de l'être. L'esprit de modération que je prône est un art de vivre dans une forme de simplicité, un dépouillement intérieur qui ouvre en soi un espace de liberté, qui laisse plus de place à l'esprit et à la conscience, qui invite à apprécier, à savourer, à rechercher la qualité plus que la quantité dans notre vie quotidienne. Il s'agit de retrouver une vraie liberté de décision par rapport au temps argent. Nos vies valent plus qu'un salaire. La modération est selon moi le paradigme des sociétés de demain. L'humanité a besoin d'apprendre à renoncer pour grandir.

* Département situé dans le sud de la France.

Propos recueillis
par Dalila KERCHOUCHE,
Madame Figaro, 8 juillet 2013.

COMPRÉHENSION ÉCRITE

Lecture

1 Pourquoi Marion Cotillard et Pierre Rabhi ont-ils été qualifiés de fous quand l'écologie a surgi dans leur vie ? Ont-ils la même conception de l'écologie ?

2 Quel type d'agriculture P. Rabhi a-t-il pratiqué ?

3 Expliquez le concept de *« sobriété heureuse »* prôné par Pierre Rabhi.

Vocabulaire

4 Relevez le vocabulaire de l'environnement et de l'écologie.

A Comment trier sans se prendre la tête ?

1 Selon vous, que doit-on jeter dans :

- la poubelle verte ?
- la poubelle jaune ?
- la poubelle blanche ?

a | Tous les déchets recyclables hors verre.
b | Le verre.
c | Les déchets alimentaires et tout ce qui n'est pas recyclable.

IL Y A UNE NOUVELLE POUBELLE ?...

NON-R... RECYCLABLE   GASPILLAGE

2 Observez le dessin et décrivez la situation. Pourriez-vous faire le même constat dans votre pays ?

3 Saurez-vous trier comme un expert ?
Retrouvez dans quelle poubelle va chacun des déchets suivants :

des pots de yaourts en verre
des publicités imprimées   une peau de banane
un bocal de cornichons   un sèche-cheveux
des restes de pizza   une brique de lait
une bouteille de shampoing
des prospectus   des journaux et magazines
DU COURRIER   des canettes de soda
une bouteille de vin
une boîte de conserve
des pelures d'orange   une boîte à chaussures
un pot de confiture   un flacon de parfum
DES LINGETTES
des épluchures de légumes

B Les Bidochon sauvent la planète

Christian BINET, *Les Bidochon sauvent la planète,* Tome 21, Fluide Glacial, 2012.

Lecture

1 Où se trouvent les personnages ? Quel est le moment de la journée ?
2 Quel est le ton de cette BD ?
3 Selon vous, qui est « *ils* » dans la 2e vignette ?
4 Les Bidochon sont-ils écolos ? Pourquoi ?
5 Que risquez-vous dans votre pays si vous ne triez pas vos déchets ?

ATELIERS

1 PRÉSENTER UN PARC ANIMALIER

Vous allez présenter un jardin zoologique, un parc animalier ou une réserve animalière et rédiger un code de bonne conduite destiné aux visiteurs.

Démarche

Formez des groupes de trois ou quatre.

1 Préparation

• Vous travaillerez autour des points suivants :
— le nom du parc et sa date de création ;
— la localisation : pays, région ;
— la superficie ;
— les caractéristiques : le cadre, le milieu naturel, les animaux, les ressources naturelles.

2 Réalisation

• Vous rédigerez un code de bonne conduite.
Ce règlement sera destiné aux visiteurs afin qu'ils soient respectueux du parc et des animaux.
Exemples :
1. Ne pas donner à manger aux animaux.
2. Veillez à laisser fermées les vitres de votre véhicule.

3 Présentation

• Vous pourrez également créer une affiche avec ces informations.

POUR VOUS AIDER

Consignes

Pour donner des consignes écrites, vous pouvez utiliser :
• une forme impersonnelle : **Il est interdit de** + infinitif
• l'infinitif : **Ne pas** + infinitif
• une forme nominale : **Défense de** + infinitif
  Interdiction de + infinitif
• l'impératif, plus poli : **Veillez à** + infinitif
  Veuillez + infinitif

2 RÉDIGER UNE PÉTITION

Une atteinte à l'environnement ou à la vie animale vous choque (installation d'une décharge ou d'une usine polluante dans votre voisinage, combat de chiens ou de coqs). Vous décidez d'adresser une pétition aux autorités concernées.

Démarche

Formez des groupes de trois ou quatre.

1 Préparation

Vous choisissez le thème de la pétition.

2 Réalisation

• Vous débattez à propos des principaux arguments et des revendications.
• Vous recherchez éventuellement des modèles de pétitions sur Internet.
• Vous rédigez la pétition.

3 Présentation

Vous présentez votre pétition et tentez de recueillir des signatures auprès des étudiants !

C'EST DE L'ART !

Tous les goûts sont dans la nature.

Paris-New York, New York-Paris

A Une New-yorkaise à Paris, passionnée d'art contemporain

Pamela Clapp,
« Arts Administrator »
à la Fondation Andy Warhol,
États-Unis.

D'où vient votre passion pour l'art ?

De mon enfance d'abord. La culture était très présente dans ma famille. Ma mère m'emmenait souvent au cinéma et au théâtre. Mon père, qui était
5 éditeur, lisait et écrivait beaucoup pour son travail.

Puis j'ai suivi des cours d'histoire de l'art à l'université et ma meilleure amie de l'époque était peintre. Elle m'a transmis le goût de la peinture. Nous allions souvent au musée ensemble ; j'aimais
10 beaucoup l'atmosphère des musées, la sophistication des lieux. C'est vraiment à cette période que j'ai découvert l'art.

Quant à ma grande passion, l'art contemporain, elle est née lors d'une visite au musée d'Art
15 Moderne de New York, puis de la « Phillips Collection » à Washington DC quand j'avais 18 ans.

Avez-vous une préférence pour un mode d'expression artistique ? Avez-vous un artiste préféré ?

Si je devais établir un ordre de préférence, mon
20 premier choix serait la peinture, mais j'adore la danse contemporaine aussi. C'est difficile de choisir entre deux amours ! C'est la raison pour laquelle il m'est également impossible de choisir un seul artiste ! Cependant je dirais qu'Andy Warhol est l'ar-
25 tiste le plus complexe, multi-facettes et révolutionnaire de ces soixante dernières années. C'est ce que disent la plupart des historiens de l'art d'ailleurs.

Quelle est la dernière exposition que vous avez vue ?

30 Je suis allée à la rétrospective « Lucio Fontana » au musée d'Art moderne de Paris parce que j'étais très curieuse d'en savoir plus

concernant ce célèbre artiste italien. L'exposition, installée avec élégance, couvre sa production des
35 années 1930 à sa mort en 1968. Aujourd'hui, Fontana est essentiellement connu pour ses toiles lacérées. Pour les réaliser, il tailladait des toiles sur lesquelles il avait déjà appliqué de la peinture. C'était un artiste plein de surprise. Oui, son travail était
40 provocateur mais beau.

Musées, galeries, biennales, foires… Quels sont les meilleurs lieux pour découvrir l'art contemporain aujourd'hui ?

L'avantage des galeries, c'est qu'elles sont gra-
45 tuites contrairement aux musées dont l'entrée est souvent payante. À New York et à Paris, on trouve quantités de galeries. On pourrait en visiter une différente chaque semaine pendant des années si on le souhaitait. Je pense que fréquenter les galeries
50 est la meilleure manière d'éduquer son œil à l'art contemporain.

La France est-elle considérée comme un acteur majeur sur la scène internationale de l'art contemporain ?

55 Je dirais que la France était l'acteur majeur jusque dans les années 1950, années où l'attention s'est déplacée vers les États-Unis.

Aujourd'hui, sous l'effet de la mondialisation, une nouvelle vague d'artistes non occidentaux dé-
60 ferle à son tour sur la scène internationale. Alors bien sûr, le public et le marché de l'art contemporain se sont internationalisés aussi.

Faut-il être un expert pour apprécier l'art contemporain ?

65 Pas du tout ! Mais il est vrai que l'art peut être intimidant. Il ne faut surtout pas avoir peur de pousser la porte d'une galerie. Oubliez les snobs !

Regardez, lisez, regardez encore et encore. Prenez du plaisir, c'est le plus important !

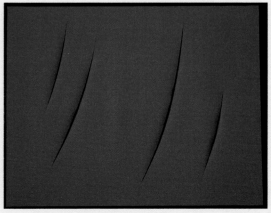

Lucio Fontana, *Concept spatial*, 1961.

COMPRÉHENSION ÉCRITE

Entrée en matière

1 Observez la photo et lisez la légende. Où se trouve Pamela ?

2 Connaissez-vous quelques musées français ?

Lecture

3 Quel est le sujet de cet entretien ?

4 Comment Pamela explique-t-elle sa passion pour l'art ?

5 Quels domaines artistiques l'attirent ?

6 Qui était Lucio Fontana ? Quelle était la particularité de son œuvre ?

7 Pourquoi Pamela conseille-t-elle de visiter les galeries d'art ?

8 La France est-elle toujours sur le devant de la scène ? Pour quelles raisons ?

Vocabulaire

9 Relevez les mots en relation avec le thème de l'art.

10 Reformulez les phrases suivantes :

a | une nouvelle vague d'artistes non occidentaux déferle à son tour sur la scène internationale (l. 59)

b | Il ne faut surtout pas avoir peur de pousser la porte d'une galerie. Oubliez les snobs ! (l. 66)

B Charlélie Couture, le plus new-yorkais des artistes français

22

COMPRÉHENSION ORALE

Entrée en matière

1 Quels artistes français contemporains connaissez-vous ?

1re écoute (en entier)

2 À quelle occasion le journaliste s'entretient-il avec Charlélie Couture ?

3 Présentez Charlélie.

2e écoute (en entier)

4 Quand aura lieu le vernissage ?

5 Que va-t-il présenter ?

6 Quelle différence fait-il entre la peinture et la photographie ?

7 Que révèle l'arrière-plan de ses œuvres ? Pourquoi ?

Vocabulaire

8 Réécoutez l'entretien et prenez en note les mots du vocabulaire artistique.

C Les Français et l'art contemporain

On observe que les sentiments des Français sont très partagés. Deux logiques s'affrontent : l'attirance et la mise à distance. Plus de la moitié d'entre eux manifestent de la curiosité, ils sont 11 % à parler d'enthousiasme. À l'inverse, 32 % des Français parlent d'indifférence et 15 % d'incompréhension. La curiosité est essentiellement le fait des indépendants, chefs d'entreprise et des cadres (+ de 60 %), l'indifférence surtout le fait des ouvriers (50 %).

www.bva.fr

COMPRÉHENSION ÉCRITE

Lecture

1 Que suscite l'art contemporain chez les Français ?

2 Qui manifeste de l'intérêt pour l'art contemporain ?

PRODUCTION ORALE

3 Êtes-vous sensible à l'art contemporain ?

4 Quel domaine artistique préférez-vous ? Avez-vous un don ?

5 Présentez votre artiste préféré(e) à la classe.

unité 8 C'est de l'art !

GRAMMAIRE
> les pronoms relatifs

Cahier
unité 8
d'activités

Cahier unité 8 d'activités

> ÉCHAUFFEMENT

1 Dans les phrases suivantes, quels sont les pronoms relatifs simples et les pronoms relatifs composés ?

a | Mon père, qui était éditeur, lisait et écrivait beaucoup pour son travail.
b | C'est la raison pour laquelle il m'est également impossible de choisir un seul artiste.

c | Il tailladait des toiles sur lesquelles il avait déjà appliqué de la peinture.
d | Les galeries sont gratuites contrairement aux musées dont l'entrée est souvent payante.
e | la France était l'acteur majeur jusque dans les années 1950, années où l'attention s'est déplacée vers les États-Unis.

> FONCTIONNEMENT

2 Observez les pronoms relatifs composés dans les phrases précédentes. Quelle est leur fonction et avec quoi s'accordent-ils ?

Rappel : les pronoms relatifs composés	
Prépositions	
à	**à qui** (pour les personnes) ou **auquel/à laquelle/auxquels/auxquelles** (pour les personnes et les choses)
préposition composée + *de* (*à côté de, loin de*…)	**de qui** (pour les personnes) ou **duquel/de laquelle/desquels/desquelles** (pour les personnes et les choses)
Autres prépositions	
avec/chez/ pour… +	**qui** (pour les personnes) ou **lequel/laquelle/lesquels/lesquelles** (pour les personnes et les choses)

> ENTRAÎNEMENT

3 Justifiez l'emploi des pronoms relatifs dans les phrases suivantes.

a | Le tableau de Fontana <u>qui</u> était dans les collections du musée depuis 2003 vient d'être dérobé.
b | J'ai retrouvé l'agenda <u>dans lequel</u> je note toutes les informations sur les expositions que j'ai vues.
c | C'est un designer célèbre <u>dont</u> tout le monde parle en ce moment.
d | 2010, c'est l'année <u>où</u> elle s'est installée dans son atelier de la rue de la Rosière.

4 Complétez avec un pronom relatif et, si nécessaire, une préposition.

a | Ils se sont rencontrés le jour ..... nous avons inauguré la librairie du musée.
b | Ce peintre a été profondément choqué par la légèreté ..... ce critique d'art a parlé de son œuvre.
c | C'est l'artiste ..... j'ai prêté 2 000 euros.

d | Un journaliste de Art Press a interviewé Agathe sur la performance ..... elle a participé.

5 Reformulez les phrases suivantes en utilisant des pronoms relatifs composés.

Exemple : *C'est un artiste italien. Il travaille à Paris. Je l'ai rencontré à un vernissage.*
C'est un artiste italien qui travaille à Paris et que j'ai rencontré à un vernissage.

a | Je te présente Sophie. Je t'ai souvent parlé d'elle. Elle expose ses œuvres à la galerie Ventooz'Art.
b | Le journaliste lui a posé des questions. Il a répondu sans hésitation à ces questions.
c | C'est l'École des beaux-arts. Il y a un musée en face de cette école. On peut y voir une expo sur les Vikings.
d | C'est une idée géniale. Personne n'y avait pensé.

VOCABULAIRE
> l'art

LES ARTISTES
le créateur
le dessinateur
le disciple
le maître
le peintre
le sculpteur/la sculptrice

AUTOUR DE L'ART
l'amateur d'art *(m.)*
le collectionneur
le connaisseur
le/la critique d'art
l'expert(e)
le marchand d'art
le mécène
le sponsor

AU MUSÉE
le chef d'œuvre
la collection
l'exposition *(f.)*
la galerie
le mécénat
l'œuvre d'art *(f.)*
le vernissage

> Expressions
> l'art brut
> l'art culinaire
> l'art dramatique
> l'art pour l'art
> C'est l'enfance de l'art.
> se faire une expo/un musée

QUELQUES ACTIVITÉS ARTISTIQUES
la bande dessinée/la BD/le 9e art
la calligraphie
la gravure
l'installation *(f.)*
la performance
la photographie
la sculpture

LA PEINTURE ET LE DESSIN
l'aquarelle *(f.)*
l'atelier *(m.)*
la caricature
l'esquisse *(f.)*
la fresque

le graffiti
l'icône *(f.)*
le modèle
la nature morte
le nu
le portrait
la signature
le tableau
le trompe l'œil

peindre
dessiner
encadrer
poser
représenter

LES OUTILS
la boîte de peinture
le cadre
le chevalet
le crayon
l'encre (de Chine) *(f.)*
la palette
la peinture à l'huile/à l'eau
le pinceau
la toile

LA MATIÈRE ET LE STYLE
le bois
le bronze
la forme
l'influence *(f.)*
le marbre
la palette des couleurs
la maîtrise
la nuance
le trait

artistique
d'avant-garde
esthétique
original

QUELQUES COURANTS ARTISTIQUES
le courant
l'école *(f.)*
le mouvement

l'art moderne
l'art contemporain

le classicisme
le cubisme
l'expressionnisme *(m.)*
l'hyperréalisme *(m.)*
le fauvisme
l'impressionnisme *(m.)*
le réalisme
la Renaissance
le romantisme
le surréalisme

1 Retrouvez la définition de chacune de ces expressions.
a | C'est une croûte.
b | Il est au sommet de son art.
c | Il a un bon coup de crayon.
d | Il s'est emmêlé les crayons/les pinceaux.
e | Il ne peut pas le voir en peinture.
f | Il est resté de marbre.
g | C'est un faux.
h | C'est son portrait tout craché.

1 | Il n'est pas authentique.
2 | Il lui ressemble beaucoup.
3 | Il est à son meilleur niveau.
4 | Il dessine bien.
5 | Il le déteste.
6 | Il n'a pas réagi.
7 | C'est un tableau sans valeur.
8 | Il s'est trompé ou il a fait une confusion. / Il est tombé.

2 Placez les mots manquants :
bronze – amateur – art – bois – tableau – collection – tube – vernissage – mécène – marbre – cadre.
a | La bande dessinée est considérée comme le 9e ....
b | Le ...... aura lieu le 22 juin à la Galerie de la Calende.
c | Il a mis un ...... rouge autour du tableau.
d | Je dois acheter un ...... de peinture bleue pour finir ce ....
e | Le ...... a fait un don de 20 000 euros au musée du Louvre.
f | Ce sculpteur travaille le ...... , le ...... et le ....
g | Il est ...... d'art. Il a une ...... de dessins de Picasso.

Cahier unité 8 d'activités

unité 8 **C'est de l'art !**

« *Alors, le voilà, ce fameux ours !* »

A L'ours

COMPRÉHENSION ORALE

1re écoute

1 Quelle est la situation ? Qui parle ?

2 Quel est le sujet de la conversation ?

2e écoute

3 En quoi la performance consiste-t-elle ?

4 Quelles sont les performances que l'artiste a déjà réalisées ?

5 Quelles sont les réactions des différentes personnes ?

Vocabulaire

Lisez la transcription page 204 et répondez aux questions suivantes.

6 Réécrivez en français standard les phrases suivantes :

a | Il est complètement ouf, ce mec.

b | C'est trop le délire.

7 Relevez les différentes expressions d'appréciation figurant dans le dialogue.

Exemple : *Moi, je trouve ça intéressant.*

8 Expliquez les expressions suivantes :

a | fameux

b | tu nous as traînés ici

c | retransmis en direct sur Internet

d | ce genre

e | emmuré dans une librairie

PRODUCTION ORALE

9 Et vous, que pensez-vous de cette performance ? Iriez-vous dans un musée pour la voir ?

B Quinze jours dans la peau d'un ours

INSOLITE - Du 1er au 13 avril, au musée de la Chasse et de la Nature, un performeur va vivre à l'intérieur d'un ours brun naturalisé.

Ça va sentir le fauve ! Tel Jonas dans sa baleine, Abraham Poincheval va s'isoler treize jours durant
5 dans un ours empaillé. Au musée de la Chasse et de la Nature, on promet que ce n'est pas un poisson d'avril mais une performance artistique qui « *puise son inspiration dans le chamanisme.* » Du 1er au 13 avril, donc, Abraham Poincheval
10 dormira, mangera, fera ses besoins, et passera le temps en lisant dans son animal de 115 kilos qu'il a reconstitué et aménagé en capsule de survie. La bête sera installée au centre du salon de Compagnie de l'hôtel de Guénégaud, au premier étage de ce
15 musée parisien.

L'artiste va tenter « d'accéder à un état méditatif »

Assis comme dans une chaise longue rembourrée de coussins, le performeur, ne disposant que du
20 strict nécessaire, tentera « *d'accéder à un état méditatif, d'expérimenter les conditions de vie de l'animal et la perception du monde qui est la sienne.* » Son expérience sera médiatisée en direct via le site du musée. Elle a déjà connu quelques
25 précédents. Abraham Poincheval a été emmuré une semaine dans une librairie et enterré sous le parvis de l'hôtel de ville de Tours pendant huit jours.

Éric BIETRY-RIVIERRE, Le Figaro.fr, 26 mars 2014.

COMPRÉHENSION ÉCRITE

Lecture

1 Quelles sont les informations que vous n'avez pas entendues dans le dialogue et que vous pouvez trouver dans cet article ?

Vocabulaire

2 Expliquez les expressions suivantes :

a | ça va sentir le fauve (l. 3)

b | un ours empaillé (l. 5)

c | on promet que ce n'est pas un poisson d'avril (l. 6)

d | qui puise son inspiration (l. 8)

VOCABULAIRE
> l'appréciation

L'APPRÉCIATION POSITIVE

adorable
agréable
attrayant
célèbre
élogieux
enchanteur
enthousiaste
excellent
exceptionnel
expressif
fantastique
génial
impressionnant
incomparable
inoubliable
magique
magnifique
merveilleux
original
passionné
pittoresque
précieux
ravissant
remarquable
renommé
réputé (pour)
splendide
unique

1 Lesquels des qualificatifs ci-dessus peuvent être utilisés pour qualifier un artiste, une œuvre ou les deux ?
a | un artiste : .....
b | une œuvre : .....
c | un artiste/une œuvre : .....

la beauté
le bon goût
la célébrité
l'éloge (f.)
l'enthousiasme (m.)
le génie
la maîtrise
la notoriété
l'originalité (f.)
la passion
la perfection
la qualité
la renommée
la réputation
la valeur

admirer
adorer
apprécier
enchanter
enthousiasmer

s'enthousiasmer
impressionner
intéresser
s'intéresser à
plaire
ravir

Expressions
faire un tabac
Ça en vaut la peine.
C'est de premier ordre.
C'est top/mégatop ! *(fam.)*
C'est trop bien/trop cool !
Ça sort de l'ordinaire.
Je suis fan/fana/dingue de…

L'APPRÉCIATION NÉGATIVE

affreux
artificiel
banal
confus
ennuyeux
exagéré
grotesque
horrible
impersonnel
insolite
kitsch
laid
lamentable
mauvais
moche
monstrueux
moyen
nul
ordinaire
ridicule
scandaleux
snob
vulgaire

la déception
l'exagération (f.)
la laideur
le mauvais goût

décevoir
déplaire
détester
ennuyer

Expressions
Bof !
Et alors ?
Ça ne me fait ni chaud ni froid.
Ce n'est pas ma tasse de thé.

C'est un scandale !
Son expo a fait un flop.
C'est une horreur !
C'est de mauvais goût.
Ça ne m'emballe pas.
C'est pas génial/pas terrible.

2 Classez les expressions ci-dessus de la moins négative à la plus négative (-/--/---).

3 Intonation
Quelle est la situation évoquée dans les dialogues suivants ?
Quelle est l'expression qui exprime une appréciation ? Est-elle positive ou négative ?
Répétez-la !

24

PRODUCTION ÉCRITE

4 Imaginez les réactions des visiteurs sur le livre d'or du musée de la Chasse et de la Nature.
Exemples :
• *N'importe quoi ! Cet artiste veut juste faire parler de lui.*
• *Je trouve cette démarche artistique originale, un travail remarquable sur la question de l'espace, et plus particulièrement l'espace animal par M. Poincheval.*
À votre tour, laissez un commentaire sur le livre d'or du musée.

POUR VOUS AIDER

Exprimer son intérêt
• Je trouve ça intéressant/passionnant.
• C'est intéressant/fascinant !
• Je suis très intéressé(e)/passionné(e) par…
Exprimer le fait d'aimer
• Je suis sensible à…
• C'est un chef-d'œuvre.
Exprimer son désintérêt
• Ça ne m'intéresse pas.
• C'est sans (aucun) intérêt.
Exprimer le fait de ne pas aimer
• Ce n'est pas terrible.
• C'est de mauvais goût.
• J'ai horreur de…

unité **8** C'est de l'art !

A De l'art sur la table

COMPRÉHENSION AUDIOVISUELLE

Entrée en matière

1 Observez la photo. Que voyez-vous ?

1er visionnage (sans le son)

2 Où se passe la scène ?

3 Quelle est la profession de Sang-Hoon Degeimbre ? Que prépare-t-il ?

4 Nommez les ustensiles et les ingrédients que vous reconnaissez.

2e visionnage (avec le son)

5 Remettez dans l'ordre la préparation de sa garniture liquide :

a | la sauce tomate
b | le jus vert
c | la mousseline citronnée
d | le jus de chou rouge

6 De quelle manière dresse-t-il son assiette ?

PRODUCTION ORALE

7 Observez ce dessin et décrivez-le. Quel est l'effet comique ?

P. GELUCK,
Le Chat, 2003.

B La cuisine et vous

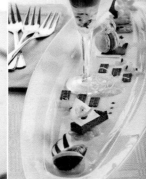

PRODUCTION ORALE

1 Observez ces plats élaborés par des grands Chefs. Selon vous, la cuisine peut-elle être considérée comme un art ?

2 Auriez-vous envie de goûter à ces plats ? Pourquoi ?

3 Quelle différence faites-vous entre la cuisine et la gastronomie ?

PRODUCTION ÉCRITE

4 Aimez-vous cuisiner ? Pourquoi ? Quelle est votre spécialité ? Votre plat préféré ?

5 Qu'est-ce qu'un bon repas de famille dans votre pays ? Dure-t-il longtemps ?

C Le festin de Madame Bovary

Comme il [le pâtissier] débutait dans le pays, il avait soigné les choses ; et il apporta, lui-même, au dessert, une pièce montée qui fit pousser des cris. À la base, d'abord, c'était un carré de carton bleu figurant un temple avec portiques, colonnades et statuettes de stuc tout autour, dans des niches constellées d'étoiles en papier doré ; puis se tenait au second étage, un donjon en gâteau de Savoie, entouré de menues fortifications en angélique, amandes, raisins secs, quartiers d'oranges ; et enfin, sur la plate-forme supérieure, qui était une prairie verte où il y avait des rochers avec des lacs de confitures et des bateaux en écales de noisettes, on voyait un petit Amour, se balançant à une escarpolette de chocolat, dont les deux poteaux étaient terminés par deux boutons de rose naturelle, en guise de boules, au sommet.

Gustave FLAUBERT, *Madame Bovary*, Michel Lévy, 1857.

COMPRÉHENSION ÉCRITE

Entrée en matière

1 Quelle est la nature de ce document ?

Lecture

2 Que l'auteur décrit-il dans le texte ? En quelle occasion mange-t-on un tel dessert ?

3 Pourquoi ce gâteau « *fit pousser des cris* » en arrivant sur la table. Est-il :

a | minuscule **d** | sophistiqué **g** | repoussant

b | beau **e** | immangeable **h** | appétissant

c | horrible **f** | grand

4 Tout se mange-t-il ? Pour quelles raisons ?

Vocabulaire

5 Quels termes appartiennent au domaine de l'architecture ?

6 Relevez le nom des ingrédients que l'on trouve dans le gâteau.

D La recette d'Angélique Kidjo

« *J'ai deux passions : la musique et la cuisine.* »

COMPRÉHENSION ORALE

1re écoute

1 Qui parle ?

2 Quelle est la situation ? À quelle occasion ce dialogue a-t-il été enregistré ?

2e écoute

3 Pourquoi Angélique a-t-elle choisi cette recette ?

4 Quels sont les ingrédients utilisés ?

Vocabulaire

5 Relevez toutes les actions nécessaires à cette recette.
Exemple : *couper*.

PRODUCTION ÉCRITE

6 À votre tour, donnez une recette de cuisine de votre pays ou de votre région.

VOCABULAIRE
> l'expression de la quantité

LES UNITÉS DE MESURE

Le poids

le gramme | le quintal
la livre | la tonne
le kilo

La capacité/le volume

le demi-litre | le mètre cube
le litre

La taille

la largeur | le centimètre
la longueur | le mètre
la hauteur | le kilomètre
la profondeur

La surface

le mètre carré | le kilomètre carré
l'hectare (m.)

La durée

la seconde | la semaine
la minute | le mois
l'heure (f.) | l'année (f.)
la journée

La puissance

le watt | le décibel
le mégawatt

LE CALCUL

l'addition (f.)
additionner
ajouter
calculer
compter
diviser
divisé par
la division
moins
la multiplication
multiplier
multiplié par
plus
retirer
la soustraction
soustraire

LA QUANTITÉ PRÉCISE

aucun(e) | le quatuor
le cinquième | le quintette
le couple | rien
le double | la somme
le duo | le tiers
la majorité | le total
la minorité | le tout
la moitié | tout (toute/tous/
la part | toutes)
la partie | le trio
la proportion | le triple
le quart | les trois-quarts

1 Dans la liste ci-dessus, relevez les noms qui peuvent qualifier un ensemble musical.

LA QUANTITÉ APPROXIMATIVE

approximativement
la dizaine
la douzaine
la centaine
environ
en gros
grosso modo
le millier
à peu près
presque
près de

• *Attention : dans un cadre commercial, une douzaine est une quantité précise.*

2 Placez les mots manquants dans les phrases suivantes (plusieurs réponses possibles).
a | J'ai visité Berlin il y a une ..... d'années.
b | Il arrivera ..... 11 h.
c | Il est ..... 10 h.

LES QUANTITÉS IMPRÉCISES

assez | (un) peu
beaucoup | la plupart
certain(e)s | plusieurs
la foule | presque pas
la majorité | quelques
la masse | proliférer
la minorité | pulluler
la multitude
une (petite/grande
    partie) de
une petite/grande
    quantité de très
trop

• *À l'oral familier, on utilise de plus en plus* trop *à la place de* très :
C'est trop bon.
Vous ne pouvez pas utiliser très *avec un adjectif dont l'intensité est déjà forte comme* magnifique *ou un superlatif. Si vous voulez insister, utilisez* vraiment *ou* bien *(seulement avec un superlatif) :*
Ce tableau est vraiment superbe.
Ce gâteau est vraiment/bien meilleur.
• *Ne pas confondre la majorité des et une majorité/minorité de :*
Dans la classe, il y a une majorité de (de + des) femmes. *(indéterminé)*

La majorité des (de + les) étudiants sont étrangers. *(déterminé)*
• *Quand un nom collectif est suivi d'un pluriel, le verbe peut-être au singulier ou au pluriel :*
La majorité des Français vit (ou vivent) en ville.
• *La plupart est suivi d'un verbe au pluriel :*
La plupart des étudiants ont moins de 30 ans.

3 Les expressions suivantes signifient-elles « beaucoup » ou « peu » ?
a | Pas mal d'électeurs vont voter pour lui.
b | Cette exposition a attiré une flopée de visiteurs.
c | C'est pas énorme.
d | Le samedi après-midi, il y a foule dans les grands magasins.
e | En visitant le Louvre, j'ai croisé un troupeau de touristes.
f | Y en a pas des masses.
g | Il connaît des tas de choses.
h | Des Français qui parlent chinois, il n'y en a pas des tonnes.
i | Avec son nouveau boulot il gagne un max. (fam.)
j | Ça fait pas lourd.

EN CUISINE

la barquette | le grain
la botte | le morceau
le bouquet | la pincée
la branche | la poignée
le brin | la pointe
le carré | la rondelle
la cuillerée à café | le sachet
la cuillerée | la tasse
    à dessert | la tranche
la cuillerée | le verre
    à soupe | le zeste

4 Faites correspondre les quantités et les ingrédients (plusieurs réponses possibles).
a | la douzaine   **1** | le citron
b | la part   **2** | la tarte
c | la pincée   **3** | le thé
d | le sachet   **4** | le sel
e | la tranche   **5** | le pain
f | le zeste   **6** | les huîtres
g | la barquette   **7** | le radis
h | la botte   **8** | les fraises
i | la cuillère   **9** | le chocolat
j | le carré   **10** | le sucre

Sortir ce soir

| EXPOS | MUSIQUE | THÉÂTRE | MUSÉES | HUMOUR | OPÉRA | RESTAURANTS |

IDÉES SORTIES DU MOIS DE SEPTEMBRE   Notre sélection spéciale

▶ **Daft Punk** en concert …

▶ La rétrospective du photographe **Henri Cartier-Bresson** …

▶ Un ballet féérique à l'**opéra Garnier** …

▶ **L'Avare** avec Denis Podalydès …

▶ L'exposition **Revoir Paris** consacrée à l'architecture et à l'urbanisme …

▶ L'opération **Tous au restaurant** …

VOIR TOUT L'AGENDA DU MOIS ▼

unité 8 C'est de l'art !

PRODUCTION ORALE

1 Aimez-vous sortir ? Quels lieux fréquentez-vous ?

2 Sortez-vous plutôt seul(e) ou en groupe ? Pourquoi ?

3 Faites-vous les mêmes sorties en semaine et le week-end ?

4 Quel est le dernier spectacle auquel vous avez assisté ? Était-ce dans votre pays ?

5 Comment choisissez-vous une sortie, un spectacle ? Faites-vous confiance aux critiques ?

à vos amis ? au bouche-à-oreille ?

6 Parmi les sorties proposées sur le site ci-dessous, lesquelles vous donnent envie ? Pourquoi ?

7 **En scène !** Vous allez passer un week-end prolongé à Paris avec votre ami(e). Vous prévoyez de faire deux sorties : l'une le vendredi soir et l'autre le lendemain soir. Pour vous guider dans vos choix, vous consultez la sélection d'un site. Vous devez vous mettre d'accord. Discutez et négociez !

POUR VOUS AIDER

Proposer une sortie à un proche
- T'as pas envie d'aller… ?
- Et si on allait… ?
- Pourquoi on n'irait pas… ?
- Qu'est-ce que tu dirais de… ?
- Ça ne te dit pas, toi, qu'on aille… ?
- Je te propose d'aller…

Répondre par une autre proposition	**Répondre en refusant**	**Répondre en acceptant**
- Non, mais je veux bien aller…	- Ça ne me dit (vraiment) rien.	- Avec plaisir !
- On ne pourrait pas plutôt aller…	- Tu plaisantes !/Tu veux rire !	- Chouette alors !
- Je préférerais qu'on aille…	- Jamais de la vie !	- Oui, si tu y tiens vraiment.
	- Je refuse de voir…	- Si tu insistes.

Voix africaines

COMPRÉHENSION ÉCRITE

Lecture

1 Qui sont ces quatre femmes ?
2 D'où viennent-elles ?
3 Quels sont leurs points communs ?
4 Quelles sont les phrases qui montrent leur succès ?

Vocabulaire

5 Trouvez, dans ces textes, des synonymes de :

a arriver
b célébrité
c ardeur
d vivacité
e gagner
f amateur de musique
g aussi
h habiter
i contenir

Angélique Kidjo

Angélique Kidjo, de son vrai nom Angélique Kpasseloko Hinto Hounsinou Kandjo Manta Zogbin Kidjo (ce
5 qui signifie : le sang d'une lanterne ne peut allumer une flammèche) est née en 1960 à Ouida, au Dahomey. Dès l'âge de 6 ans, elle chante et danse dans la troupe que dirige sa mère, une chorégraphe. Adolescente,
10 elle commence à écrire des chansons, souvent en référence à la lutte contre l'apartheid en Afrique du Sud. Elle enregistre son premier album en 1980, date à laquelle elle débarque à Paris. En 1986, elle enregistre un album aux États-Unis
15 (où elle s'installera en 1998) et commence à acquérir une notoriété internationale. Sa carrière est couronnée par un World Music Award en 2007. Outre sa carrière de chanteuse, elle mène une vie socialement engagée : elle
20 est notamment ambassadrice de l'Unicef et elle a créé une fondation, Batonga, qui aide à la scolarisation des jeunes filles africaines.

Rokia Traore

Rokia Traore est née en 1974 près de la frontière mauritanienne. Fille d'un diplomate, elle a résidé dans son enfance en Arabie Saoudite, en Algérie et en Belgique où elle a
5 fait ses études. Elle revient ensuite au Mali, sa terre natale, et commence à composer des chansons et à chanter en public. À 20 ans, elle est déjà une artiste connue dans son pays. En 1997, elle va enregistrer son premier disque
10 à Amiens, où elle résidera plusieurs années avant de revenir à Bamako. Son style musical mêle musique malienne (avec notamment l'utilisation d'instruments traditionnels) et pop-rock. En 2009, elle a remporté une Victoire de
15 la musique. Son album *Beautiful Africa*, sorti en 2013, comporte des chansons en bambara, en anglais et en français (*Mélancolie*).

Souad Massi

Souad Massi est née en 1972 à Alger, dans une famille de mélomanes. Après des études d'urbanisme, elle rejoint un groupe de hard rock
5 dont elle est la chanteuse. En 1999, elle vient chanter en France où elle s'installe. Elle y sort son premier album, immédiatement applaudi par la critique. Influencée par le chaâbi, le rock, la musique folk ou
10 arabo-andalouse, elle écrit et chante ses chansons en arabe algérien, en français, en berbère, ou en anglais. À partir de 2011, elle chante également dans les Chœurs de Cordoue, ensemble musical qui mêle musulmans, juifs, chrétiens et athées dans la
15 tolérance et le partage.

Dobet Gnahoré

Fille d'un percussionniste, Dobet Gnahoré est née en 1982 à Abidjan. À 12 ans, elle rejoint la troupe de son père où elle
5 apprend les arts de la scène. Elle crée son groupe en 1999 avec des musiciens togolais, tunisiens, et français.
« *Bête de scène, Dobet libère une fougue qui*
10 *met le public à genoux lors de ses concerts* », à travers l'Afrique, le Brésil, les États-Unis, le Japon et l'Europe.
Elle est la première musicienne ivoirienne à remporter un World Music Award en 2006.
15 Dans son 4e album *Na drê*, dont elle a composé la quasi-totalité des morceaux, elle chante en bété, en malinké, en dida, en lingala, en créole haïtien, en français et en anglais.

Préparation au DELF B2

COMPRÉHENSION DE L'ORAL

EXERCICE 1 (de l'épreuve) *18 points* 🔘 **26**

1 Quel est le thème général de la discussion ? *(2 points)*
☐ La description des différents aspects de la Fondation Vuitton.
☐ La nouvelle exposition présentée à la Fondation Vuitton.
☐ L'ouverture au public de la Fondation Vuitton.

2 La structure atypique du bâtiment est comparée à : *(1,5 point)*
☐ un sous-marin.   ☐ un bateau.   ☐ un avion.

3 Qui est Frank Ghery ? *(1,5 point)*
....

4 La Fondation Vuitton est un lieu dédié : *(1 point)*
☐ aux arts primitifs.
☐ à la création contemporaine.
☐ à l'architecture.

5 La Fondation Louis Vuitton a été voulue et financée par : *(1 point)*
☐ l'industriel et milliardaire François Pinault.
☐ Bernard Arnault, collectionneur et patron de LVMH.
☐ Denis Lafay, directeur d'un magazine et éditeur de livres d'art.

6 Que peut-on trouver dans les espaces intérieurs de la Fondation ? *(2 points)*
....
....

7 Quel panorama peut-on admirer des terrasses ? *(1 point)*
....

8 Où le bâtiment est-il installé ? *(1 point)*
....
....

9 La réalisation de l'édifice a pris douze ans : *(1,5 point)*
☐ seulement pour les travaux.
☐ entre le début des travaux et l'ouverture du site.
☐ de la conception jusqu'à l'achèvement des travaux.

10 Réaliser ce projet architectural a été : *(1 point)*
☐ un défi complexe.   ☐ un simple défi.   ☐ un défi insurmontable.

11 Qu'est-ce qui justifie le coût élevé de la construction du bâtiment ? *(2 points)*
....
....

12 Dans quelle ville François Pinault a-t-il ouvert sa fondation ? *(1 point)*
....
....

13 Le terrain, propriété parisienne, a été concédé pour une durée de : *(1,5 point)*
☐ 55 ans.   ☐ 75 ans.   ☐ 105 ans.

ATELIERS

1 RÉDIGER UNE CRITIQUE

Pour une revue culturelle francophone, vous allez rédiger la critique d'une exposition, d'un spectacle (concert, pièce de théâtre…) ou d'un film que vous avez vu(e).

Démarche

En groupe classe puis en sous-groupes.

1 Préparation

• Ensemble, au tableau, faites la liste des films, spectacles, expositions que vous avez vus récemment. Vous pouvez aussi faire la liste des CD de différents chanteurs que vous avez écoutés récemment.
• Puis, formez des sous-groupes par affinités. Par exemple, le groupe de ceux qui ont vu tel film, celui de ceux qui ont visité telle exposition ou tel musée ou encore le groupe de ceux qui ont écouté le dernier CD de tel artiste.

2 Réalisation

• Vous allez rédiger une critique positive ou négative.
• Proposition de structure :

– Le titre et l'accroche

Vous pouvez donner le titre de l'exposition, du spectacle, de l'artiste… Vous pouvez aussi trouver un titre plus journalistique.
Juste après le titre, rédigez une accroche de quelques phrases pour donner envie au lecteur de lire la suite.

– La présentation

Présentez globalement le contexte :
– Quoi ? Un film, une pièce de théâtre, un concert…
– Qui ? Nom des acteurs, des comédiens, du chanteur…/À qui s'adresse le film, le spectacle.
– Où ? Le lieu où le spectacle est présenté.
– Quand ? Les dates de présentation.

– Description détaillée

Donnez des informations essentielles sur le spectacle, l'exposition, l'artiste…
Par exemple, s'il s'agit d'un concert, évoquez la performance du chanteur/du groupe, les décors, les costumes, la musique, la lumière, l'ambiance…

– Votre appréciation générale

Donnez votre avis : cela était-il réussi/décevant ? Avez-vous été touché(e) ?
Justifiez votre opinion.

3 Présentation

• Chaque groupe présente sa critique à la classe.
• La classe choisit le groupe qui publiera sa critique dans la revue culturelle francophone.

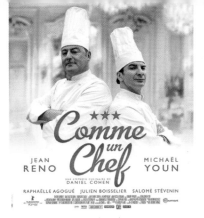

2 PRÉSENTER DES SPÉCIALITÉS GASTRONOMIQUES

Vous allez vous documenter sur les spécialités gastronomiques françaises et réaliser un exposé.

Démarche

En groupe classe puis en groupes de trois.

1 Préparation

• Ensemble, au tableau, faites la liste des spécialités gastronomiques françaises que vous connaissez et essayez de les classer par région. Situez les régions sur une carte de France.
Exemple : *La choucroute est une spécialité de l'Alsace. Le camembert est un fromage originaire de Normandie…*
• Puis, par sous-groupe, vous choisissez une région de France et trois spécialités. Par exemple : un plat, un dessert et un fromage.

2 Réalisation

• Vous vous renseignez sur les spécialités que votre groupe sera chargées de présenter : recherchez les photos, les recettes et l'histoire des spécialités que vous avez choisies.
• Faites vos recherches sur Internet, dans des livres de cuisine, des guides touristiques…
• Préparez le plan de votre exposé :
– la présentation de la région et de ses spécialités gastronomiques ;
– la description des trois spécialités choisies au sein du groupe : photos/vidéos + liste des ingrédients qui composent la recette. Possibilité de détailler les différentes étapes de la préparation.
– Votre avis : ces plats sont-ils économiques ? faciles à réaliser ? caloriques ? etc.

3 Présentation

• Chaque groupe présente les spécialités de la région française qu'il a choisies.
• Vous pourrez faire déguster l'un de vos plats si vous avez eu la possibilité d'en préparer un.
• Une fois la présentation de chaque groupe terminée, vous pourrez composer un menu avec tous les plats qui ont été évoqués par les groupes.

DE VOUS À MOI

Qui se ressemble s'assemble.

Au jour le jour

Françaises de cœur :

A Markie

Markie,
Hong Kong.

Ce qui m'a le plus étonnée quand je suis arrivée en France ? La fermeture des magasins le dimanche et les jours fériés. À Hong Kong, ce serait véritablement un non-sens car ce sont les jours où
5 les gens sortent et consomment. Nous avons même des boutiques ouvertes 24 heures sur 24.

En France, il faut prévoir et tout acheter le samedi ; on est donc souvent chargés ! Pour moi, c'était un peu étrange, mais, depuis, j'ai compris que
10 le dimanche, pour les Français, était une journée à part, consacrée à la famille. Et ça me convient.

La deuxième chose qui m'a frappée, c'est la longueur et l'importance des repas. Par exemple, le repas dominical : on prend l'apéro, après il y a
15 l'entrée, le plat, le dessert, parfois le café. Quand ma famille m'a rendu visite à Paris, on commençait à dîner à 20 h 30 et on finissait parfois à minuit ! À Hong Kong, quand on invite les gens, on mange tôt, vers 19 h, 19 h 30. Tous les mets sont joliment
20 disposés sur la table pour être partagés. Ensuite, on sort pour aller prendre le dessert ailleurs (il existe des restaurants spécialisés dans les desserts).

D'ailleurs, à Hong Kong, il est moins fréquent qu'en France d'inviter les gens chez soi, on a moins
25 l'habitude de faire la cuisine : on invite plutôt les gens au restaurant et on partage l'addition.

Et, si l'on décide de manger à la maison, on commande des plats à l'extérieur (on peut se faire livrer de tout : sushis, pâtes, pizzas...) Cela revient
30 même souvent moins cher que de faire les courses et la cuisine soi-même.

B Marina

Marina Matafonova,
Russie
Assistante de
direction, Asnières.

Je vis en France depuis un an et je trouve qu'il y fait bon vivre, que l'ambiance est plus sereine qu'en Russie. En effet, les Russes sont tout le temps pressés, ne pensent qu'au travail. En comparaison, les
5 Français savent mieux apprécier les plaisirs de la vie et ils ne sont pas prêts de changer leur mode de vie !

Ce qui m'a surprise, c'est qu'ils aiment passer du temps à table. Et d'un jour sur l'autre, les Français ne mangent pas le même repas, même au petit déjeuner.
10 Je pense que la variété de leur alimentation vient de la grande diversité culinaire des régions. Moi-même, j'ai une alimentation plus variée dorénavant.

Autre point positif, Paris dispose d'un réseau de transports en commun de qualité. Il est dense, très
15 pratique, et vraiment pensé pour les usagers. C'est différent à Moscou. La ville étant plus grande, il ne suffit pas de prendre le métro. Il faut souvent utiliser en plus un autre moyen de transport pour se rendre à son travail.

20 Par contre, je trouve que l'organisation des commerces est meilleure en Russie car les magasins sont ouverts tous les jours y compris le dimanche, et tard le soir, souvent jusqu'à 22 h. Le consommateur s'y retrouve mais c'est au détriment des relations fami-
25 liales. Du coup, on ne profite pas du dimanche en famille comme en France, on n'a pas cette tradition.

En ce qui concerne l'offre culturelle ici, elle est riche et vivante comme en témoignent les nombreuses manifestations culturelles et festives. Ce-
30 pendant, je dirais que chez nous, c'est un peu pareil, je ne vois pas de grandes différences.

COMPRÉHENSION ÉCRITE

Lecture

1 À la lecture de ces textes, quelle image peut-on avoir de la vie quotidienne en France ?

2 Markie et Marina partagent-elles la même opinion ?

3 Quels sentiments expriment-elles ? Avec quels mots ?

4 Leurs impressions ont-elles évolué ?

Vocabulaire

5 Que signifient les énoncés suivants ?

a | une journée consacrée à la famille (A, l. 11)

b | ça me convient (A, l. 11)

c | on prend l'apéro (A, l. 14)

d | l'ambiance est plus sereine (B, l. 2)

e | un réseau de transports en commun (B, l. 13)

f | au détriment des (B, l. 24)

g | l'offre culturelle (B, l. 27)

6 L'image que Marina et Markie donnent de la vie en France correspond-elle à celle que vous avez ?
Si vous avez déjà visité la France, quelles ont été vos premières impressions ?

7 À votre tour, faites part des impressions que vous avez ressenties lors de votre arrivée dans un pays étranger.

C La vie londonienne d'Anne-Christine

« … et maintenant j'habite à Londres depuis environ six ans. »

COMPRÉHENSION ORALE

1ʳᵉ écoute (du début à 1'07'')

1 Quelle est la nature de cet enregistrement ?

2 D'où Anne-Christine est-elle originaire ?

3 Que faisait-elle à Paris ?

4 Pour quelles raisons s'est-elle installée à Londres ?

2ᵉ écoute (en entier)

5 Que lui manque-t-il ?

6 Les relations sociales sont-elles identiques en Angleterre et en France ? Expliquez.

7 L'achat d'un appartement va-t-il l'inciter à rester à Londres ? Pourquoi ?

D Les dix premières préoccupations des Français

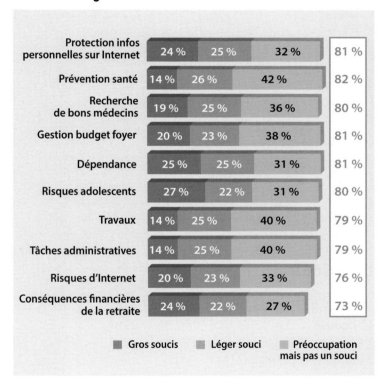

	Gros soucis	Léger souci	Préoccupation mais pas un souci	
Protection infos personnelles sur Internet	24 %	25 %	32 %	81 %
Prévention santé	14 %	26 %	42 %	82 %
Recherche de bons médecins	19 %	25 %	36 %	80 %
Gestion budget foyer	20 %	23 %	38 %	81 %
Dépendance	25 %	25 %	31 %	81 %
Risques adolescents	27 %	22 %	31 %	80 %
Travaux	14 %	25 %	40 %	79 %
Tâches administratives	14 %	25 %	40 %	79 %
Risques d'Internet	20 %	23 %	33 %	76 %
Conséquences financières de la retraite	24 %	22 %	27 %	73 %

Étude Observatoire Axa Votre service (enquête CSA), 2013.

COMPRÉHENSION ÉCRITE

Lecture

1 Qu'est-ce qui préoccupe le plus et le moins les Français ?

2 Est-ce le cas pour vous aussi ?

unité 9 **De vous à moi**

VOCABULAIRE
> vie quotidienne, appareils ménagers et outils

Cahier d'activités unité 9

L'APPAREIL MÉNAGER (M.)

l'aspirateur *(m.)*
la cuisinière
le four
la hotte aspirante
le lave-linge/la machine à laver
le lave-vaisselle
la plaque électrique
le réfrigérateur/le frigo
le téléviseur/la télé
le ventilateur

LA PIÈCE

le bouton
le câble
le compteur
le curseur
le fil
le filtre
l'interrupteur *(m.)*
la télécommande
le mécanisme
le moteur
la prise

LE BRICOLAGE

clouer
coller
fixer
peindre

percer
réparer
scier
visser

1 Dites quels outils sont nécessaires pour réaliser les actions ci-dessus.

L'OUTIL (M.)

la clé anglaise
le clou
le cutter

le marteau
la perceuse
le pinceau
la planche
le pot de peinture
le rouleau
la scie
le seau
le tournevis
le tube/le pot de colle
la vis

2 Faites correspondre le verbe et son complément (plusieurs solutions possibles).

a	couper	**1**	les rideaux
b	allumer	**2**	le store
c	fermer	**3**	le tiroir
d	faire	**4**	le placard
e	mettre	**5**	l'électricité
f	baisser	**6**	la lumière
g	tirer	**7**	la fenêtre
h	éteindre	**8**	le gaz
i	ouvrir	**9**	le robinet
j	brancher	**10**	le chauffage
k	déboucher	**11**	l'évier
l	laver	**12**	la porte
m	nettoyer	**13**	la cuisine
n	essuyer	**14**	le couvert
o	baisser	**15**	la table
p	remonter	**16**	la prise
		17	du feu

Le bricoleur 28

COMPRÉHENSION ORALE

1re écoute

1 Où cette scène se passe-t-elle ?
2 Qui sont les protagonistes ?

2e écoute

3 Quel est le projet de l'homme ? Pourquoi ?
4 Qu'est-ce qu'en pense la femme ?
5 Qu'est-ce qui est décidé finalement ?

Vocabulaire

6 De quoi l'homme a-t-il besoin pour son projet ?

« Mais il y a de l'orage dans l'air. »

7 Trouvez dans le texte de ce dialogue page 206 des expressions signifiant :
a | aider
b | tranquille
c | être malhabile
d | exagérer
e | commencer

Erreur
Le fichier de destination "clou.dll" est introuvable.

A Le logement des Français

Monique Eleb, quelles sont les évolutions récentes du logement des Français ?

En fait, la taille moyenne du logement collectif n'a pas évolué. Elle tourne toujours autour de
5 60 mètres carrés. Ce qui est peu par rapport aux autres pays européens.

En France, les habitants sont obligés de réfléchir à leur ameublement dans ce système très contraint. Tout est dicté par ce petit logement. Par exemple,
10 les Français ne savent plus où ranger leur linge. D'où la folie des étagères qu'ils empilent pour trouver plus de rangement.

La cuisine est-elle devenue une pièce à vivre ?

Dans le milieu rural et dans le milieu ouvrier, elle
15 faisait partie de la salle commune. Ce n'était pas le cas dans le monde bourgeois où la cuisine était à l'autre bout de l'appartement.

Aujourd'hui, elle est devenue une pièce principale, une sorte d'annexe du salon, occupé par beaucoup
20 de monde. S'y déroulent mille activités plus ou moins calmes. La cuisine est devenue un espace refuge où l'enfant fait ses devoirs et où l'on reçoit un ami. Dès lors, a été relancé le débat sur « Faut-il une cuisine ouverte ou fermée ? ».

25 Le concept de la cuisine ouverte a été imposé par les promoteurs pour éviter la construction d'une cloison et d'une porte et faire accepter une taille de salon plus petite. Ils l'ont appelé cuisine américaine. Mais c'est un leurre ! En France, c'est
30 bel et bien une pièce à vivre.

Selon vous, l'autre enjeu du logement sera la cohabitation des générations sous un même toit. Pourquoi ?

D'abord, il faut savoir que contrairement à une idée
35 reçue, les enfants partent de chez leurs parents au même âge qu'il y a vingt-cinq ans. Mais de

nombreux enfants reviennent chez leurs parents, parfois en couple.

40 La cohabitation est l'objet de mon travail actuel de recherches. Il faudrait désormais concevoir des appartements avec des pièces près de la porte ou à côté qui logeraient les cohabitants, un jeune adulte, une grand-mère ou un aidant.

45 Car, la crise économique, la crise amoureuse qui sépare les couples, la solitude et le vieillissement de la population ne feront qu'intensifier le besoin de ces pièces annexes. Elles permettent la solidarité tout en ménageant l'autonomie de chacun. Cela commence à se faire dans le logement
50 neuf et social.

Le meuble est-il un bien familial ?

C'est un mythe de croire que le meuble est un bien familial. D'autant qu'aujourd'hui, avec l'allongement de la durée de vie, les enfants
55 héritent de leurs parents à un âge de 50 ou 60 ans, où ils sont déjà meublés.

Juliette GARNIER, *Le Monde*, 19 janvier 2014.

https://www.flickr.com/photos/marta_afonso/

COMPRÉHENSION ÉCRITE

Entrée en matière

1 Décrivez votre logement.

Lecture

2 Quelles sont les contraintes imposées par un petit logement ?

3 Comment la cuisine a-t-elle évolué ? Quelles sont ses spécificités en France ?

4 Quels phénomènes vont entraîner un réaménagement des logements ? Pourquoi ?

Vocabulaire

5 Relevez les mots en relation avec le thème du logement.

6 Reformulez les phrases suivantes :

a | Elles permettent la solidarité tout en ménageant l'autonomie de chacun. (l. 47)

b | C'est un mythe de croire que le meuble est un bien familial. (l. 52)

PRODUCTION ÉCRITE >>>>DELF

7 Vous avez loué un logement pour vos vacances sur le site Filou-Loc mais il ne correspondait pas du tout au descriptif de cette agence en ligne. De plus, il était situé à proximité d'une autoroute. Vous avez dû changer vos plans et aller à l'hôtel. Vous rédigez une lettre de plainte afin d'être dédommagé(e).

GRAMMAIRE/VOCABULAIRE
> l'expression de la manière

Cahier
unité 9
d'activités

Cahier unité 9 d'activités

> ÉCHAUFFEMENT

1 Soulignez les adverbes dans les phrases suivantes.

a | Ce serait véritablement un non-sens.

b | Tous les mets sont joliment disposés sur la table.

c | On peut voir pratiquement le même type de films.

2 FONCTIONNEMENT

La formation de l'adverbe en *-ment*

• Les adjectifs qui finissent par une consonne : le **féminin de l'adjectif** + **-ment**.
doux → *douce* → *doucement*
• Les adjectifs qui finissent par une voyelle : ajout de **-ment**.
poli → *poliment*
• Les adjectifs qui finissent en **-ent** ou **-ant** : adverbe en **-emment** ou **-amment**.
prudent → *prudemment* – *incessant* → *incessamment*

Exceptions
-ement devient **-ément** pour des raisons phonétiques :
aveugle → *aveuglément* – *commode* → *commodément* – *commun* → *communément*...

Autres exceptions
bref → *brièvement* – *gai* → *gaiement* – *gentil* → *gentiment*

> ENTRAÎNEMENT

3 Transformez les phrases suivantes en utilisant un adverbe en -ment.

Exemple : *Notre rencontre est récente.*
→ *Je l'ai rencontré **récemment**.*

a | C'est un travailleur actif. → .....

b | Ses discours sont toujours brefs. → .....

c | Il mène les négociations avec habileté. → .....

d | Elle prépare son examen avec obstination. → .....

e | Il a connu un succès complet. → .....

Locutions adverbiales

Tous les adverbes ne se terminent pas par -ment. Il est aussi possible de former une locution adverbiale avec une préposition comme **avec/sans**... suivie d'un nom.
Exemples : ***avec goût/sans arrêt***
Quelques locutions adverbiales :
en apparence/en cachette/à contrecœur/à fond/d'habitude/avec peine/en vain/vite

4 Trouvez un adverbe en -ment équivalant aux locutions adverbiales ci-dessus.

5 Que signifient les expressions suivantes ? Utilisez-les dans une phrase.

en douce – pêle-mêle – au petit bonheur – sur le coup – à tort et à travers

Place de l'adverbe

À un temps composé, les adverbes de 1, 2, 3 syllabes se placent entre l'auxiliaire et le participe passé :
*Il **a beaucoup** mangé.*

6 Dans les phrases suivantes, placez l'adverbe en position correcte.

a | Il n'a pas bricolé ce week-end. (beaucoup)

b | Tu as raison. (complètement)

c | Il a tort. (absolument)

d | Il n'a pas bu hier soir. (trop)

e | Elle a agi. (involontairement)

A Dis-moi combien de bises tu fais, je te dirai d'où tu es...

Tradition. À Brest, un groupe vient de lancer une page Facebook pour sauvegarder un élément fort du patrimoine : la « bise unique » pour se saluer. Ce petit geste du quotidien est
5 moins neutre qu'il n'y paraît.

« *AH NON ! Chez moi c'est quatre !* » Voilà, vous avez raté l'épreuve de la bise, et laissé en plan la personne que l'on venait tout juste de vous présenter au terme des deux poutous réglementaires
10 que vous avez l'habitude de faire... à Paris. Sauf que votre interlocuteur vient de Vendée et vous le rappelle avec ce rituel plus codifié qu'il n'y paraît. Alors ? On se fait la bise ? Oui mais combien ? Pour répondre à cette question, tout dépendra de la
15 région où vous vous trouvez. Certains voient même chez l'inoffensive bise un signe fort d'appartenance territoriale.

Ainsi, l'association bretonne Grubub milite pour la réhabilitation de la bise unique à Brest (Finistère).
20 Ce groupe mystérieux, présent sur Facebook, est né d'un « *constat alarmant* » : « *le développement exponentiel de l'usage de la double bise* ». Un comble
25 au royaume du bécot exclusif ! « *Depuis quelques mois, quelques années, cette pratique barbare prend pied dans la cité du Ponant, à Brest même ! S'il est difficile aujourd'hui de savoir pourquoi, comment et qui diffuse insidieusement cette pratique sociale dangereuse, il n'est pas trop tard pour réagir. Ensemble nous pouvons inverser la tendance* »,
30 exhorte non sans humour le Groupement de réhabilitation de l'usage de la bise unique à Brest. Une singularité que le Finistère partage avec un seul autre département, les Deux-Sèvres.

À quand un « Guide du routard* » de la bise ?
35 Dans l'est de la France et une partie de la Provence, on pratique la double bise en commençant par la joue gauche. Mais c'est trois bisous dans le Massif central, les départements de la Drôme, l'Hérault (partie est !), le Gard, La Lozère, l'Ardèche, en
40 Vaucluse. Un vrai casse-tête.

* *Célèbre guide touristique.*

Christine MATEUS, *Le Parisien*, 30 mars 2014.

COMPRÉHENSION ÉCRITE

Entrée en matière

1 Lisez le chapeau. Qu'est-ce qu'une bise ? Est-ce une coutume de votre pays ?

Lecture

2 Quel est le problème évoqué par cet article ?
3 En quoi est-ce « *un vrai casse-tête* » ?
4 Pourquoi l'association Grubub s'est-elle créée ?
5 Quel est le ton de cet article ?

Vocabulaire

6 Relevez dans ce texte des synonymes de *bise*.
7 Que signifient les énoncés suivants ?
a | laisser en plan (l. 7)
b | le développement exponentiel (l. 21)
c | un comble (l. 22)
d | qui diffuse insidieusement cette pratique sociale (l. 27)
e | exhorte (l. 30)
8 | Retrouvez dans le texte des équivalents de :
a | à la fin de   **d** | s'installer
b | préserver   **e** | originalité
c | très inquiétant

B Scènes de ménage

COMPRÉHENSION AUDIOVISUELLE

1er visionnage (sans le son)

1 Décrivez les deux situations, les décors, les personnages de ces deux scènes.
2 Imaginez les dialogues.

2e visionnage (avec le son)

3 Quels sont les éléments comiques de ces deux scènes ?

PRODUCTION ORALE

4 Imaginez ce que Raymond (scène 2) pourrait dire.

Bonne fête, maman !

L'anniversaire de ma mère tombait le 28 avril, date que rien n'a jamais pu effacer de ma mémoire. C'était chaque année un événement à l'ordonnancement[1] précis comme un sacre. À l'école Dubouchage où elle enseignait depuis vingt ans, ses élèves favorites, car elle avait sa cour,
5 lui récitaient des compliments et lui remettaient un bouquet de roses, ses fleurs préférées, au nom de toute la classe. À la maison, au déjeuner, mon père lui offrait un cadeau, généralement un collier ou un bracelet qui irait encore alourdir le poids de sa boîte à bijoux. À quatre heures de l'après-midi, la sorbetière grinçait dans la cour. Adélia, qui résistait fidèlement aux
10 sautes d'humeur malgré une paye de misère, servait le goûter à ma mère et à ses amies parfumées et pomponnées. Il y avait des roses tout partout. Puis, devant ce parterre[2], mes frères et sœurs grimés[3] et costumés jouaient une saynète de leur composition qu'ils avaient répétée dans le plus grand secret. Enfin, mon père débouchait les bouteilles de champagne, mises à
15 rafraîchir depuis la veille. Pendant des années, je me contentai d'être une sorte de mouche du coche[4], importune à tout le monde. Je voulais lécher le moule à gâteau, tourner la manivelle de la sorbetière. Je refusais d'embrasser les amies de ma mère. Mais je m'ingéniais[5] à la couvrir de baisers poisseux.

Je renversais du sirop d'orgeat sur ma robe. Je vidais le fond des verres. Bref, comme disait ma sœur
20 Thérèse, la seule de la famille à me traiter avec un peu de sévérité, « je faisais mon intéressante ».

[1] *Organisation.*

[2] *Dans un théâtre, endroit où se trouvent les spectateurs.*

[3] *Maquillés.*

[4] *Personne qui s'agite en pensant être utile alors qu'elle dérange.*

[5] *Essayer, se donner du mal pour faire quelque chose.*

Maryse Condé, *Le cœur à rire et à pleurer*, Robert Laffont, 1999.

1re lecture

1 À quelle occasion ce texte a-t-il été écrit ?
2 Qui est la narratrice ?

2e lecture

3 Comment cette journée se déroule-t-elle ?
4 En quoi l'auteure se comporte-t-elle comme une « *mouche du coche* » ?
5 Quels sont les sentiments de l'auteure vis-à-vis de sa mère et de ses amies ? Qu'est-ce qui vous le montre ?

Vocabulaire

6 Que signifient les expressions suivantes ?
a | à l'ordonnancement précis comme un sacre (l. 3)
b | une saynète de leur composition (l. 13)
c | la couvrir de baisers poisseux (l. 17)
d | me traiter avec un peu de sévérité (l. 20)
e | je faisais mon intéressante (l. 20)

CIVILISATION

George Sand en quelques dates

1804 : Naissance d'Amandine Aurore Lucile Dupin, dite George Sand, à Paris.
1830-1876 : Écriture de romans, contes, nouvelles, pièces de théâtre, articles critiques et politiques, textes autobiographiques. Se vêt et monte à cheval comme un homme, fume la pipe et le cigare. Lutte pour son indépendance, sa liberté de penser et ses aspirations politiques républicaines.
1833 : Brève et tumultueuse liaison amoureuse avec le poète Alfred de Musset.
1836 : Rencontre Frédéric Chopin.
1846 : *La Mare au Diable*, un de ses plus fameux romans champêtres.
1872 : *Nanon*, sur la violence révolutionnaire.
1876 : Dernier souffle de George Sand à Nohant.

Femme de plume et de cœur

L'amitié occupa une place très importante dans la vie de George Sand. Avec Casimir, dans les premières années de leur mariage, avec Hippolyte, son frère et avec ses amis d'enfance que son mari admettait parce
5 qu'il partageait leurs idées libérales, ils formaient une bande joyeuse et agitée qui scandalisait la bourgeoisie locale. Avec eux, elle courait au clair de lune dans les rues de La Châtre, chevauchait sur les routes ou dans les bois environnants, poursuivait les couples
10 d'amoureux. Avec eux, elle participait au carnaval et dansait la bourrée dans les bals d'ouvriers. Ainsi donc, parmi tous les amis qui entourèrent la femme célèbre mais timide qu'était George Sand, celle qui ne parlait pas en société, il faut faire une place à part
15 aux amis du Berry.

Ensuite il y a tous ceux, célèbres ou inconnus, qui l'accompagnèrent dans sa traversée du siècle. Il y eut les amitiés constantes et celles qui subirent des éclipses, les amitiés des années de jeunesse et celles plus tardives qui
20 ne se démentirent pas. Particulièrement chers, sont ceux et celles qui firent le voyage de Nohant*, lieu d'adoubement de l'amitié sandienne. Ces amitiés-là sont généralement celles du premier cercle.

25 On peut donc voir dans l'entourage de George Sand plusieurs cercles :
– les amis berrichons ;
– les amis de Paris ayant séjourné à Nohant;
30 – les connaissances obligées d'un grand écrivain, d'une propriétaire terrienne, d'une mère et chef de famille dirigeant une grande maisonnée.
George Sand n'était jamais aussi heureuse que lorsque sa famille et quelques amis étaient rassemblés autour d'elle. À Paris même, elle tenta à plusieurs reprises
35 d'instaurer une sorte de vie en commun, un phalanstère, serait-on tenté de dire, dont la tentative la plus aboutie fut, dans les années 1842-1847, l'installation avec Chopin et ses enfants au square d'Orléans où vivait aussi son amie Charlotte Marliani, le sculpteur
40 Dantan et le ménage Viardot. Ils dînaient ensemble « à frais communs » et se réunissaient le soir pour des séances de lecture et de musique.

* *Village situé dans le Berry, province du centre de la France.*

www.georgesand.culture.fr.

unité 9 De vous à moi

COMPRÉHENSION ÉCRITE

Entrée en matière
1 Lisez la biographie de George Sand et réécrivez-la avec des phrases complètes.

Lecture
2 Quels adjectifs qualifient le mieux la personnalité de George Sand ? *libre – solitaire – fidèle – mondaine – intrépide – fédératrice – sincère – conservatrice – sentimentale – masculine – fière – passionnée – vertueuse – fraternelle – progressiste.* Justifiez par un passage de la biographie ou du texte.
3 Comment catégorise-t-elle ses amitiés ?
4 Qu'est-ce qui lui procure le plus grand bonheur ?

Vocabulaire
5 Expliquez et reformulez les énoncés suivants :
a | une bande joyeuse et agitée (l. 6)
b | au clair de lune (l. 7)
c | [elle] chevauchait sur les routes (l. 8)
d | Nohant, lieu d'adoubement de l'amitié sandienne (l. 21)
e | une propriétaire terrienne (l. 29)

PRODUCTION ÉCRITE
6 Racontez une histoire d'amour ou d'amitié : la vôtre, celle d'un proche ou d'une personnalité.

VOCABULAIRE
> les sentiments

éprouver
inspirer
manifester
montrer
ressentir
sentir

LA COLÈRE
l'agressivité (f.)
(se) fâcher
la fureur
l'indignation (f.)
la rage

Expressions
bouillir de colère
être hors de soi
se fâcher tout rouge
la moutarde me monte au nez

L'ÉNERVEMENT (M.)
agacer
l'agacement (m.)
contrarier
la contrariété
(s')énerver
la tension

LA GÊNE
l'embarras (m.)
embarrasser
embêter (fam.)
gêner

Expression
rougir jusqu'aux oreilles

L'INQUIÉTUDE (F.)
(s')inquiéter
se faire des soucis
le souci

Expressions
être fou d'inquiétude
se ronger les sangs

LA JOIE
le bonheur
l'enthousiasme (m.)
la gaieté
le plaisir
(se) réjouir

Expressions
crier/sauter de joie
être aux anges
être au comble du bonheur

LA SURPRISE
la consternation
l'étonnement (m.)
étonner
la stupéfaction
stupéfier
surprendre

Expressions
Je n'en crois pas mes yeux.
J'en suis restée baba.
Il est muet de stupéfaction.

1 Quels verbes ou expressions verbales correspondent aux noms suivants ?
Exemple : *la contrariété* → *contrarier, avoir de la contrariété.*
a | l'embarras → .....
b | l'inquiétude → .....
c | l'indignation → .....
d | la rage → .....
e | le souci → .....
f | la stupéfaction → .....
g | la tension → .....

LA PEUR
l'affolement (m.)
l'angoisse (f.)
l'anxiété (f.)
l'appréhension (f.)
la crainte
l'épouvante (f.)
la frayeur
la frousse (fam.)
la panique
la phobie
la terreur
le trac
la trouille (fam.)

Expressions
avoir la chair de poule
en avoir froid dans le dos
trembler comme une feuille

2 Dites quel adjectif correspond à chaque substantif.
Exemple : *la crainte* → *être craintif, craintive.*
a | l'angoisse → .....
b | l'anxiété → .....
c | la frayeur → .....
d | la frousse → .....
e | la panique → .....
f | la phobie → .....
g | la terreur → .....
h | la trouille → .....

LA TRISTESSE
l'abattement (m.)
l'accablement (m.)
l'amertume (f.)
le cafard (fam.)
le chagrin
le désespoir
la détresse
la douleur
le malheur
la mélancolie
la nostalgie
la peine

Expressions
avoir du vague à l'âme
broyer du noir
pleurer toutes les larmes de son
  corps

3 Quels adjectifs correspondent aux noms suivants ?
Exemple : *le malheur* → *malheureux.*
a | l'abattement → .....
b | l'accablement → .....
c | l'amertume → .....
d | le désespoir → .....
e | la mélancolie → .....
f | la nostalgie → .....
g | la peine → .....

4 Associez une couleur à un sentiment en faisant les accords si nécessaire :
vert – rouge – noire – bleu – gris.
a | être ..... de colère
b | avoir des idées .....
c | être ..... de rage
d | entrer dans une colère .....
e | avoir une peur .....
f | être ..... de honte
g | faire ..... mine
h | être ..... de jalousie

Cahier
unité 9
d'activités

L'AMOUR/L'AMITIÉ

l'attachement (m.)
l'affection (f.)
l'ardeur (f.)
l'élan (m.)
l'engouement (m.)
la flamme
la passion
la tendresse

LE DÉSIR

l'attirance (f.)
l'envie (f.)
la jalousie

Expressions
être épris de qqn
être fou de qqn
être sous le charme de qqn
faire les yeux doux
tomber amoureux

LES PERSONNAGES

l'amant(e)
l'amoureux / euse
le conjoint(e)
le copain / la copine
l'époux / l'épouse
le / la dragueur(-euse)
la maîtresse
le petit ami / la petite amie

Expressions
c'est mon mec / ma nana (fam.)
un don Juan

> **Attention !**
>
> Si vous dites *mon ami(e)*, *mon copain / ma copine* ou *l'ami(e) de Dominique*, on comprendra *petit(e) ami(e)*. Alors qu'*un ami* ou *une amie* ne sous-entendent que l'amitié. Par contre, *mon ami Hector* ou *mon amie Suzanne* sont ambigus et peuvent être employés dans les deux cas.

UN PEU D'ACTION

l'aventure (f.)
le baiser
la bise
le bisou

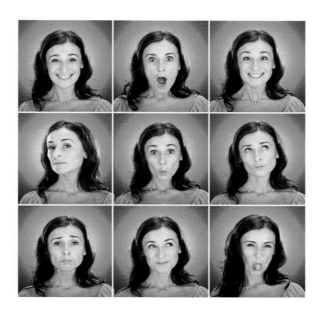

le concubinage
la drague
les fiançailles
le flirt
le mariage
le PACS
la réconciliation
la rupture
l'union libre (f.)

Expressions
demander la main de quelqu'un
sortir avec quelqu'un

5 Quels verbes correspondent aux noms suivants ?
a | le bisou → .....
b | la drague → .....
c | les fiançailles → .....
d | le flirt → .....
e | le mariage → .....
f | le PACS → .....
g | la réconciliation → .....
h | la rupture → .....

6 Intonation
Quels sont les sentiments exprimés dans les phrases suivantes ? Repérez les structures utilisées et réemployez-les dans de courts dialogues.

29

PRODUCTION ORALE

7 Que pensez-vous de ces proverbes sur l'amour ?
a | Il n'est pas d'éternelles amours.
b | Heureux au jeu, malheureux en amour.
c | Tous les moyens sont bons dans la guerre et dans l'amour.
d | Il faut se quitter souvent pour s'aimer toujours.

PRODUCTION ÉCRITE

8 Lisez la citation ci-dessous. Partagez-vous l'opinion de George Sand ? Donnez votre propre définition de l'amour et de l'amitié.

« L'amour sera toujours de l'égoïsme à deux, parce qu'il porte avec lui des satisfactions infinies. L'amitié est plus désintéressée, elle partage toutes les peines et non tous les plaisirs. Elle a moins de racines dans la réalité, dans les intérêts, dans les enivrements de la vie. Aussi est-elle plus rare, même dans un état imparfait, que l'amour à quelque état qu'on le prenne. [...] [Ayez] un ami, un ami parfait, c'est-à-dire une personne que vous aimez assez pour vouloir être parfait vous-même envers elle, une personne qui vous soit sacrée et pour qui vous soyez également sacré. »

George SAND, *Histoire de ma vie.*

131

A Sentiments

1 Faites correspondre chacune de ces phrases avec le sentiment qu'elle exprime.

a | Il a la frousse de monter sur une échelle.
b | Quand on a critiqué son travail, il est monté sur ses grands chevaux.
c | Avant de monter sur scène, il a toujours le trac.
d | Parler en public, ça m'angoisse.
e | Tu me casses les pieds.
f | Il était hors de lui.
g | Je me fais du souci pour eux.
h | Elle broie du noir.
i | J'ai des idées noires.
j | J'ai la pêche.
k | Cette nouvelle l'a chagrinée.

L'inquiétude

La joie

La peur

La tristesse

La colère

2 Dites qui est l'auteur(e) de chacun de ces titres de livre ou de film.

a | *Bonjour tristesse*
b | *La Joie de vivre*
c | *Le Misanthrope*
d | *La Haine*
e | *Indignez-vous !*
f | *Illusions perdues*
g | *Le Mépris*

1 | Molière
2 | Mathieu Kassovitz
3 | Jean-Luc Godard
4 | Françoise Sagan
5 | Balzac
6 | Stéphane Hessel
7 | Émile Zola

B Gaston Lagaffe

Franquin, *Des gaffes et des dégâts*, Gaston Lagaffe n° 6, 1968.

COMPRÉHENSION ÉCRITE

Lecture

1 Quelle est la situation ?
2 Qui sont les personnages ?
   Qui est M. Dupuis ? Qui est Gaston ?
3 Quels sont les sentiments des personnages ?
4 Complétez la phrase de Prunelle :
   « *Tu vas descendre dans une...* ».
5 Parmi les personnages suivants, lesquels
   proviennent d'une BD francophone ?

> **Adèle Blanc-Sec**
> **Astérix**   **Lucky Luke**
> **Mafalda**   **Le Marsupilami**
> **Les Schtroumpfs**   **Snoopy**
> **Superman**   **Tarzan**
> **Tintin**

PRODUCTION ORALE

6 Connaissiez-vous déjà Gaston Lagaffe ?
7 Connaissez-vous d'autres héros de la BD
   francophone ?
8 Lisez-vous des BD ?

ATELIERS

1 FAIRE UN TEST DE PERSONNALITÉ

Vous allez élaborer un « test de personnalité » pour un magazine.

Démarche

Formez plusieurs groupes.

1 Préparation

• Chaque groupe choisit un domaine : vie professionnelle, vie sociale, vie sentimentale, etc.

• Faites la liste de tous les thèmes possibles.

• En fonction du domaine choisi, vous proposez une série de questions afin d'identifier les principaux traits de caractère et le sens relationnel des personnes testées.

2 Réalisation

• Chaque groupe élabore un questionnaire. Les questions doivent être accompagnées de deux ou trois propositions de réponses différentes mais non contradictoires.

Exemple pour un test sur la vie professionnelle :

Question : « Quelle affirmation est la plus proche de vous ? » :

A Je travaille beaucoup.

B Je n'aime pas la hiérarchie.

C Je me lie facilement avec les autres.

• Vous rédigez le résultat du test afin de dresser un portrait précis qui correspond aux réponses données :

*Si vous avez une majorité de **A** : vous êtes consciencieux, **B** : vous êtes indépendant, **C** : vous êtes convivial.*

Dans l'exemple précédent, la réponse **A** traduit la conscience professionnelle de la personne interrogée, la réponse **C**, sa convivialité…

3 Présentation

• Chaque groupe fait passer son test à la classe.

• À l'issue du test, vous dressez le profil psychologique de chaque personne grâce aux réponses obtenues.

• Vous présentez le profil de chacun à la classe et vous engagez le débat.

2 ÉCRIRE UN ARTICLE SUR UN THÈME DE SOCIÉTÉ

Vous allez rédiger un article pour un magazine francophone sur un thème de société concernant particulièrement les relations entre les personnes.

Démarche

En groupe classe puis en sous-groupes.

1 Préparation

• Ensemble, faites la liste des différents thèmes au tableau : la famille, le couple, le mariage, l'amitié, l'éducation des enfants…

• Formez des sous-groupes par affinités.

• Dans chaque sous-groupe, trouvez un angle pour votre sujet (vous pouvez vous inspirer de l'actualité présentée dans les magazines et journaux du moment).

Par exemple, sur le thème de la famille, le sujet traité pourrait être : « Les parents et les usages d'Internet de leurs enfants » ou encore « La durée et le statut du congé parental d'éducation »

• Dès que vous avez votre sujet, vous recherchez les informations que vous aimeriez partager avec vos lecteurs. Répartissez-vous le travail, vous aurez peut-être besoin d'informations telles que :

— des chiffres clés ;

— des connaissances et des réflexions actuelles sur le thème traité ;

— une chronologie détaillée afin de situer historiquement les éléments de connaissance ou de débat ;

— des citations, etc.

Vous pouvez aussi interviewer des étudiants de la classe et/ou des personnes extérieures.

2 Réalisation

• Regroupez toutes les informations obtenues et faites-en une sélection.

• Rédigez votre article en faisant une analyse de ces informations.

• Choisissez le ton de votre article ; vous pouvez exposer les faits avec un ton humoristique, ironique… Vous pouvez aussi choisir d'être grave ou léger. Sachez également donner du rythme à votre article en alternant phrases courtes et phrases longues.

3 Présentation

Chaque groupe présente son article à la classe puis l'affiche ou le publie dans le journal de l'école.

AU BOULOT !

C'est en forgeant
qu'on devient forgeron.

Travailler en France

A Le travail de Caroline

Caroline Clautour, Autriche.

J'ai passé les cinq premières années de ma vie en France, puis ma famille a déménagé
5 en Autriche où j'ai fait toutes mes études. Je me suis spécialisée en développement international. Ce cursus comprend de la sociologie, des sciences politiques
10 (spécifiquement les relations Nord-Sud) ; je voulais faire des études assez générales, transdisciplinaires pour utiliser mes langues et aussi pour travailler plus tard dans l'humanitaire et faire quelque chose qui ait de l'impact sur les
15 gens, contribuer à un certain équilibre entre la richesse et la pauvreté dans le monde et ainsi trouver un sens à ma vie.

Je suis allée ensuite un an à Madrid et six mois en Amérique latine. Alors je me suis dit
20 que, même si j'adorais parcourir le monde pour connaître d'autres cultures, ce serait bien aussi de renouer avec la mienne. Je suis donc revenue en France pour y travailler. J'y suis restée un an et demi. Après avoir cherché du
25 travail pendant trois mois (j'avais cru que ce serait plus facile), j'ai occupé un poste dans une entreprise canadienne, dans le domaine de la logistique : elle louait des wagons. Je faisais partie du service relations clientèle.
30 Ils avaient besoin d'une personne qui parlait anglais, allemand et français, j'étais donc tout indiquée pour ce poste. Ce n'était pas l'idéal pour moi, mais plutôt une transition entre mon statut d'étudiante et celui de salariée,
35 avant de trouver un travail qui me satisfasse, me corresponde. Ensuite, j'ai enchaîné dans une association humanitaire où j'étais assistante dans l'événementiel : par exemple, en cas d'assemblée générale, j'organisais les réunions,
40 je m'occupais des réservations de vols, d'hôtels... J'étais aussi en contact avec les membres de l'association dans les différents pays d'Europe. Ce travail me plaisait beaucoup, mais j'ai dû le quitter pour des raisons personnelles et je suis
45 rentrée en Autriche. Mais, en admettant que ce soit possible, je reviendrai à Paris.

B Éric Carreel : pourquoi je reste

Éric Carreel est un serial entrepreneur influent dans le high-tech français. Il a fondé Withings (objets connectés, dont les fameuses balances), Sculpteo (impression 3D) et Invoxia (terminaux
5 de téléphonie fixe), en France.

Le Point : Pourquoi restez-vous en France ?
Éric Carreel : On me demande sans arrêt pourquoi je ne vais pas m'établir aux États-Unis. On me dit que c'est là-bas que ça se passe. Mais je suis né et
10 j'ai été éduqué en France. Là sont mes racines et j'y attache de l'importance. De plus, la création d'entreprise dans notre pays est désormais facile, les fonds pour le démarrage sont disponibles et l'entrepreneur est bien accompagné, avec le statut de jeune entre-
15 prise innovante et le crédit impôt-recherche. Enfin, on trouve des ingénieurs de haut niveau.

Mais, pour des entreprises de high-tech, n'est-ce pas plus intéressant d'être aux États-Unis ?
C'est vrai que dans la Silicon Valley, par exemple, on
20 va boire un café et on se retrouve à côté d'un copain créateur de start-up, on discute. C'est une émulation saine, propice aux nouvelles idées. En France, les consommateurs sont moins enclins à absorber la nouveauté, et puis il y a encore parfois un certain
25 scepticisme par rapports aux jeunes entreprises. Mais cela bouge vite, on est en train d'élaborer un écosystème favorable à la création d'entreprise, les mentalités évoluent...

Éric Carreel.

Les créateurs d'entreprise ne sont pas toujours
30 ***bien vus en France...***

Les discours caricaturaux sur les patrons, c'est fini. Il y a une bienveillance, les Français savent que l'économie c'est la vie, que rien n'est figé, que des entreprises doivent mourir et d'autres naître. Il y a
35 un dynamisme nouveau. Beaucoup de jeunes commencent également à comprendre qu'entrer dans la vénérable grande entreprise n'est plus synonyme de salut éternel. C'est l'avantage de la crise, elle nous pousse à oser faire des choses qu'on se
40 refusait de faire jusqu'ici. Je suis optimiste pour la création d'entreprise en France.

Marie BORDET, *Le Point*, 2 janvier 2014.

COMPRÉHENSION ÉCRITE

Lecture

1 Qui est Éric Carreel ?
2 Pourquoi reste-t-il en France ?
3 D'après lui, quelles sont les différences entre la France et les États-Unis ?

Vocabulaire

4 Trouvez un équivalent ou expliquez les expressions suivantes :
a les fonds pour le démarrage (l. 12)
b enclins à (l. 23)
c discours caricaturaux (l. 31)
d rien n'est figé (l. 33)
5 Relevez les mots de franglais.

C S'expatrier pour travailler

« *Tenter l'aventure ailleurs...* »

COMPRÉHENSION ORALE

Entrée en matière

1 Avez-vous envie de travailler en France ?

1re écoute (du début à 1'34'')

2 Vrai ou Faux ? Justifiez votre réponse.
a Le nombre de jeunes Français qui partent à l'étranger augmente.
b Leur expatriation est synonyme de rejet de la France.
c Les expatriés veulent acquérir une langue étrangère, des compétences, une expérience.

2e écoute (de 1'35'' à 2'45'')

3 Pourquoi les Européens s'expatrient-ils plus que dans le passé ?
4 Qui est prêt à venir travailler en France ?
5 Quel est le profil des candidats recherchés dans le Nord de la France ?

Vocabulaire

6 Expliquez les énoncés suivants :
a se barrer de France
b revenir mieux armé
c un boost pour la carrière

PRODUCTION ORALE

7 Selon vous, quels sont les avantages et les inconvénients de l'expatriation ?

unité 10 Au boulot !

D Le temps de travail en Europe

COMPRÉHENSION ÉCRITE

Lecture

1 Regardez la carte et sa légende. Quels sont les pays où on travaille le moins ? le plus ?
2 Êtes-vous surpris(e) par ces résultats ?

Heures travaillées par semaine (moyenne)
Toutes catégories professionnelles confondues, en temps complet et partiel en Europe

- Moins de 34 heures
- Entre 35 et 37 heures
- Entre 37 et 40 heures
- Plus de 40 heures

Commission européenne - Eurostat (fin 2013)

GRAMMAIRE
> la condition et l'hypothèse

> ÉCHAUFFEMENT

1 Quel est le rôle des énoncés soulignés ?

• <u>même si</u> j'adorais parcourir le monde
• <u>en cas d'</u>assemblée générale
• <u>en admettant que</u> ce soit possible

> FONCTIONNEMENT

2 Dans les phrases suivantes, soulignez les énoncés qui expriment une condition et complétez le tableau ci-contre.

Exemple : *J'accepterais ce poste <u>à condition qu'il soit basé à Zurich</u>.*

a | Ce week-end, nous signerons le contrat sauf s'il y a un contretemps.
b | Je vous appellerais au cas où il y aurait un problème.
c | Nous allons rater cette affaire à moins de baisser nos prix.
d | On peut avoir le contrat à condition de faire vite.
e | Je vous laisse mon mail dans l'hypothèse où vous voudriez me joindre.
f | Nous pouvons conclure à moins qu'il n'y ait une question.
g | En étudiant plus sérieusement, tu pourrais réussir.
h | Savez-vous quoi faire en cas d'incendie ?
i | Vous seriez à ma place, qu'est-ce que vous décideriez ?
j | Si vous vouliez changer de poste et que vous soyez libre, téléphonez-moi.

> ENTRAÎNEMENT

3 Mettez le verbe à la forme correcte.

a | Si je (être) ..... toi, je (changer) ..... de travail.
b | Au cas où vous (être) ..... malade, il (falloir) ..... apporter un certificat médical.
c | À supposer que ce (être) ..... vrai, nous baisserions nos tarifs.
d | Si vous (faire) ..... votre travail correctement, la cuisine n'aurait pas été inondée.
e | Si c'(être) ..... mieux payé et que vous (être) ..... libre le mercredi, vous accepteriez ?
f | J'accepte cette mission à condition que vous me (laisser) ..... carte blanche.
g | Nous allons choisir cette solution à moins que le client ne (être) ..... contre.
h | En admettant que vous (avoir) ..... raison, il est trop tard pour changer nos plans.

La condition et l'hypothèse

• + indicatif
si – même si – sauf si (phrase **a**)
si... et que... (+ indicatif ou subjonctif) (phrase ......)
*Voir les hypothèses avec **si** dans le mémento grammatical p. 189.*

• + subjonctif
à condition que – à moins que (phrase ......)
en admettant que – à supposer que

• + conditionnel
au cas où (phrase ......) – **dans l'hypothèse où** (phrase ......)

• + infinitif
à condition de (phrase ......) – **à moins de** (phrase ......)

• + nom
en cas de (phrase ......) – **avec – sans**

Autres structures
• conditionnel + conditionnel (**i**) :
Tu serais à ma place, qu'est-ce que tu ferais ?
• imparfait + imparfait (oral) :
On prenait le bus, on arrivait plus tôt.
• gérondif (**g**) :
En allant étudier à Londres, tu perfectionnerais ton anglais.

---

4 Remplacez *si* par un des mots suivants. Plusieurs solutions sont possibles.

à condition que – à moins de – à moins que – au cas où – avec – en admettant que – en cas de
Exemple : *Si vous étiez absent, il faudrait me prévenir.*
→ ***Au cas où** vous seriez absent, il faudrait me prévenir./Il faudrait me prévenir **en cas d'**absence.*
a | S'il neige, le défilé sera reporté.
b | Nous aurons le contrat sauf si nous changeons d'interlocuteur.
c | Si vous aviez tort, nous perdrions ce marché.
d | Si nous partons maintenant, il n'y aura pas de bouchons.
e | Si nous avons de la chance, nous arriverons à temps.

DOCUMENTS

A La machine à café

> « *Ah, Forestier, je vous cherchais…* »

COMPRÉHENSION ORALE

2 écoutes

1 Où se passe ce dialogue ?
2 Qui sont les personnages ?
3 Quel est le problème ?

4 Quelle va être l'issue de cette discussion ?
5 Quels sont les avantages de la pause-café ?

Vocabulaire

6 Lisez la transcription page 207 et expliquez les mots suivants :

a | planté   **b** | prolongions   **c** | accroît   **d** | soumise   **e** | recruté   **f** | hélas

B Sondage : la pause-café

92 %

SORTIR DES CONTRAINTES PROFESSIONNELLES

Ces moments de convivialité permettent à 92 % des salariés de sortir de leurs contraintes professionnelles et de repartir plus efficacement dans leur travail.

81 %

OPTIMISER SES CAPACITÉS PHYSIQUES ET INTELLECTUELLES

Une pause qui permet également d'optimiser ses capacités physiques et intellectuelles pour 81 % d'entre eux.

70 %

UN OUTIL DE MOTIVATION

Au-delà de la pause dans le cycle de travail, le café en entreprise permet également de motiver le personnel. 70 % d'entre eux estiment qu'il s'agit d'un outil de motivation.

90 %

UNE PREUVE D'ATTENTION DES DIRIGEANTS

Les employés se sentent valorisés si la solution café qui leur est proposée est de qualité. Une reconnaissance accordée par l'entreprise et ses dirigeants : 90 % des salariés interrogés estiment qu'un café de qualité témoigne de l'attention que l'entreprise porte à leur bien-être.

IFOP, 22 janvier 2014.

COMPRÉHENSION ÉCRITE

Lecture

1 En quoi la pause-café est-elle un élément essentiel dans l'entreprise ?
2 Ce rituel existe-t-il aussi dans votre pays ?

PRODUCTION ORALE

3 Par groupes de deux, préparez un court dialogue à propos d'une situation de dispute. Exemples :
• Un(e) collègue manque une réunion pour la troisième fois consécutive.
• Vous soupçonnez un(e) collègue de répandre des rumeurs sur votre compte.
• Un(e) collègue a « oublié » de vous donner des documents nécessaires à votre travail.
• On vous rend un objet que vous aviez prêté mais il est en mauvais état.
• Un(e) collègue ne vous rend pas les tickets-repas que vous lui aviez prêtés…

POUR VOUS AIDER

Faire un reproche	Se défendre
• J'ai un reproche à vous faire.	• Qu'est-ce que j'ai fait (de mal) ?
• Vous auriez pu **+ inf.**	• Ce n'est pas vrai.
• Vous auriez dû **+ inf.**	• Ce n'est pas (de) ma faute.
• Tu as eu tort.	• Je ne l'ai pas fait exprès.
• Tu aurais mieux fait de **+ inf.**	• J'ai cru bien faire.
Expression : Il s'est fait remonter les bretelles.	• Je n'ai pas pu faire autrement.
= Il a reçu des reproches d'un supérieur hiérarchique.	

VOCABULAIRE
> le travail, l'économie

Cahier unité 10 d'activités

LE TRAVAIL
l'activité *(f.)*
le (petit) boulot
la branche
le CDD (contrat à durée déterminée)
le CDI (contrat à durée indéterminée)
la fonction
le job (d'été)
le métier
la mission d'intérim
la population active
le poste
le secteur
la tâche
le travail à mi-temps/à temps partiel/
   à plein temps

LA RECHERCHE D'UN EMPLOI
l'agence d'intérim *(f.)*
le cabinet de recrutement
Pôle emploi
le site d'annonces
la candidature spontanée
poser sa candidature à
avoir/obtenir un entretien
   d'embauche
le chasseur de tête
décrocher un emploi
embaucher
être au chômage
la lettre de motivation
le marché du travail
une offre d'emploi
le parcours professionnel
le profil
recruter
le/la DRH (directeur/directrice des
   ressources humaines)

1 Dans les listes ci-dessus, chercher le
ou les synonyme(s) de :
a | engager : .....
b | le domaine : .....
c | un recruteur : .....
d | obtenir un travail : .....
e | postuler à : .....

2 Ajoutez les mots manquants et faites
les accords nécessaires :
agence d'intérim – entretien –
mission – offre d'emploi – recruteur –
CDI – annonce – site.
Pour recevoir nos ..... sur votre boîte
mail, inscrivez-vous sur le ..... de notre
..... adeki.fr. Que vous cherchiez une
simple ..... ou un ....., vous êtes sûr
de ne rater aucune ..... grâce à notre
système d'alerte personnalisé.

Postulez directement en ligne ou entrez
en contact téléphonique avec le .....,
puis vous serez reçu en ..... .

LA FORMATION
l'apprentissage *(m.)*
l'apprenti(e)
la formation initiale/en alternance/
   continue
se recycler
faire un stage
le/la stagiaire

LA RÉMUNÉRATION
le bulletin de paie/paye
l'indemnité *(f.)*
le salaire brut/net
gagner sa vie
être payé(e)
demander/négocier une augmentation

LES AVANTAGES
la prime
le treizième mois
le véhicule de fonction
la mutuelle
la convention collective

LE DÉPART
donner sa démission
démissionner
le licenciement (économique/collectif)
licencier
mettre à la porte
être muté(e)
renvoyer/virer *(fam.)*
la préretraite
être à la retraite
le plan social
prendre sa retraite

Expressions
un gagne-pain
une boîte
un jour férié
un col blanc
un col bleu

bosser
travailler au noir
avoir un travail fou
bâcler un travail
crouler sous le travail
se coller à un travail
le dégraissage

3 Associez ces définitions à une
expression.
a | être débordé
b | travailler sans être déclaré
c | commencer à un travail
d | négliger un travail

1 | travailler au noir
2 | crouler sous le travail
3 | bâcler un travail
4 | se coller à un travail

LE CONFLIT DU TRAVAIL
l'arrêt *(m.)* de travail
se mettre en grève
le gréviste
la revendication

LA MONDIALISATION
la capitalisme
le commerce international
la concurrence
la crise financière
la croissance
la délocalisation
l'économie virtuelle *(f.)*
les flux (migratoires/des capitaux) *(m.)*
la globalisation
la libéralisation
le libre-échange
la mobilité
la multinationale
la rentabilité

4 Complétez avec les mots suivants et
accordez si nécessaire : international –
économique – mobilité – libéralisation –
capital – libre-échange.
La mondialisation permet une plus
grande ..... internationale des ressources, des individus, des services et
des ..... mais engendre de nombreuses
inégalités sociales.
Elle a bouleversé le paysage ..... : le
commerce ....., la politique du ..... et
la ..... de la finance sont devenus des
enjeux majeurs.

PRODUCTION ORALE
5 Le travail et vous
a | Avez-vous déjà exercé des petits
boulots ?
b | Comment faire pour trouver un travail ?
c | Avez-vous une activité
professionnelle ? Quels en sont les
avantages et les inconvénients ?
d | Quel serait pour vous le travail idéal ?
e | Quel est le taux de chômage dans
votre pays ?

140

Le CV anonyme

Le Conseil d'État veut rendre obligatoire le CV anonyme pour lutter contre les discriminations. Qu'en pensent les entreprises et les jeunes des quartiers ?

5 Peu de sociétés ont répondu à nos sollici-
tations sur le CV anonyme et la notion de
diversité au sein de leur entreprise. Un sujet
tabou ? *« Si je vous dis que mes équipes de
nuit sont formées d'ouvriers maghrébins parce*
10 *qu'ils acceptent les contraintes du travail de
nuit, on va me taxer d'anti-Français. Personne
n'est à l'aise sur ce sujet... Quant au CV anonyme, pourquoi pas des entretiens anonymes ? »*
livre cet industriel qui préfère rester... anonyme.
15 Chez Etinord à Hem, une société spécialisée dans
les étiquettes — 300 salariés — le débat est loin
des préoccupations d'une entreprise en plein paradoxe. *« Malgré le chômage, on a beaucoup de mal à
recruter du personnel »* indique Anne Mechelen, di-
20 rectrice des ressources humaines. Le process exige
des connaissances très spécifiques *« et beaucoup
de motivation ! »* Le CV anonyme, une fausse bonne
idée selon elle. *« Cela nous obligera à recevoir plus
de monde en entretien et on n'a pas forcément le*
25 *temps. »* Ce qu'elle regarde en premier sur un CV ?
*« Je ne lis pas le nom tout de suite. C'est une façon
d'éviter des critères qui sont souvent inconscients »*
reconnaît-elle. Et d'ajouter : *« Le recruteur qui a de
mauvais réflexes sur un CV les aura aussi pendant*
30 *l'entretien... »*

Chasseuse de tête

Catherine Chelière a créé son cabinet de RH à Rou-
baix, Talhency. Elle est chasseuse de tête pour de
grands groupes. Formée à la Skema business school,
35 elle a été responsable marketing à La Redoute
avant d'intégrer Altedia quelques années. Elle
recrute surtout des cadres. Mais elle l'assure : *« On
ne me demande pas de faire une sélection culturelle
au contraire. Ce qui compte pour les entreprises que*
40 *je côtoie, c'est très souvent l'ouverture d'esprit et la
capacité à s'intégrer au sein d'une équipe. »*
Si le CV anonyme peut être une chance pour les
jeunes des quartiers, ce chef d'entreprise dans
l'audiovisuel à Tourcoing, trouve le principe ana-
45 chronique à l'ère des réseaux sociaux.

Angélique DA SILVA-DUBUIS, *Nordéclair*, 22 juillet 2014.

unité 10 Au boulot !

Entrée en matière

1 À votre avis, quelles informations ne figurent pas sur un CV anonyme ?

Lecture

2 Le CV anonyme permet-il de lutter contre les discriminations à l'embauche ? Pourquoi ?
3 En quoi ralentit-il le processus de recrutement ?
4 Selon Catherine Chelière, quels critères comptent le plus dans la sélection des candidats ?
5 D'après vous, pourquoi dit-on que le principe du CV anonyme est *« anachronique à l'ère des réseaux sociaux »* ?

Vocabulaire

6 Relevez tous les mots en relation avec le thème du travail.

7 Expliquez les mots suivants :
a | les jeunes des quartiers (l. 4)
b | un sujet tabou (l. 7)
c | maghrébins (l. 9)
d | taxer (l. 11)
e | chasseuse de tête (l. 31)
f | côtoie (l. 40)

PRODUCTION ORALE

8 Avez-vous déjà été confronté(e) à des entreprises qui font de la discrimination ?
9 Selon vous, le CV anonyme devrait-il être généralisé dans les processus de recrutement ?
10 Utilisez-vous les réseaux sociaux professionnels pour décrocher un emploi ?

PRODUCTION ÉCRITE

11 Rédigez votre CV.

DOCUMENTS

A Émigrer dans la Belle province

COMPRÉHENSION AUDIOVISUELLE

1ᵉʳ *visionnage (sans le son)*
1 Où se situe cette séquence ? Décrivez le cadre.
2 Qui est la personne interviewée ? Décrivez-la.

2ᵉ *visionnage (avec le son)*
3 Quel est le thème de l'interview ?
4 Le processus a-t-il été difficile ? Justifiez votre réponse.
5 Quelles différences y a-t-il avec la France ?

Vocabulaire
Consultez la transcription p. 214 et répondez aux questions suivantes.
6 Relevez les structures exprimant la comparaison.
7 Expliquez les énoncés suivants :

a | dérouler le tapis rouge   **d** | tripler
b | les démarches   **e** | la Belle province
c | mon conjoint

PRODUCTION ORALE/ÉCRITE

8 Racontez une expérience de stage/travail dans votre pays ou à l'étranger.

B Partir travailler au Québec

Quelques métiers qui recrutent...

- ▶ Directeurs des ventes, du marketing et de la publicité
- ▶ Comptables
- ▶ Secrétaires de direction
- ▶ Ingénieurs civils/en mécanique/en aérospatiale/informaticiens
- ▶ Analystes et consultants en informatique
- ▶ Développeurs Web
- ▶ Techniciens de réseau informatique
- ▶ Médecins spécialistes
- ▶ Pharmaciens
- ▶ Audiologistes et orthophonistes
- ▶ Physiothérapeutes
- ▶ Infirmiers
- ▶ Enseignants au niveau secondaire
- ▶ Travailleurs sociaux
- ▶ Producteurs et gestionnaires de projets – effets visuels et jeux vidéo
- ▶ Designers graphiques et illustrateurs
- ▶ Spécialistes des ventes techniques – commerce de gros
- ▶ Mécaniciens de chantier et mécaniciens industriels (sauf l'industrie du textile)
- ▶ Mécaniciens et réparateurs de véhicules automobiles, de camions et d'autobus
- ▶ Électromécaniciens

PRODUCTION ORALE

1 Pourriez-vous trouver un emploi qui corresponde à votre formation/vos compétences au Québec ?

2 Si vous deviez émigrer au Québec, pourriez-vous envisager d'exercer une autre profession, du moins dans un premier temps ? Si oui, laquelle ? Si non, pourquoi ?

3 Sélectionnez deux métiers de la liste et présentez-les à la classe.

L'orientation

[1] *Classement des salaires d'une entreprise selon les emplois et les qualifications.*
[2] *Jeu de mots avec « Sciences-Po » (école de Sciences Politiques).*

JUL, *Silex and the city*, tome 1, Dargaud, 2009.

COMPRÉHENSION ÉCRITE

Entrée en matière

1 Observez les dessins. Où cette scène se déroule-t-elle ? À quelle époque ?
2 Décrivez les personnages (apparence physique et attitude).

Lecture

3 Quelle est la situation ? Est-elle réaliste ?
4 Qui sont les personnages ?
5 Quel est le procédé comique utilisé par Jul ?

Vocabulaire

6 Expliquez :
a | les profs du quaternaire (vignette 1)
b | des débouchés (vignette 1)
c | bosser dans les nouvelles technologies (vignette 1)
d | la chasse recrute (vignette 2)
e | c'est vachement saturé (vignette 3)

CIVILISATION

Paul Lafargue

Le Droit à la paresse

Paul Lafargue vit le jour le 15 janvier 1842 à Santiago de Cuba. Il est issu d'une famille aux origines diverses : indienne, juive et mulâtre*. Son grand-père était planteur à Saint-Domingue.

Sa famille est revenue en France quand il avait 9 ans. Paul étudie à Bordeaux puis commence des études de médecine en 1861 à Paris où il collabore à un journal socialiste. Ses activités politiques contestataires déplaisant à la police de Napoléon III, il sera vite exclu de l'université et devra poursuivre ses études à Londres.

Il devient membre de la Première Internationale et il épouse Laura, la seconde fille de Karl Marx. Ils reviennent en France en 1868 et il prend part à la Commune de Paris.

À droite sur la photo, Paul (debout) et Laura (assise).

Après la défaite de cette dernière, il doit fuir en Espagne. Rentré en France après l'amnistie, il publie son pamphlet *Le Droit à la paresse* en 1880 et devient député de Lille de 1889 à 1893, ce qui ne l'empêche pas d'être emprisonné à plusieurs reprises pour ses idées révolutionnaires.

Paul et Laura Lafargue se suicident le 26 novembre 1911, pour échapper aux atteintes de « l'impitoyable vieillesse ».

* Dont un parent est blanc et l'autre noir.

Le Droit à la paresse, 1880

Le premier chapitre (« Un dogme désastreux ») débute ainsi :
« *Paressons en toute chose, hormis en aimant et en buvant, hormis en paressant.* »
Lessing

Une étrange folie possède les classes ouvrières des nations où règne la civilisation capitaliste. Cette folie traîne à sa suite des misères individuelles et sociales qui, depuis des siècles, torturent la triste humanité. Cette folie est l'amour du travail, la passion moribonde du travail, poussée jusqu'à l'épuisement des forces vitales de l'individu et de sa progéniture. Au lieu de réagir contre cette aberration mentale, les prêtres, les économistes, les moralistes, ont sacro-sanctifié le travail.

COMPRÉHENSION ÉCRITE

Lecture

1 Quelles sont les principales étapes de la vie de Paul Lafargue ?
2 Qu'est-ce qui fait son originalité ?
3 Selon vous, quelles sont les atteintes de « *l'impitoyable vieillesse* » ?
4 Quelle est « *l'étrange folie* » dont parle *Le Droit à la paresse* ?

Vocabulaire

5 Trouvez des équivalents aux énoncés suivants :
a | vit le jour
b | hormis
c | règne
d | progéniture

PRODUCTION ORALE

6 Comprenez-vous cette revendication du droit à la paresse ?
7 Vous considérez-vous comme paresseux ?
8 Que pensez-vous des paresseux ?

VOCABULAIRE
> la comparaison

POUR EXPRIMER UNE COMPARAISON

en comparaison avec
comparable (à)
comparé(e) à
par rapport à

| Expressions
faire un parallèle entre…
mettre en parallèle

POUR EXPRIMER UNE SIMILITUDE

ainsi que
(tout) aussi
aussi bien que
exactement comme
comme si (+ imparfait/plus-que-
     parfait)
de même que
le/la même que
tel que
une espèce de
une sorte de
un type de
analogue (à)
la copie
égale (à)
égaler
l'égalité (f.)
l'équivalence (f.)
équivalent (à)
identique (à)
l'identité (f.)
la parité
rappeler
pareil(le) à
la ressemblance
ressemblant
ressembler (à)
se ressembler
semblable (à)
similaire (à)
la similarité
valoir

| Expressions
C'est la même chose.
Cela équivaut à…
On dirait…
Ça revient au même.
C'est kif-kif.
C'est bonnet blanc et blanc bonnet.
Ils se ressemblent comme deux
     gouttes d'eau.

POUR EXPRIMER LA DIFFÉRENCE

autant… autant…
au contraire de
davantage
deux fois plus
à cette différence que
plus que jamais
autre
autrement
le contraste
contraster (avec)
dépasser
la différence
différencier
se différencier (de)
différent (de)
dissemblable
divers
la diversité
l'exception (f.)
faire exception (à)
incomparable
inégal
l'inégalité (f.)
inférieur
l'infériorité (f.)
particulier
supérieur (à)
la supériorité
surpasser

| Expressions
Ça n'a aucune commune mesure.
Ce n'est pas la même chose.
La ressemblance s'arrête là.
C'est sans comparaison possible.
C'est une autre paire de manches.
Ça n'a rien à voir.

1 Placez les mots manquants. Faites les accords nécessaires :
analogue – autant (x2) – comme – davantage – différent – espèce – goutte – infériorité – même – portrait – plus.

a | ..... j'aime le théâtre contemporain, ... le cinéma d'avant-garde me laisse indifférent.

b | C'est le ..... de son père. Ils se ressemblent comme deux ..... d'eau.

c | Le directeur gagne trois fois ..... que moi.

d | J'ai déjà eu un poste ..... .

e | Vous les profs, vous êtes tous les ..... .

f | Si vous faisiez des heures sup, vous gagneriez ..... .

g | Il travaille dans une ..... de loft.

h | Après l'expulsion d'un joueur, ils ont joué la moitié du match en ..... .

i | Vous n'êtes pas ..... les autres, vous êtes ..... .

2 Quel est le contraire des mots suivants ?

a | inférieur ≠ .....
b | égal ≠ .....
c | semblable ≠ .....
d | comparable ≠ .....
e | différent ≠ .....
f | l'avantage ≠ .....
g | pair ≠ .....
h | le même ≠ .....

3 Intonation

Dans les dialogues suivants, relevez les expressions qui expriment une comparaison. Répétez-les et réutilisez-les dans des micro-dialogues.

32

PRODUCTION ÉCRITE

4 Comparez votre pays aux pays voisins ou à la France, puis votre ville natale à Paris, à Montréal ou à Bruxelles.

unité 10 **Au boulot !**

145

STRATÉGIES

S'exprimer à l'oral

Ces stratégies vous seront utiles pour participer aux débats proposés dans le livre et pour préparer l'épreuve de production orale du DELF B2.

L'épreuve de production orale du DELF B2 dure 20 minutes auxquelles on ajoute 30 minutes de préparation.

Vous devrez exposer et défendre clairement un point de vue à partir d'un court document écrit et débattre avec l'examinateur.

Dans la première partie de l'épreuve (les 10 premières minutes), vous ferez un exposé à partir d'un court document déclencheur. D'abord, vous présenterez le thème du document et en dégagerez la problématique. Puis, vous présenterez votre point de vue en mettant en évidence des éléments significatifs et/ou des exemples pertinents.

Dans la deuxième partie de l'épreuve (les 10 minutes suivantes), vous aurez un entretien avec l'examinateur : vous allez débattre ensemble ; il/elle vous posera des questions. Vous devrez donc savoir confirmer et nuancer vos idées, apporter des précisions, réagir à ses arguments et ses déclarations pour défendre votre position.

Pour être prêt(e) le jour de l'épreuve

L'épreuve dure 20 minutes au total, vous devrez donc être capable de vous exprimer assez longtemps de façon suivie en développant une argumentation claire et logique.

Dans votre exposé, vous devrez présenter le sujet et non le document ! Il ne s'agit en aucun cas d'en faire le résumé mais de dégager le problème soulevé.

Pour ce faire, entraînez-vous à faire des exposés à partir de courts articles que vous pourrez trouver dans la presse, en relevant d'abord le thème puis en choisissant une problématique (c'est-à-dire la question centrale).
Consultez également des forums sur Internet sur des sujets de société contemporains. Ils sont parfois polémiques ; cela devrait vous donner des idées pour l'argumentation, vous aider à construire votre réflexion.

Pour faire un exposé, vous devez construire un plan articulé autour d'une introduction, d'un développement et d'une conclusion. Le développement est généralement une thèse, c'est-à-dire votre point de vue par rapport au sujet. Vous veillerez à marquer clairement vos idées à l'aide de mots de liaison. En effet, si vos idées sont bien enchaînées, l'examinateur pourra suivre votre pensée et vous pourrez le convaincre plus facilement. Voici quelques exemples :
– pour hiérarchiser vos idées : *d'abord, puis, ensuite, enfin...*
– pour les illustrer : *par exemple, ainsi, notamment...*
– pour les développer : *autrement dit, c'est-à-dire, en d'autres termes...*

Sachez que vous ne serez pas évalué(e) sur votre prise de position, alors sentez-vous libre d'exprimer votre point de vue.

En revanche, votre prononciation est très importante. Aussi, enregistrez-vous puis écoutez-vous afin de corriger vos erreurs.

Vous dégagerez le problème soulevé par les documents puis vous présenterez votre opinion sur le sujet de manière claire et argumentée.

Document 1

Travailler de nuit est-il nocif ?

Le travail de nuit progresse en France. Les salariés concernés sont souvent motivés par une rémunération attractive, mais la médaille a un revers : des risques pour la santé et un délitement de la vie sociale.

Se lever tôt, trop tôt, se coucher tard, subir des insomnies : de trop nombreux actifs accumulent au fil du temps une « dette de sommeil ». Les Français dorment, en moyenne, 7 h 47, 18 minutes de moins qu'il y a 25 ans – et même 50 minutes pour les 15-17 ans. Certains travailleurs se retrouvent dans une situation particulièrement vulnérable : les travailleurs de nuit.

Un travailleur sur six

Le travail de nuit a littéralement explosé en France au cours des vingt

dernières années. Censé être « exceptionnel », il concerne aujourd'hui pas moins de 3,5 millions de personnes, soit plus d'un salarié sur six – dont la moitié à titre régulier. C'est un million de salariés en plus qu'au début des années 1990.

La différence entre les sexes est marquée. Les hommes sont nettement plus exposés au travail nocturne : un homme sur cinq occupe ce type d'emploi, contre moins de 10 % des femmes. Les horaires atypiques sont surtout concentrés dans le secteur tertiaire : les conducteurs de véhicules, les policiers et militaires, les infirmières et aides-soignantes, ainsi que les ouvriers qualifiés des industries de process sont les cinq familles professionnelles les plus concernées.

Renaud CHARTOIRE, *Sciences humaines*, 6 octobre 2014.

Document 2

Vanessa Pinto : « Les jobs étudiants, un apprentissage de la précarité »

D'un côté, on vante les petits boulots qui « forment la jeunesse ». De l'autre, on vilipende les « emplois McDo ». Quels sont précisément les emplois occupés par les étudiants ?

Il n'y a pas d'emploi étudiant type, mais une disparité de situations selon les origines sociales. Les enfants de cadres occupent principalement des activités assez occasionnelles, comme du baby-sitting, des cours particuliers. Plus ils avancent dans leurs études, plus ils s'inscrivent dans une logique d'anticipation, avec des activités en cohérence avec la finalité de leurs études. C'est le cas des internes en médecine ou des jeunes doctorants, par exemple. Un étudiant souhaitant devenir enseignant va postuler dans le secteur de l'animation ou être surveillant. À l'inverse, les étudiants d'origine populaire tendent à se retrouver avec des missions qui ne sont pas directement liées à leurs études : des emplois d'ouvriers ou d'employés de commerce, exercés de façon intensive, et qui présentent un danger pour la suite de leurs études. C'est chez eux que l'on retrouve le plus souvent ce que j'appelle une « éternisation dans l'emploi ».

Entretien réalisé par Pierre DUQUESNE, *L'Humanité*, 20 octobre 2014.

ATELIERS

1 DÉBATTRE DANS UNE RÉUNION DU PERSONNEL

Les délégués du personnel de votre entreprise vous proposent de participer à une réunion d'information et de débat autour de différents thèmes.

Démarche

Formez deux groupes : le groupe des délégués du personnel et le groupe des salariés invités à la réunion.

1 Préparation

• En groupe classe, vous décidez pour quelle entreprise vous travaillez (par exemple votre école).
• Ensemble, vous établissez un ordre du jour pour la réunion. Celui-ci pourra par exemple porter sur les conditions de travail qui se dégradent, la mise en place de nouveaux horaires, les futures promotions, etc.

2 Réalisation

• Le groupe des salariés prépare une liste de questions à poser ou problèmes à soulever en fonction du thème de la réunion. Si l'entreprise choisie est votre école, vous pouvez interroger les étudiants et le personnel, puis vous faites la mise en commun des points qui seront à évoquer.
• Le groupe des délégués du personnel fait la liste des informations à transmettre aux salariés.

3 Présentation

• Les délégués du personnel ouvrent la réunion en donnant les informations et leurs positions sur les thèmes de l'ordre du jour.
• Les salariés donnent leurs points de vue et transmettent les demandes du personnel de l'entreprise.
• Échangez et débattez puis mettez-vous d'accord sur les points importants à discuter avec votre direction.

2 S'ENTRAÎNER À L'ENTRETIEN D'EMBAUCHE

Vous recherchez un stage, un petit boulot ou encore un emploi stable. Vous allez sélectionner une offre d'emploi dans le domaine d'activité souhaité, préparer un CV et une lettre de motivation puis présenter un entretien d'embauche.

Démarche

Par paire.

1 Préparation

• Une personne volontaire dans le binôme sera le candidat au poste et présentera l'entretien d'embauche.
• Vous choisissez une offre d'emploi puis préparez un CV et une lettre de motivation. Enfin, vous passez l'entretien d'embauche pour tenter de décrocher le poste.

2 Réalisation

• Chaque binôme sélectionne une offre d'emploi sur Internet ou dans un journal (rubrique emplois, stages, jobs d'été) puis élabore un CV et une lettre de motivation adaptés au poste.
• Chaque binôme échange avec un autre binôme l'offre d'emploi, le CV et la lettre de motivation qu'il vient de rédiger et fait une lecture précise de tous les documents qu'il vient de recevoir.
• Vous vous transformez en recruteurs et préparez une liste de questions pour le futur candidat. Vos questions pourront porter sur :
– sa formation/son parcours professionnel ;
– l'adéquation entre son profil et le poste ;
– des aspects personnels ;
– sur sa connaissance de l'entreprise ;
– la rémunération ;
– l'évolution de carrière.

Privilégiez les questions ouvertes, elles incitent le candidat à s'exprimer longuement et à développer un argumentaire.

3 Présentation

• Chaque candidat volontaire est reçu en entretien par un binôme de recruteurs et devra répondre à ses questions en improvisant, en adoptant la bonne attitude et en essayant de communiquer aisément.
• Le reste de la classe observe la scène et évalue chaque candidat (points positifs et négatifs)
• Le binôme des recruteurs discutent avec la classe afin de décider si le candidat est embauché ou non pour le poste et pourquoi.

Si vous le pouvez, filmez les entretiens afin de permettre à chacun d'apprécier sa performance et de faire son autocritique.

C'EST PAS NET

On n'arrête pas le progrès.

Vous êtes branchés ?

A Les réseaux d'Ewa

Je pense que, de nos jours il est important d'être « branché ». La technologie avance à grands pas, rend notre vie plus facile, nous permet d'être mieux informés et de découvrir toujours plus. Pour ma part, j'ai choisi trois types de réseaux sociaux différents.

Ewa, Pologne, Décoratrice d'intérieur.

Facebook nous permet de nous faire des amis, d'être connectés avec les gens que nous connaissons déjà et dont nous partageons les intérêts et pouvons suivre les activités. Comme je vis loin de ma famille et que mes amis sont dispersés un peu partout sur la planète, Facebook me permet de suivre la vie de mes proches et de partager avec eux les petits moments de ma vie quotidienne.

D'autres réseaux sociaux, comme Pinterest, se concentrent sur la découverte et le partage de contenus. Je l'utilise pour recueillir des idées, m'en inspirer et peut-être inspirer d'autres personnes.

Enfin, le troisième, Flicker, m'aide simplement à conserver et organiser mes photos.

Je passe beaucoup de temps à travailler devant mon ordinateur et je me suis rendu compte que je passais quelquefois trop de temps sur Facebook. Ça pourrait devenir une addiction, il faut prendre garde à ne pas devenir accro au Web ! Maintenant je me fixe un horaire afin de mieux gérer mon temps, quand j'utilise les réseaux sociaux.

Un des problèmes les plus préoccupants est celui de la confidentialité si bien qu'il faut vraiment bien réfléchir avant de publier des contenus sur Internet, et ne pas livrer trop d'informations privées. Il y a aussi le problème des informations qui ont été modifiées ou supprimées par l'utilisateur et qui, en fait, peuvent être conservées et transmises à un tiers. Bien que nous puissions régler des paramètres pour organiser cela, je reste méfiante.

B Monise est débranchée

Je pense que, dans les réseaux sociaux, l'idée de partage, de rester en contact est intéressante, mais je trouve que souvent les gens manquent de pudeur en exposant leur vie, cela me met mal à l'aise. Certains disent

Monise, Brésil.

que tu peux mettre ce que tu veux ou ne rien mettre, cependant je pense que si tu décides de faire partie d'un réseau social, il faut y participer. À moins que tu en aies vraiment envie, je ne vois pas l'intérêt de publier quelque chose. Certes, j'ai aussi mes contradictions et, malgré tout, j'ai des comptes sur Twitter et Instagram : je suis parfois une voyeuse, de sorte que je regarde les posts de gens que je ne connais pas du tout. Cette possibilité qui nous est donnée me fait quand même un peu peur.

Cela m'inquiète aussi de penser que, si je postulais pour un emploi, mon futur patron pourrait voir ce que j'ai posté des années auparavant.

COMPRÉHENSION ÉCRITE

Lecture
1 Ewa et Monise ont-elles la même attitude envers les réseaux sociaux ? Quels sentiments éprouvent-elles ?
2 Qu'est-ce qui les différencie, les rapproche ?
3 Quels sont, selon elles, les dangers des réseaux sociaux ?

Vocabulaire
4 Relevez, dans ces deux textes, toutes les activités que vous pouvez pratiquer grâce aux réseaux sociaux.
5 En connaissez-vous d'autres ?
6 Notez les structures qui expriment une opposition ou une concession. Exemple : *mais*.
7 Relevez les mots qui expriment un sentiment.

PRODUCTION ORALE

8 De qui vous sentez-vous le plus proche, Ewa ou Monise ?
9 Utilisez-vous les réseaux sociaux ? De quelle façon ?
10 Avez-vous des craintes à propos des réseaux sociaux ?

C Christophe Balestra, figure du jeu vidéo

Christophe Balestra a posé ses valises à Los Angeles en 2002. Quelques semaines plus tôt, ce jeune de Ris-Orangis avait postulé à un emploi de programmeur auprès d'un des plus grands studios de jeux
5 vidéo au monde, Naughty Dog. Diplômé d'un IUT d'informatique, il programme furieusement depuis l'âge de 15 ans. Il a fait ses classes en créant sa compagnie de jeux vidéo, Rayland Interactive. Après une conversation téléphonique avec des
10 responsables de Naughty Dog, il reçoit un billet Paris-Los Angeles pour un entretien. Il est immédiatement embauché. Onze ans plus tard, il est hors de question pour Christophe Balestra, aujourd'hui coprésident de Naughty Dog, de rentrer en France.
15 Sous sa houlette, ce studio, notamment connu pour la saga « Uncharted », a vendu 22 millions de jeux vidéo. Son bureau est gardé par la carcasse d'un dinosaure tenant dans chaque pogne* un squelette humain. Il a 39 ans mais a l'air d'en avoir 29. « Ce
20 que j'aime à Los Angeles, confie-t-il, c'est partir à 5 heures du matin courir dans les montagnes qui surplombent l'océan. Le lieu de naissance ne veut rien dire. Il faut vivre là où on en a envie. » La frilosité de nos compatriotes l'irrite. « Ce qui me cho-
25 quait le plus en France était de voir que les gens baissaient les bras. Ils partaient perdants. Je ne pouvais pas accepter ce défaitisme. Et l'esprit d'équipe y est beaucoup moins développé. » À Naughty Dog, les 200 employés se déplacent dans les bureaux de
30 Santa Monica en trottinette.
On travaille dur mais l'ambiance est relaxe. Les managers doivent garder « les mains dans le cambouis », continuer de programmer, de dessiner, de créer. « Tout le monde doit participer, explique-t-il.
35 Il est important que les chefs restent ancrés dans la réalité. Le genre de patron que je veux être n'existe pas en France. »

Main (familier).

Armelle VINCENT, *Le Point*, 2 janvier 2014.

COMPRÉHENSION ÉCRITE

Lecture

1 Que savez-vous de Christophe Balestra ?
2 Pourquoi a-t-il quitté la France ?
3 Qu'aime-t-il aux États-Unis ?

Vocabulaire

4 Trouver un équivalent ou expliquer les expressions suivantes :

a embauché (l. 12)
b hors de question (l. 12)
c sous sa houlette (l. 15)
d surplomber (l. 22)
e frilosité (l. 23)
f les mains dans le cambouis (l. 32)
g ancrés dans la réalité (l. 35)

PRODUCTION ORALE/ÉCRITE

5 Facebook, Twitter, MySpace : les réseaux sociaux sont devenus les services emblématiques du numérique. Ce ne sont pas seulement les conditions matérielles et technologiques qui ont permis leur émergence, mais une demande sociale préexistante.
Toutefois, la transposition numérique a bouleversé la compréhension et l'existence des liens amicaux.
Trois caractéristiques sont à relever : démultiplication des amis, la révélation systématique de l'intimité, l'instrumentalisation sociale de l'amitié.
Mais ces modifications entraînent-elles obligatoirement un appauvrissement du lien ?
Qu'est ce qu'un ami ? Le choisit-on vraiment ? La mise en réseau de « profils » reliés par des goûts ou des relations communes suffit-elle à faire de ces personnes des amis ?
Quels sont les effets pervers de cette amitié presque forcée ? Quelle différence entre amis « en ligne », amis « hors ligne » et simples copains ?

France Inter, La tête au carrée, 8 septembre 2014.

GRAMMAIRE
> la concession et l'opposition

> ÉCHAUFFEMENT

1 Quel est le rôle des énoncés soulignés ?

a | Je pense que dans les réseaux sociaux, l'idée de partage est intéressante, <u>mais</u> je trouve que souvent les gens manquent de pudeur en exposant leur vie.

b | <u>Bien que</u> nous puissions régler des paramètres pour organiser cela, je reste méfiante.

c | <u>Malgré tout</u>, j'ai des comptes sur Twitter et Instagram.

d | Cette possibilité qui nous est donnée me fait <u>quand même</u> un peu peur.

REMARQUE

Il est d'usage de différencier **l'opposition** (deux faits indépendants l'un de l'autre : phrase **a**) et **la concession** (coexistence de deux faits a priori incompatibles : phrase **b**). Cependant, certains énoncés (*mais, cependant, en revanche…*) peuvent exprimer ces deux notions.

> FONCTIONNEMENT

2 Comment se construisent les énoncés ci-dessus ?

La concession

Conjonctions de subordination
- **bien que/quoique/encore que/quoi que** + subjonctif
- **même si** + indicatif

Prépositions
- **malgré/en dépit de** + nom

Adverbes et conjonctions
- **mais/pourtant/cependant/néanmoins/toutefois/or**
- **quand même/tout de même/malgré tout**

Expressions
- **avoir beau** + infinitif
- **Ça n'empêche pas que…/N'empêche que…** + indicatif

L'opposition

Conjonctions de subordination
- **alors que/tandis que** + indicatif

Prépositions
- **contrairement à/à l'opposé de** + nom
- **au lieu de** + infinitif

Adverbes et conjonctions
- **mais/or/cependant/néanmoins**
- **par contre/en revanche/au contraire/à l'inverse**

REMARQUE

- **Or** introduit toujours le deuxième élément d'une opposition et est souvent suivie d'une conséquence :
*Il avait acheté des actions de cette start up, **or** elle a fermé. Il a perdu toutes ses économies.*

- **Néanmoins** et **en revanche** sont précédés d'une idée négative et suivie d'une idée positive :
*Son frère est nul en informatique, **en revanche** elle se débrouille bien.*
- C'est généralement le contraire pour **toutefois** :
*Il est très actif sur Facebook, **toutefois** il n'a que peu d'amis.*

- **Quand même** est souvent utilisé pour renforcer **mais** :
*Je suis méfiant, **mais** j'utilise **quand même** les réseaux sociaux.*

> ENTRAÎNEMENT

3 Intonation
Dans les dialogues suivants, relevez les énoncés qui expriment une concession ou une opposition.
Répétez-les, dites ce qu'ils signifient et réutilisez-les dans des micro-dialogues.

1 — Même si leurs prix sont plus élevés, je préfère cette marque d'ordinateurs.
— Mais nous n'en avons pas les moyens !
2 — Édouard est nul en informatique, en revanche il tape très vite.
— Quand même, j'hésite à travailler avec lui.
3 — J'ai beau essayer, je n'arrive pas à utiliser ce logiciel.
— Tout de même, tu pourrais faire des efforts.
4 — Contrairement aux idées reçues, la France n'est pas en retard en ce qui concerne l'informatique.
— Au lieu de dire n'importe quoi, vous devriez lire ce dossier.
5 — Ce programme a été adopté par la direction en dépit de tes remarques.
— N'empêche, il bugue tout le temps.

4 Dans les phrases suivantes, quels sont les éléments qui expriment une concession ou une opposition ?

Exemple : *Il est compétent **mais** il n'est pas sympathique.* (opposition)
a Il a beau avoir un mastère en informatique, il n'a pas encore trouvé de travail.
b Elle prend beaucoup de photos pourtant elle ne veut pas les montrer à ses amis.
c Tu as accepté les conditions d'utilisation de ce programme, or tu ne les a pas lues !
d Malgré mes conseils, il a acheté cette imprimante qui consomme beaucoup d'encre.
e Il a 450 amis sur Facebook, cependant il n'en connait pas la moitié.
f Elle est accro à Twitter, tandis que son mari est accro aux séries télé.
g Tu ferais mieux d'acheter un portable fin, léger et rapide au lieu de bricoler avec ce vieil ordinateur.
h Elle n'aime pas les réseaux sociaux, n'empêche qu'elle a trouvé un job grâce à Linkedin.

i Je n'achèterai jamais du matériel informatique d'occasion même si j'avais peu d'argent.
j Il a acheté le dernier smartphone à la mode alors qu'il n'en avait pas besoin.

5 Mettez le verbe entre parenthèses au temps convenable.

a Bien qu'il (taper) ..... son mot de passe, le dossier ne s'est pas ouvert.
b Même si tu (connaître) ..... Brad Deep, je ne serais jamais ton amie sur Goobook !
c Ewa utilise souvent Internet, alors que Monise (être) ..... plus réticente.
d Quoi qu'il (faire) ....., son ordinateur refuse de redémarrer.
e Je n'aime pas beaucoup les réseaux sociaux, tandis que mon mari (être) ..... un fan.
f Quoiqu'il (obtenir) ..... son diplôme, il ne trouve pas de boulot dans son domaine.
g Il a fait des efforts. N'empêche qu'il n'(être) ..... toujours pas au niveau en informatique.
h Au lieu de (réviser) ....., il passe son temps sur Internet.

PRODUCTION ORALE

6 Un(e) ami(e) vous a proposé de pratiquer une activité régulière ensemble (jogging, yoga, cours de langue...). Vous aviez accepté, mais vous avez changé d'avis. Vous essayez d'expliquer à votre ami(e), sans le/la froisser, que cette activité ne vous intéresse pas vraiment.

POUR VOUS AIDER

Argumenter
Pour nuancer un propos
• Ce n'est pas ce que je voulais dire.
• Ce n'est pas aussi simple.
• Il ne faut pas généraliser.

Pour exprimer une opposition nuancée
• Je ne suis pas tout à fait d'accord.
• Je n'y crois pas trop.
• Je n'en suis pas si sûr(e).

Pour exprimer une opposition
• Contrairement à ce que vous dites,...
• Vous avez beau dire,...

unité 11 **C'est pas net**

VOCABULAIRE
> l'Internet et l'informatique

L'INTERNET
l'accès *(m.)*
l'arobase *(f.)*
l'appli(cation) *(f.)*
le blog
le blogueur
le (t)chat/la discussion
le commentaire
le courriel/l'e-mail/le mail
l'émoticône *(m.)*
le forum
le fournisseur d'accès
la messagerie (instantanée)
le navigateur
la page Web
la pièce jointe
le portail
le post
le réseau (social)
le serveur
le site
le téléchargement
le virus/l'anti-virus

1 Associez une définition à un mot dans la liste ci-dessus.
a | discussion en direct
b | communauté d'internautes reliés entre eux
c | société qui permet la connexion à Internet
d | programme permettant de lire des pages Web
e | caractère qui symbolise Internet dans un courriel
f | site multiservices

2 Donnez une définition aux mots suivants.
a | l'application : ......
b | la pièce jointe : ......
c | le téléchargement : ......
d | l'antivirus : ......
e | le blog : ......

3 Précisez les sentiments ou les émotions à l'aide d'un émoticône.
a | je souris
b | je suis étonné(e)
c | je fais la gueule
d | je fais un clin d'œil
e | je tire la langue
f | je mets mes lunettes
g | je rigole
h | bisou !
i | je verse une larme

LE MATÉRIEL INFORMATIQUE
L'ordinateur (le PC/le Mac/ le portable) *(m.)*
la batterie
le clavier
le clic droit/gauche
cliquer
le disque dur interne/externe
l'écran *(m.)*
l'icône *(f.)*
le lecteur de CD/DVD
la mémoire interne/externe
la touche
l'unité centrale *(f.)*

Les périphériques
la clé USB
l'enceinte *(f.)*
l'imprimante *(f.)*
le scanner
la souris

LES UTILISATIONS
accéder
afficher
allumer
commenter
(se) connecter
créer
enregistrer

éteindre
diffuser
installer
(se) joindre
partager
publier
sauvegarder
télécharger

Expressions
tomber en panne
faire le buzz
un bug

4 Reliez les éléments entre eux (il y a plusieurs possibilités) :
a | télécharger
b | créer
c | éteindre
d | installer
e | afficher
f | se joindre à
g | publier
h | sauvegarder

1 | un logiciel
2 | un compte
3 | les modifications
4 | l'historique
5 | un commentaire
6 | une vidéo
7 | un fichier
8 | une photo
9 | un groupe de discussion
10 | une pièce jointe
11 | le portable.

TOME I
(AVANT NOTRE ÈRE)

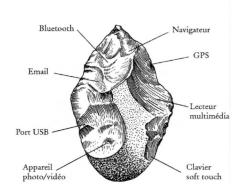

Jul, *Silex and the city*, tome 1, Dargaud, 2009.

DOCUMENTS

A Portrait de la France numérique

Les déconnectés	Les distants	Les usagers	L'homo numericus
20 %	17 %	29 %	34 %
Ils n'identifient pas les innovations numériques dans leur vie, ne comprennent pas de quoi il s'agit	Ils savent que ces innovations existent mais ils n'ont pas le sentiment d'être concernés	Le numérique a changé beaucoup de choses dans leur quotidien mais ils disent pouvoir s'en passer	Les outils numériques lui sont devenus indispensables dans sa vie de tous les jours

Sondage TNS Sofres, Les Français et le numérique, janvier 2014.

PRODUCTION ORALE

1 Dans quelle catégorie vous situez-vous ? Pourquoi ?
2 Quels outils numériques utilisez-vous au quotidien ?
3 Ressentez-vous parfois l'envie ou le besoin de vous déconnecter ?

B Les Français ne se déconnectent plus

Jamais sans son écran ! D'après une étude sur les habitudes numériques publiée jeudi par l'institut Médiamétrie, les Français possèdent davantage d'ordinateurs, de smartphones et de tablettes et se
5 connectent de plus en plus à Internet.

Cet attrait pour le numérique commence dès la maison. En France, 8 foyers sur 10 étaient équipés d'au moins un ordinateur en 2013, et 35 % en disposaient de plusieurs. En moyenne, les Français
10 possèdent 6,5 écrans chez eux. Parmi ces derniers, les smartphones sont particulièrement populaires. En 2013, plus de 26 millions de Français possédaient un téléphone connecté, contre 10 millions il y a trois ans. Médiamétrie note également l'intérêt des
15 Français pour les tablettes, avec une progression de 105 % en un an. Fin 2013, plus de 28 % des foyers disposaient de cet appareil.

Multi-équipés, les Français sont en outre ultra-connectés. La France comptait plus de 43 millions
20 d'internautes au quatrième trimestre 2013, soit une augmentation de 14 % en quatre ans. Parmi eux, près de 20 millions se connectent sur Internet à domicile, à raison de 1 heure de surf par jour en moyenne au travail et une heure chez eux. À cela
25 s'ajoutent 7 minutes passées sur un smartphone tous les jours par les 27 millions de « mobinautes » (personnes se connectant à Internet sur leur téléphone) français. Ils sont également 11 millions de « tablonautes » (personnes se connectant à Inter-
30 net sur leur tablette) à passer 33 minutes par jour à consulter des sites sur leur tablette. Enfin, plus de 9 mil-
35 lions d'inter-nautes regardent en moyenne une demi-heure de vidéos en ligne
40 par jour. Les Français n'ont plus le temps de se déconnecter.

ON PAPOTE , ON PAPOTE , MAIS IL FAUT QUE JE METTE À JOUR MON BLOG !

La tablette chouchoute des téléspectateurs
Cette ruée vers le mobile entraîne de nouveaux usages. Que se soit à la maison, au travail, dans
45 les transports ou dans les magasins, les Français ne lâchent plus leur smartphone ou leur tablette. Plus d'un quart des internautes écoutant de la musique en ligne le font exclusivement sur téléphone. Le smartphone est également le meilleur ami
50 du shopping : presque 40 % des utilisateurs de téléphones connectés l'utilisent en magasin afin de comparer les prix ou de consulter les avis sur un produit. Par contre, c'est la tablette qui a les faveurs des téléspectateurs, qui l'utilisent afin de
55 commenter des programmes ou pour simplement naviguer sur Internet. Plus de la moitié des possesseurs de tablette l'utilisent ainsi devant leur télévision au moins une fois par semaine.

Lucie RONFAUT, *Le Figaro*, 20 février 2014.

COMPRÉHENSION ÉCRITE

Lecture

1 De quel phénomène parle-t-on dans le texte ?
2 Sous quelles formes le numérique est-il présent dans la vie des Français ?
3 Combien de temps par jour se connectent-ils à Internet ?
4 Quels usages font-ils des outils numériques ?

Vocabulaire

5 Reformulez les énoncés suivants :
a | les Français sont en outre ultra-connectés (l. 18)
b | la tablette chouchoute des téléspectateurs (l. 42)
c | cette ruée vers le mobile entraîne de nouveaux usages (l. 43)
d | les Français ne lâchent plus leur smartphone (l. 45)

Carmen

L'amour est comme l'oiseau de Tweeter.
On est bleu de lui, seulement pour 48 heures.
D'abord on s'affilie
Ensuite on se follow
On en devient fêlé
Et on finit solo

Prends garde à toi

Et à tous ceux qui vous like
les sourires en plastique sont souvent des coups
  d'hashtags

Prends garde à toi
Ah les amis, les potes ou les followers ?
Vous faites erreur, vous avez juste la cote.

Refrain
Prends garde à toi, si tu t'aimes
Garde à moi si je m'aime
Garde à nous, garde à eux
Garde à vous et puis chacun pour soi

Et c'est comme ça qu'on s'aime, sème, sème, sème
Comme ça consomme, sommes, sommes, somme,
  (bis)

L'amour est enfant de la consommation
Il voudra toujours, toujours, toujours plus de choix
Voulez, voulez-vous des sentiments tombés du
  camion
L'offre et la demande pour unique et seule loi

Prends garde à toi

Mais j'en connais déjà les dangers moi.
J'ai gardé mon ticket et s'il le faut j'vais l'échanger moi.

Prends garde à toi
Et s'il le faut j'irai me venger moi
Cet oiseau d'malheur j'le mets en cage, j'le fais
  chanter moi

[Refrain]

Un jour t'achètes
Un jour tu aimes
Un jour tu jettes
Mais un jour tu paies
Un jour tu verras
On s'aimera
Mais avant
on crèvera tous
comme des rats

Carmen, interprétée par Stromae, chanson extraite de l'album *Racine Carrée*, 2013.

COMPRÉHENSION ORALE

Entrée en matière

1 Lisez le titre de la chanson. Savez-vous à quelle œuvre musicale classique il fait référence ?

1re écoute (en entier)

2 Décrivez le rythme de la chanson. De quel style de musique s'agit-il ?

3 Quel est le thème de cette chanson ?

2e écoute (en entier)

4 Que symbolise le petit oiseau bleu ?

5 En quoi « *l'amour est enfant de la consommation* » ?

6 Le chanteur est-il enthousiaste ? naïf ? désabusé ? Pourquoi ?

7 Selon vous, quel est le message de la chanson ?

Vocabulaire

8 Relevez tous les mots en relation avec le réseau social mentionné. En quelle langue sont-ils ? Pourquoi à votre avis ?

9 Recherchez dans le texte des synonymes de :

a | s'abonner   **d** | copain
b | fou   **e** | avoir du succès
c | célibataire   **f** | mourir

PRODUCTION ORALE

10 À votre avis, peut-on rencontrer l'amour sur un réseau social ?

11 Quels sont les risques des réseaux sociaux pour les jeunes ?

12 Comment protéger les enfants des dangers potentiels ?

PRODUCTION ÉCRITE   >>>>DELF

13 Aujourd'hui, appartenir à un réseau social est devenu courant pour trouver un travail, communiquer avec ses amis, s'informer et même rencontrer l'amour. Or, vous êtes encore sceptique sur le bien-fondé de tout cela, même si vos amis de la classe français vous disent sans cesse : « Contacte-moi sur Facebook ! » Alors, devez-vous utiliser ce réseau social ? Est-ce une bénédiction ? une menace ? Exposez vos doutes et vos arguments au courrier des lecteurs du journal de l'école.

GRAMMAIRE
> indicatif, subjonctif ou infinitif ?

> ÉCHAUFFEMENT

1 Observez les phrases suivantes et justifiez l'emploi du mode souligné.

a | Je me fixe un horaire afin de mieux <u>gérer</u> mon temps.

b | Un des problèmes les plus préoccupants est celui de la confidentialité si bien qu'il <u>faut</u> vraiment bien réfléchir avant de publier des contenus sur Internet.

c | À moins que tu en <u>aies</u> vraiment envie, je ne vois pas l'intérêt de publier quelque chose.

d | Je suis parfois une voyeuse de sorte que je <u>regarde</u> les posts des gens.

> FONCTIONNEMENT

2 Qu'expriment les phrases ci-dessus ?

Les conjonctions

Suivies de l'indicatif		Suivies du subjonctif	
La cause	**Le temps (simultanéité)**	**Le but**	**La concession**
• parce que	• aussitôt que	• pour que	• bien que
• puisque	• dès que	• afin que	• quoique
La conséquence	• lorsque	• de sorte que	**Les sentiments**
• de sorte que	• pendant que	• de façon que	• de peur que
• de façon que	• tant que	**La condition**	• de crainte que
• de manière que	**Le temps (postériorité)**	• à condition que	**Le temps (antériorité)**
• si ... que	• après que	• à moins que	• avant que
• si bien que	• depuis que	• en admettant que	• jusqu'à ce que
• tellement ... que	• une fois que		• en attendant que

RAPPEL

Quand le sujet de la proposition principale est le même que celui de la subordonnée, il est généralement impossible d'avoir le subjonctif. On utilise **l'infinitif** :

*Lisez les conditions d'inscription avant de **prendre** une décision.* (Et non pas *que vous preniez*.)

Cependant, on utilise **bien que** + subjonctif :

***Bien qu**'il ait un compte sur un réseau social, il le consulte très peu.*

> ENTRAÎNEMENT

3 Complétez les phrases suivantes.

a | Installez un antivirus de façon que…

b | La toile est un espace à risques si bien que…

c | Elle dissimule son identité sur ce réseau social de crainte que…

d | Il s'est aperçu qu'il était accro dès que…

e | Certains se tournent vers les sites de jeux de hasard car…

f | Il a créé une nouvelle adresse mail après que…

g | Je maîtrise bien l'informatique quoique…

h | Tu peux télécharger de la musique à condition que…

4 Remplacez les noms par des verbes. Utilisez l'indicatif, le subjonctif ou l'infinitif.

a | On l'a embauché après sa contribution à ce site.

b | Je travaillerai jusqu'à son retour.

c | Elle est énervée à cause de la perte de son portable.

d | Je resterai en ligne malgré le temps d'attente.

e | Depuis le développement d'Internet, le nombre de sites croît rapidement.

f | Ils feront tout pour la réussite du projet.

g | Il doit se débrouiller sans Internet en attendant une connexion au réseau.

h | Attendez quelques minutes pendant la modification de votre profil.

À la recherche des Zuckerberg* français

* Créateur de Facebook.

Daniel Marhely
Il révolutionne les usages de la musique

Ce Parisien quitte l'école à 16 ans sans diplôme, trop pressé de se consacrer à sa passion : Internet.
Ce développeur d'exception a aujourd'hui 29 ans et a révolutionné les usages de la musique en inventant Deezer il y a six ans : un service d'écoute de musique en streaming à la demande permettant d'écouter ses artistes, titres, et albums favoris, ainsi que de créer et d'échanger des playlists grâce à un catalogue de 25 millions de titres. Deezer, déjà présent dans 180 pays, est désormais valorisée 500 millions d'euros.

Pascale Vicat-Blanc
Elle vole dans le nuage

Docteur en informatique, directrice de recherche Inria, spécialiste des réseaux à haut débit, des grilles de calcul et du cloud computing, Pascale Vicat-Blanc, 53 ans, est fondatrice et PDG de Lyatiss. Cette entreprise a été une des premières sociétés françaises développant des solutions pour les infrastructures cloud et une des seules au monde à proposer un moteur d'orchestration de réseaux virtuels pour le cloud. Lyatiss a été créée à Lyon en 2010, mais Pascale Vicat-Blanc a depuis déménagé le siège social à Santa Clara, dans la Silicon Valley.

COMPRÉHENSION ÉCRITE

Entrée en matière

1 Observez les photos. Selon vous, quelle est la profession de ces quatre personnes ?

2 Lisez les trois chapeaux suivants :

« *Elle vole dans le nuage.* »

« *Il veut concurrencer Netflix.* »

« *Il est l'un des architectes d'Androïd.* »

Qu'est-ce que le nuage, Netflix et Androïd ?

Lecture

3 Quels sont les points communs entre ces quatre personnes ?

4 Quel est leur domaine d'activité ? Qu'ont-ils créé ?

5 Pouvez-vous justifier le titre du *Point* (*À la recherche des Zuckerberg français*) ?

Romain Guy
**Il est l'un
des architectes d'Android**

Étudiant en informatique à Lyon, il commence par un stage chez Sun Microsystems, dans la Silicon Valley. Spécialiste des projets open source, Romain Guy est contacté par Google. Il file à Mountain View en 2007 pour rejoindre le projet Android. Sept ans plus tard, le système d'exploitation a capté 80 % des parts de marché des smartphones dans le monde ! À 31 ans, ce photographe a rejoint en octobre 2013 le très mystérieux projet de conception de robots de Google.

Réda Berrehili
Il veut concurrencer Netflix

Né au Maroc, il crée son premier site à 11 ans. Pendant ses études d'ingénieur en France, il crée la start-up MixoTV. Il s'agit du *« premier guide TV social et personnalisé »* qui permet de consulter un catalogue de films, séries et émissions au goût de l'internaute... et à celui de ses amis Facebook. Cette application, qui sait ce que vous aimeriez voir à la télé à votre place, a séduit plus de 60 000 personnes, testeurs de son application mobile. Réda Berrehili, 26 ans, qui travaille avec TF1, a levé des fonds auprès de la BPI et de divers business angels.

Maris BORDET, Guillaume GRALET, <u>LePoint.fr</u>, 19 mars 2014.

Vocabulaire

6 Quelle est la tonalité de ces articles ? Quels sont les mots qui donnent cette impression ?

PRODUCTION ORALE

7 Êtes-vous à l'aise avec l'informatique ?

8 Quels logiciels et quelles applications utilisez-vous ? Pourquoi ?

PRODUCTION ÉCRITE

9 Comment imaginez-vous la place de l'informatique dans le futur ?

DOCUMENTS

A Le nouveau portable

COMPRÉHENSION ORALE

1re écoute (en entier)
1 Quelle est la situation ?
2 Qui sont les protagonistes ?

2e écoute (en entier)
3 Quelles sont les particularités de cet appareil ?
4 Quels sont les sentiments successifs d'Alexandra et Karine ?

Vocabulaire
5 Lisez la transcription page 207 et expliquez :
a | tu te fiches de moi avec tes petits airs de

Mademoiselle « je suis au-dessus de tout ça »
b | c'est pratique pour les disserts
c | ce rose fuchsia te va à merveille

B Le biomimétisme

COMPRÉHENSION AUDIOVISUELLE

Entrée en matière
1 Observez les photos. Décrivez le phénomène.

1er visionnage (sans le son)
2 Quelle est la nature de cette vidéo ?
3 Nommez les animaux que vous reconnaissez.
4 Selon vous, quel est le sujet abordé ? Quels éléments vous permettent de le dire ?

2e visionnage (avec le son)
5 Quel est l'intérêt de développer des technologies inspirées de la nature ?
6 À quels insectes Stéphane Viollet et Denis Spitzer s'intéressent-ils ? Pourquoi ?
7 Où se trouve la journaliste ?
8 Quelle application est née de l'observation du martin-pêcheur ? Que permet ce dispositif ?
9 Quelle sera la prochaine innovation technologique d'Airbus ?

C Le papillon et le smartphone

19 % des gens déclarent avoir fait tomber leur téléphone dans les toilettes. Et alors ?
Les ailes du papillon sont totalement imperméables à l'eau qui ruisselle et goutte sur leur surface de manière parfaite. L'aspect brillant du papillon n'est pas dû à un imperméabilisant mais plutôt à des millions de minuscules écailles alvéolées dont la taille, supérieure à celle des gouttes de pluie, empêche l'eau de les toucher efficacement. Les laboratoires s'en sont inspirés pour mettre au point des matériaux hydrophobes qui repoussent parfaitement l'eau. Une qualité tout à fait utile à bien des objets et pas qu'aux téléphones mais également à des ustensiles de cuisine, des vêtements, etc. Les appareils électroniques pourraient bénéficier d'application de films hydrophobes... inspirée de la forêt tropicale d'Amérique du Sud et d'un simple papillon.

encyclo-ecolo.com.

COMPRÉHENSION ÉCRITE

Lecture
1 Quelle propriété observée chez le papillon est évoquée ?

2 Quels sont ses champs d'application ?
3 À votre avis, le biomimétisme est-il l'avenir du développement durable ?

Les 5 sens

1 Quels sont les 5 sens ?

2 Faites correspondre chacun des verbes suivants à l'un des 5 sens.

a | respirer
b | tâter
c | savourer
d | déguster
e | apercevoir
f | scruter
g | palper
h | renifler
i | flairer
j | lécher
k | aveugler
l | épier

3 Que signifient ces expressions ?

a | se mettre le doigt dans l'œil
b | avoir du nez
c | se boucher les oreilles
d | avoir du flair
e | ne pas avoir sa langue dans sa poche
f | se faire tirer les oreilles
g | avoir quelqu'un dans le nez
h | être bouche bée
i | mettre sa main au feu
j | mettre la puce à l'oreille

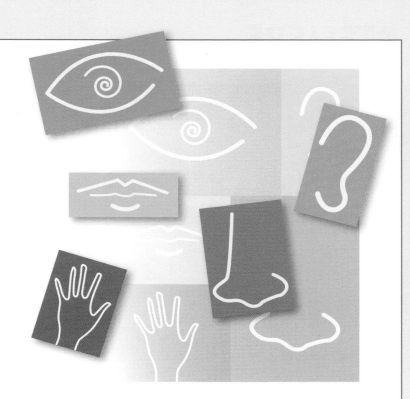

ATELIERS

1 DEVENIR UN GÉNIE DE L'INFORMATIQUE

Vous êtes devenu(e)s des génies de l'informatique et vous allez mettre au point le smartphone de vos rêves ou créer un logiciel novateur.

Démarche

Par groupe de trois ou quatre.

1 Préparation
• Choisissez le « produit » que vous allez inventer : un smartphone multifonctions, un nouveau logiciel...

2 Réalisation
• Établissez la liste de ses fonctionnalités.
• Éventuellement, si vous le souhaitez, dessinez-en le plan ou un projet d'affiche publicitaire.
• Préparez une courte publicité pour la radio.

3 Présentation
• Présentez votre projet, suivi de la publicité, à la classe.
• La classe désignera le prix du meilleur projet et celui de la meilleure publicité.

2 CRÉER UNE CHARTE D'UTILISATION DES MÉDIAS SOCIAUX

En référence aux règles de politesse et de savoir-vivre, vous allez rédiger une charte afin de régir le comportement des internautes sur les médias sociaux, notamment lors des échanges sur les réseaux (Facebook, Twitter...), dans les forums ou les courriers électroniques.

Démarche

En groupe classe puis en sous-groupes.

1 Préparation
• Ensemble, au tableau, listez les comportements et les mauvaises habitudes qui vous énervent le plus de la part des internautes.
• Formez des sous-groupes

2 Réalisation
• Vous allez rédiger votre charte ; celle-ci peut comporter trois ou quatre sections différentes telles que :
— le bon usage des échanges de courriers électroniques ;
— l'utilisation appropriée des réseaux sociaux ;
— la distinction entre l'utilisation professionnelle et personnelle, etc.
• Pour chaque section, rédigez quelques règles. Définissez clairement les limites des droits et devoirs des utilisateurs du Net. À titre d'exemples, en voici quelques-unes concernant le bon usage des échanges de courriers électroniques :
— indiquer clairement le sujet du message dans la zone « Objet » ;
— pour les envois massifs, mettre l'ensemble des destinataires dans la zone de destinataires cachés (CCI) ;
— relire le message avant de le transmettre.
Optez pour une présentation simple et claire.

3 Présentation
Chaque groupe présente sa charte à la classe puis crée une charte unique des règles à respecter que vous afficherez ou publierez dans le journal de l'école.

MAIS OÙ VA-T-ON ?

L'avenir appartient à ceux qui se lèvent tôt.

Le futur est à la mode

A L'avenir selon Naomi

Naomi, Japon.

Pour ce qui concerne l'avenir de la planète, j'espère que la situation actuelle pourra grosso
5 modo perdurer, que les ressources naturelles pourront subsister et que la terre elle-même résistera, bien que je pense que la pollution a atteint un point de
10 non-retour.

Je redoute l'avenir de la planète à long terme, pour nos enfants.

J'ai commencé à réfléchir à ces questions après l'accident de Fukushima et cela m'inquiète que
15 les Japonais ne réagissent pas vraiment. Culturellement, nous n'avons pas l'habitude de manifester, mais je crois surtout qu'il serait trop difficile de vivre en pensant à ces problèmes. Je sais que la France où je vivais est le pays le plus « nucléa-
20 risé » du monde mais la situation géologique et climatique n'est pas la même, le Japon est situé sur une faille. Le paradoxe est que je repars vivre à San Francisco, qui est situé également sur une faille, mais je suis heureuse là-bas.

25 D'autre part, à propos de la famille, j'estime qu'il sera plus difficile d'avoir des enfants, tant à cause des modifications génétiques que de la crise économique, qui risque de durer longtemps. Nos enfants risquent d'avoir une situa-
30 tion moins bonne que celle de leurs parents, ils auront moins de choix quant au travail, à la famille...

Je ne suis pas très optimiste, j'espère me tromper, j'étais très optimiste lorsque j'étais plus
35 jeune : quand j'étais petite, toutes les filles de ma classe avaient écrit leurs rêves concernant le XXIe siècle sur une feuille de papier et l'avait mise dans une boîte. Je ne crois pas que les petits enfants de maintenant aient la même mentalité.
40 Les problèmes économiques sont trop proches de nous, maintenant. Ils étaient plus loin quand j'étais petite.

Je suis désolée de ne pas être optimiste.

COMPRÉHENSION ÉCRITE

Lecture
1 Pourquoi Naomi n'est-elle pas optimiste ?
2 Comment compare-t-elle la situation au Japon et en France ?
3 Selon vous, pourquoi dit-elle que la France est le pays le plus nucléarisé du monde ?
4 Quel est le paradoxe dont elle fait mention ?
5 Quelle est la différence entre son enfance et les enfants d'aujourd'hui ?
6 Quels temps des verbes utilise-t-elle dans la première phrase ? Pourquoi ?

Vocabulaire
7 Relevez les mots et expressions qu'elle utilise pour exprimer sa pensée. Exemple : *je pense que...*
8 Relevez les mots et expressions qu'elle utilise pour aborder un sujet. Exemple : *pour ce qui concerne...*
9 Que signifient :
a grosso modo (l. 4)
b perdurer (l. 5)
c subsister (l. 7)
d un point de non-retour (l. 9)

PRODUCTION ÉCRITE

10 Partagez-vous le pessimisme de Naomi en ce qui concerne l'avenir ? Écrivez-lui un mail pour lui donner votre opinion sur le sujet.

B Markie et la mode

Markie, Chine.

Je travaille dans le développement des produits maroquinerie et accessoires pour une
5 société française à Paris. À Hong Kong, je travaillais déjà dans le même domaine, mais pour des fabricants. Maintenant je suis côté clientèle.
10 Je suis en charge de la recherche pour les matières, les tissus, le cuir et aussi les pièces métalliques qu'on utilise pour les sacs, tels que les fermoirs, les zips, les petits anneaux, etc.

Dans la mode, j'aime les accessoires que, je
15 crois, toutes les femmes adorent : les sacs, les pochettes...

Mon boulot consiste aussi à travailler avec les stylistes, tant français qu'américains, qui font les
20 dessins et ensuite faire développer les produits. J'aime participer à la création depuis le début : d'abord on fait un dessin, puis on voit s'il y a des problèmes techniques, puis
25 on apporte des propositions pour améliorer les prix, les matières, le design.

Pour moi, il est intéressant d'assister à chaque show-room, à
30 chaque défilé, d'entendre les commentaires positifs sur les produits auxquels j'ai participé : c'est gratifiant.

De plus, il m'arrive de tester nos
35 produits : je me promène dans Paris avec un futur modèle de sac pendant un mois pour voir s'il y a des problèmes techniques, avec les fermetures par exemple et je dois
40 faire des commentaires.

COMPRÉHENSION ÉCRITE

Lecture

1 En quoi consiste le travail de Markie ?

2 Qu'aime-t-elle dans son travail ?

Vocabulaire

3 Relevez les mots du lexique de la mode.

4 Trouvez des équivalents aux énoncés suivants :

a dans le même domaine (l. 7)

b je suis en charge (l. 10)

c tant français qu'américains (l. 18)

d c'est gratifiant (l. 32)

PRODUCTION ORALE

5 Partagez-vous son avis quand elle dit : « je crois que toutes les femmes adorent les sacs » ?

6 Êtes-vous influencé(e) par la mode ? Pensez-vous être habillé(e) à la mode ?

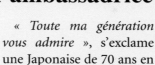

C Françoise Moréchand, l'ambassadrice

« *Toute ma génération vous admire* », s'exclame une Japonaise de 70 ans en rencontrant à Tokyo la Française du Japon, Françoise Moré-
5 chand. Arrivée au pays du Soleil-Levant en 1958 avec son mari ethnologue, cette « Madame 1 000 000 volts » a passé un demi-siècle dans l'archipel, où elle est : une star de la télévision, une icône de la mode, une essayiste prolifique, une créatrice recherchée, une figure incontournable pour animer les soi-
10 rées franco-japonaises, etc. Elle voulait être interprète. Il fallait parler quatre langues, dont une « bizarre ». « *J'ai choisi le japonais, on m'a traitée de folle* », se souvient celle qui a débarqué au Japon alors que l'image de la France y était médiocre. Depuis, et elle n'y est pas pour rien, cela a considérablement
15 changé. Françoise Moréchand se qualifie de missionnaire : elle enseigne aux Japonais l'art de vivre à la française. Ex-représentante de Chanel au Japon, elle a imaginé des kimonos qui sont pour elle « *une haute couture exceptionnelle* ». Sa vie, qu'elle a racontée dans le livre *La Gaijine*, n'a pas toujours
20 été facile : « *J'ai été pionnière dans le fait de venir au Japon après guerre, d'y travailler, de m'y remarier avec un Japonais. Et, quand on est pionnier, on en bave* », assure-t-elle. Elle reste l'ambassadrice de la France au Japon autant que celle de sa province d'adoption, Ishikawa, en plus de son rôle de profes-
25 seur de culture comparée à Kanazawa.

Karyn NISHIMURA-POUPÉE, *Le Point*, 2 janvier 2014.

COMPRÉHENSION ÉCRITE

Lecture

1 Que savez-vous de Françoise Moréchand ?

2 Quel est son travail ?

3 A-t-elle réussi professionnellement ? Facilement ? Pourquoi ?

4 Pourquoi l'appelle-t-on « *Mme 100 000 volts* », « *l'ambassadrice* » ?

Vocabulaire

5 Expliquez les énoncés suivants :

a l'archipel (l. 7)

b une icône (l. 8)

c prolifique (l. 8)

d incontournable (l. 9)

e traiter de (l. 12)

f on en bave (l. 22)

g sa province d'adoption (l. 24)

unité **12** **Mais où va-t-on ?**

GRAMMAIRE
> le futur

> ÉCHAUFFEMENT

1 Soulignez les temps utilisés pour exprimer le futur. Dites dans quelles circonstances ces temps sont employés.

Exemple : *La situation économique <u>sera</u> plus difficile.* → Un journaliste utilise le futur simple pour faire une prévision.

a | — Demain, nous allons au restaurant. Tu nous accompagnes ?
— Je crois que je vais venir avec vous. Et toi, Michel ?
— Si je n'ai plus de visites à faire, je me joindrai à vous.

b | — L'imprimante ne fonctionne pas bien.
— Qu'est-ce que tu vas faire ?
— Je vais la faire réviser le plus vite possible.

c | Nous allons rentrer en taxi et toi, qu'est-ce que tu fais ?

d | Maintenant, tu vas m'expliquer ce que tu lui as dit, sinon…

e | Je vois que vous rencontrerez une jeune femme très belle.

f | Et maintenant, vous allez voir une photo de la famille à Versailles.

g | Si je prends mes vacances en août, je pourrai vous rejoindre à la campagne.

h | — Ma valise est très lourde !
— Attendez, je vais vous la monter.

i | On ne se quittera plus. Je t'aimerai toujours.

j | Tu ne vas pas commencer à te plaindre !

k | Demain, nous partirons à 9 h après le petit déjeuner pour visiter le Louvre. Rendez-vous devant le bus.

l | Un jour, je serai célèbre.

m | Quand vous aurez terminé le rapport, vous le transmettrez à la direction.

n | Nous nous installons à San Francisco au mois de mai. Nous avons déjà trouvé un appartement.

o | Il neigera le matin dans les Alpes.

> FONCTIONNEMENT

2 Complétez le tableau avec les phrases ci-dessus.

Le futur	
Pour exprimer une idée ou un fait futurs, on peut utiliser :	**• le futur simple**
• le présent	— pour une prévision : phrase …..ou une prédiction : phrase …..
à condition d'être sûr et de préciser le moment dont on parle : phrases ….. et …..	— pour un ordre ou des instructions : phrase …..
• le futur proche	— pour un programme : phrase …..
— pour une décision : phrases ….. et …..	— pour une promesse : phrase …..
— pour marquer la quasi-certitude avec des verbes comme *je crois que/je pense que* : phrase …..	— pour un projet, un rêve : phrase …..
— pour une demande forte, une menace, une prière : phrases ….. et …..	— pour marquer une incertitude, une action qui dépend d'une condition nécessaire (notamment avec *quand*, après une complétive précédée de *si*) : phrase …..
— pour un futur… proche : phrase …..	**• le futur antérieur**
	— pour une action future qui se déroule avant un autre fait futur : phrase …..

> ENTRAÎNEMENT **36**

3 Intonation
Écoutez les phrases suivantes.
Dites qui les prononce et dans quelles circonstances.
Puis répétez-les.

DOCUMENTS

A La voiture sans conducteur

COMPRÉHENSION ORALE

2 écoutes

1 Quel est le thème de cette chronique ?
2 Qui sont les personnes interrogées ?
3 En quoi la voiture est-elle suréquipée ?
4 Quels sont les avantages de cette invention ?
5 Pourquoi faut-il être patient ?
6 Quelles sont les difficultés évoquées ?

« *Les constructeurs automobiles s'y mettent tous.* »

Vocabulaire

7 Relevez tous les termes concernant l'automobile et son équipement.
8 Lisez la transcription p. 208 et dites ce que signifient les énoncés suivants :
a | ils s'y mettent tous
b | bourré d'intelligence artificielle
c | décélérer
d | le périphérique fluide
e | aux heures de pointe

PRODUCTION ORALE

9 *Par groupes de trois.*
Imaginez les inventions qui pourraient changer la vie au XXIe siècle.

PRODUCTION ÉCRITE

10 À votre avis, le XXIe siècle sera-t-il un siècle de progrès ?

B Technophile ou technophobe ?

PRODUCTION ORALE

1 Quel est le sens de ce dessin ?
2 Que ressentez-vous par rapport aux progrès techniques ?

FAIRE DE LA TECHNOLOGIE LA PLUS NOBLE CONQUÊTE DE L'HOMME !....

GRAMMAIRE
> le but

> ÉCHAUFFEMENT

1 Quel est le rôle des énoncés soulignés ?

a | <u>afin de</u> changer les choses
b | <u>dans l'intention de</u> m'y installer
c | Il faut agir <u>pour que</u> la situation connaisse une amélioration.

2 Dans les phrases suivantes, soulignez les énoncés qui expriment une idée de but.

a | Tu dois faire en sorte d'arriver à l'heure.
b | Il fait des recherches dans l'intention de créer un nouveau médicament.
c | Je cherche un ordinateur qui soit facile à utiliser.

d | Ce logiciel a pour but de développer la mémoire chez les seniors.
e | Je vais prendre l'air, histoire de m'aérer les neurones.
f | Cette réunion a pour objectif de faire le point sur nos nouveaux produits.
g | Cet ancien ministre a des visées sur la présidence du parti.
h | Viens ici, que je te dise mes projets.
i | Elle écrit des courriels en vue d'un changement de travail.
j | Je te prêterai ce livre de façon que tu puisses mieux préparer l'examen.

> FONCTIONNEMENT

3 Quels termes pouvez-vous utiliser pour exprimer le but ?

Le but		
• Noms la destinée la fin l'intention *(f.)* (**b**) l'objectif *(m.)* l'objet *(m.)* le projet le propos les visées *(f.)* (**g**) **• Verbes** atteindre un but avoir pour but/objectif de (**d**) (**f**) destiner à faire en sorte de (**a**) faire tout pour que poursuivre/suivre un but viser à	**• Locutions** à cette fin dans ce but **• Conjonctions + subjonctif** afin que pour que de façon que (**j**) de manière que de sorte que • Ces trois conjonctions peuvent être suivies de l'indicatif (conséquence) ou du subjonctif (but) qui peut être employé seul notamment après un impératif : (**h**) **• Propositions relatives + subjonctif** Après des verbes qui expriment une recherche, un but (**c**)	**• Prépositions + infinitif** Si c'est le sujet du verbe principal qui accomplit l'action exprimée par le verbe. pour afin de dans le but de dans l'intention de en vue de dans le dessein de de façon à de manière à histoire de *(fam.)* (**e**) **• Prépositions + nom** pour en vue de (**i**)

> ENTRAÎNEMENT

4 Ajoutez le ou les mots manquant(s) (plusieurs solutions sont possibles).

a | Il faut prendre des mesures ..... lutter contre la pollution.
b | Cet institut a pour ..... de protéger les baleines.
c | J'ai ..... de déménager.
d | Nous avons miniaturisé cet appareil de ..... à le transporter plus facilement.
e | Il a réécrit son CV ..... son nouvel employeur.

f | Nous cherchons une société ..... puisse nous fournir ce produit rapidement.
g | Vous devez faire en ..... de combler votre retard.
h | Nous allons adopter un nouveau style de défilé ..... notre marque ait une meilleure image.
i | Notre association a pour ..... la défense de l'environnement.

DOCUMENTS

Nouvelle tendance : le food-surfing

Et si vous alliez dîner chez des inconnus ? Des particuliers proposent, moyennant quelques euros, de partager leur repas fait maison. Belles rencontres garanties.

5 Le concept, déjà en vogue en Angleterre, débarque en France. L'idée : s'improviser restaurateur d'un soir pour partager sa passion de la cuisine mais surtout faire des rencontres. Inspiré du covoiturage, de nombreux sites proposent désormais de mettre en
10 relation des hôtes et des convives, qu'ils viennent de l'autre bout du monde ou du coin de la rue. Après avoir créé son profil gratuitement sur l'une des plateformes spécialisées, l'hôte affiche ses menus (photos à l'appui), fixe son prix et ses
15 disponibilités puis les futurs invités réservent leur table. Tout le monde peut s'inscrire, que l'on soit un vrai cordon-bleu ou un simple amateur de cuisine. Le prix du repas varie ensuite de 20 à 50 € en fonction du format (dîner, déjeuner,
20 apéro...). « *On n'est pas dans la performance culinaire. Il s'agit de créer du lien autour d'une rencontre gastronomique* », explique Cédric Giorgi, co-fondateur du site Cookening, qui compte déjà 120 tables en France.
25 Adepte de la formule, Nicolas apprécie particulièrement son aspect convivial et inattendu. « *Je ne suis pas un expert en cuisine. Pour moi, le dîner n'est qu'un prétexte pour rencontrer des gens que je n'aurais sans doute jamais croisés.* »
30 Ce trentenaire basé en région parisienne en est à sa troisième table. « *J'ai d'abord atterri chez un* couple qui proposait une cuisine traditionnelle française, puis j'ai découvert la soupe aztèque chez une Mexicaine et dernièrement la pastilla dans une
35 famille algérienne. À chaque fois, ce fut un vrai voyage culturel hors des sentiers battus.* »
Côté hôtes, les motivations sont identiques avec une pression en plus : celle de cuisiner des produits frais. En effet, la plupart des sites mettent un point
40 d'honneur à ce que les plats soient faits maison. Un défi que relève régulièrement Dominique, guide touristique et blogueuse culinaire à Lyon. « *Tous mes menus sont élaborés en fonction des produits du marché et des producteurs locaux. Mais il faut*
45 *aussi penser à la décoration de la table et prévoir une cuisson qui ne m'accapare pas toute la soirée en cuisine au détriment des invités* », raconte-t-elle. Accueillir des inconnus dans sa maison, est aussi l'occasion de tester ses nouvelles recettes
50 avant de les publier sur son blog. Quant au budget, si elle admet rentrer dans ses frais pour les ingrédients, elle ne compte pas ses heures de préparation. « *Qu'importe, je ne fais pas cela pour gagner de l'argent mais pour le plaisir de*
55 *cuisiner et de recevoir.* » Et au cas où ses invités en redemanderaient, Dominique a même prévu des doggy bags !

Sophie DJOUDER, *Femme actuelle*, 30 mars 2014.

unité 12 Mais où va-t-on ?

COMPRÉHENSION ÉCRITE

Entrée en matière

1 Lisez le titre. Connaissez-vous cette nouvelle tendance ?

Lecture

2 Comment ce phénomène est-il né ?
3 Quelle est la procédure pour devenir hôte ou convive ?
4 Quelles sont les valeurs de chacun des participants ?
5 Combien cela coûte-t-il ?

Vocabulaire

6 Comment pourrait-on dire en français « food-surfing » et « doggy bag » ?

7 Reformulez les énoncés suivants :
a | moyennant quelques euros (l. 2)
b | ce fut un voyage culturel hors des sentiers battus (l. 35)
c | mettent un point d'honneur (l. 39)
d | qui ne m'accapare pas (l. 46)
e | rentrer dans ses frais (l. 51)

PRODUCTION ORALE

8 Que pensez-vous de ce nouveau concept ?
9 Préféreriez-vous être hôte ou convive ? Pour quelles raisons ?
10 Êtes-vous un adepte du partage : food-surfing, co-voiturage, couchsurfing, échange de logement... Quels sont les avantages et les inconvénients de ces pratiques ?

DOCUMENTS

A Dans la grand-rue

« *Ça vous rajeunit.* »

COMPRÉHENSION ORALE

1ʳᵉ écoute

1 Quelle est la situation ? Qui parle ?

2 Quel est le thème de la discussion ?

3 Quels sont les sentiments exprimés par les personnages ?

2ᵉ écoute

4 Qu'est-ce qui change ?

5 Relevez les mots qui expriment le changement.

Vocabulaire

Lisez la transcription p. 208 et répondez aux questions suivantes.

6 Expliquez les expressions suivantes :

a | quel flatteur

b | c'est le métier qui veut ça. Il faut bien vivre

c | Qu'est-ce qu'ils fabriquent ?

d | cette baguette insipide de la supérette

e | je vous laisse, j'ai mes commissions à finir

7 Trouvez dans le texte des expressions signifiant :

a | être prétentieux

b | rester jeune

c | devenir pire

d | s'imaginer être

B L'architecture et vous

PRODUCTION ORALE

1 Que pensez-vous de ces projets ?

2 Les voyez-vous plutôt pour des bureaux ou des habitations ? Pourquoi ?

3 Aimeriez-vous vivre ou travailler dans un de ces immeubles ?

4 Imaginez-vous un de ces immeubles dans votre ville ?

PRODUCTION ÉCRITE >>>>DELF

5 Faisant suite au conseil municipal qui s'est tenu le 10 juillet dernier, le maire de votre ville vient d'annoncer aux habitants son projet d'implanter une tour très innovante proposant logements, commerces et bureaux en plein cœur du centre historique de la ville. Or, ce projet sera très coûteux et nécessitera une augmentation des impôts locaux.

Vous êtes furieux(-se) et décidez d'écrire un courrier au journal local pour exprimer votre opposition à ce projet.

GRAMMAIRE/VOCABULAIRE
> le changement

Cahier
unité 12
d'activités

Le changement

Pour exprimer le changement, vous pouvez utiliser :	Ne confondez pas :
• **devenir** + **adjectif** *Il est devenu **raisonnable**.* • **faire** + **infinitif** *Ce régime l'a **fait** **maigrir**.* • **rendre** + **adjectif** *Ce nouveau procédé technique l'**a rendu** **nerveux**.*	• **changer quelque chose** et **changer de quelque chose** *Elle a **changé** l'ordinateur de place.* *Elle a **changé** d'ordinateur.* • **se changer** et **se changer en** *Il **s'est changé** après la gym.* *La sorcière l'**a changé** en grenouille.*

LE CHANGEMENT
l'adaptation *(f.)*
le bouleversement
l'évolution *(f.)*
la métamorphose
la modification
le rétablissement
la révolution
la transformation
la variation

L'AMÉLIORATION
la modernisation
le progrès
la progression
le renouvellement
la rénovation

L'AGGRAVATION
la chute

la décadence
le déclin
la dégradation
la détérioration
la régression

L'AUGMENTATION
l'accroissement *(m.)*
l'agrandissement *(m.)*
l'allongement *(m.)*
la croissance
le développement
le doublement
l'élargissement *(m.)*
l'étalement *(m.)*
l'expansion *(f.)*
l'extension *(f.)*
le grossissement
la hausse

l'intensification *(f.)*
la montée
la multiplication
le renforcement

LA DIMINUTION
l'affaiblissement *(m.)*
l'allégement *(m.)*
l'amincissement *(m.)*
l'amaigrissement *(m.)*
la baisse
le raccourcissement
la réduction
le rétrécissement

**LE CHANGEMENT
DE VITESSE**
l'accélération *(f.)*
le coup de frein
le ralentissement

LA COULEUR
blanchir
bleuir
éclaircir
foncer
jaunir
noircir
rougir
verdir

**L'ABSENCE
DE CHANGEMENT**
la conservation
la continuité
le maintien
la préservation
la stabilisation
la stabilité
la stagnation

Les suffixes -ir/-iser/ifier

Les suffixes des verbes en **-ir/-iser/-ifier** peuvent aussi exprimer un changement, une transformation :
• *devenir, rendre plus grand* → **grandir, agrandir**
• *rendre plus clair* → **clarifier**
• *rendre plus stable* → **stabiliser**.

1 Quels sont les verbes qui correspondent aux noms suivants ?
a | le maintien → .....
b | le ralentissement → .....
c | la dégradation → .....
d | la stabilité → .....
e | le progrès → .....
f | l'évolution → .....
g | le rétablissement → .....
h | la modification → .....
i | l'élargissement → .....
j | l'extension → .....

PRODUCTION ORALE

2 Avez-vous peur du changement ?
a | Pourquoi ?
b | Qu'aimez-vous changer ? d'apparence ?
d'environnement ? de travail ? d'amis ?
c | Concernant l'évolution rapide des nouvelles technologies,
est-ce que cela vous inquiète ou vous plaît ?
d | Doit-on s'adapter aux innovations ? A-t-on le choix ?

PRODUCTION ÉCRITE

3 À votre tour, parlez d'un changement dans votre vie.

POUR VOUS AIDER
Parler d'un changement
• **Ça devient dur.**
• **Il se fait vieux.**
• **On a modifié la déco.**
• **Tout a changé, je ne reconnais plus rien.**
• **Tu as quelque chose de changé, non ? tes cheveux ?**
• **Il a grossi/maigri/grandi.**
• **Rien ne se perd, rien ne se crée, tout se transforme.**
S'il n'y a pas de changement
• **C'est pareil.**
• **C'est toujours la même chose.**

unité **12** Mais où va-t-on ?

La science-fiction française

Entrée en matière

1 Savez-vous qui est l'auteur de langue française le plus traduit dans le monde ?

2 Connaissez-vous l'auteur de *La Planète des singes* ?

A Jules Verne (1828-1905)

Après Agatha Christie, Jules Verne est l'écrivain le plus traduit en langue étrangère.

5 Il est né en 1828 à Nantes. En 1848, son père, un juriste, l'envoie à Paris pour suivre des études de 10 droit, mais dans les bibliothèques, il préfère dévorer les récits d'explorateurs ou les traités d'innovation scientifique plutôt que les manuels juridiques.

15 Il publie sa première pièce de théâtre en 1850, mais ce sont ses romans, mêlant aventure et science-fiction, qui le rendront célèbre à partir de 1862 : *Le Tour du monde en 80 jours, Michel Strogoff* ou *20 000 lieues sous les mers…*

20 Il achète un voilier, dont il fait son cabinet de travail et avec lequel il naviguera en Méditerranée et dans l'Atlantique.

En 1872, il s'installe à Amiens, dont il deviendra conseiller municipal.

25 Il y meurt de diabète en 1905. Plus de 5 000 personnes suivront ses obsèques.

B Pierre Boulle (1912-1994)

Beaucoup de gens ont vu au cinéma *Le Pont de la rivière Kwai* ou *La Planète des singes*, 5 (1re, 2e ou 3e version), mais qui sait que les romans qui sont à l'origine de ces films ont été écrits par le même écrivain, Pierre 10 Boulle ?

Il est né en Avignon en 1912. Son père était avocat. À la mort de celui-ci, il entame des études d'ingénieur puis travaille dans une plantation d'hévéas en Malaisie. Lorsque la Seconde Guerre 15 mondiale éclate, il rejoint la résistance gaulliste à Singapour. Arrêté à Saïgon en 1942, il parvient à s'évader et rejoint les services spéciaux britanniques à Calcutta.

De retour à Paris à la fin de la guerre, il vend 20 tous ses biens et décide d'écrire. Il publiera ainsi près d'un ouvrage par an. *Le Pont de la rivière Kwai* en 1952 et *La Planète des singes* en 1963 lui apporteront la célébrité.

Il meurt en 1994, à l'âge de 82 ans.

COMPRÉHENSION ÉCRITE

Lecture

3 Quelles sont les principales étapes de la vie de ces deux hommes ?

4 Ont-ils eu des vies ordinaires ?

5 Quels sont leurs points communs ? leurs différences ?

6 Situez sur une carte les différents lieux de leur vie.

7 Quels sont les principaux thèmes de leurs ouvrages ?

Vocabulaire

8 Expliquez les énoncés suivants :

a | il préfère dévorer les récits (**A**, l. 11)

b | un voilier, dont il fait son cabinet de travail (**A**, l. 20)

c | plus de 5 000 personnes suivront ses obsèques (**A**, l. 25)

d | une plantation d'hévéas (**B**, l. 13)

e | il publiera ainsi près d'un ouvrage par an (**B**, l. 20)

9 Relevez dans ces deux textes les expressions qui montrent le succès de ces auteurs.

PRODUCTION ORALE

10 Vous intéressez-vous à la science-fiction ?

11 Connaissez-vous des œuvres de science-fiction dans votre langue ?

PRODUCTION ÉCRITE/ORALE

12 Présentez un livre de Jules Verne, ou d'un autre auteur de science-fiction que vous avez lu.

C Objectif Mars

COMPRÉHENSION AUDIOVISUELLE

Visionnage (avec le son)

1 Qui est Florence ?

2 Quel est son rêve ? Pourquoi ?

3 Que fait-elle pour le réaliser ?

4 Décrivez le décor qui l'entoure.

5 Quels sont les problèmes posés par ce projet ?

Vocabulaire

Lisez la transcription p. 215.

6 Relevez les termes ayant un lien avec l'espace.

7 Expliquez ou donnez un équivalent de :

a | retenue

b | se sentir à l'étroit

c | se mettre en scène

d | la communauté scientifique

e | via des donateurs

f | aboutir

g | décrocher

PRODUCTION ORALE

8 Que pensez-vous du rêve de Florence ?
Avez-vous un rêve extraordinaire ?

PRODUCTION ÉCRITE

9 Dans un courriel, parlez de ce reportage à un(e) ami(e) et faites-lui part de vos impressions.

STRATÉGIES

S'exprimer à l'écrit

Ces stratégies vous seront utiles pour rédiger les productions proposées dans le livre et pour préparer au mieux l'épreuve de production écrite du DELF B2.

L'épreuve de production écrite du DELF B2 dure 1 heure.

Dans votre écrit (en 250 mots), vous devrez présenter des faits, des événements, des situations mais aussi défendre un point de vue, une opinion, des sentiments de manière argumentée.

Votre production écrite pourra prendre les formes suivantes :
• une lettre formelle écrite à titre personnel ou collectif ;
• une contribution à un débat (un forum par exemple) ;
• un article critique ;
• une lettre personnelle ;
• un rapport.
Le plus souvent, il s'agira d'une lettre formelle dans laquelle vous pourrez utiliser les structures suivantes.

Les formules de salutation
— Si vous ne connaissez pas le destinataire de la lettre, commencez par : *Madame, Monsieur,*
— Si vous savez qu'il s'agit d'une femme ou d'un homme, écrivez : *Madame,* ou *Monsieur,*
— Si votre lettre s'adresse à un responsable d'une association, d'une entreprise... écrivez le titre et la fonction de la personne : *Monsieur le Directeur, Madame la Présidente, Monsieur le Maire,* etc.

Le corps de la lettre
En général, on commence en expliquant le motif de la lettre. Voici quelques exemples à adapter en fonction de la nature de votre lettre (de protestation, de réclamation, de négociation...) :
— *Suite à notre réunion/notre conversation téléphonique, je me permets de vous écrire afin de...*
— *Venant de prendre connaissance de la décision de la mairie d'implanter une décharge publique, ...*
— *J'ai lu avec attention votre article sur ... et c'est pourquoi je m'adresse à vous pour...*

Votre lettre aura plusieurs paragraphes avec un développement logique. Chaque paragraphe contiendra une idée ou un argument illustrés par un exemple.
Cette présentation permet au lecteur de saisir rapidement votre raisonnement.

Les formules de congé
Elles dépendent du type de lettre et du statut de la personne. Vous pourrez écrire :
— *Espérant que ma requête retiendra votre attention,*
— *Dans l'attente de votre réponse,*
— *Vous remerciant pour votre attention,*
— *Veuillez agréer, Madame/Monsieur, l'expression de mes/nos salutations distinguées.*
— *Je vous prie d'agréer/Nous vous prions d'agréer, Madame la Directrice, l'expression de mes/nos sincères/ meilleures salutations.*
— *Croyez, Chère Madame/Cher Monsieur, à l'expression de mes/nos sincères salutations.*
— *Veuillez recevoir, Madame la Présidente/Monsieur le Président, mes/nos respectueuses salutations.*

Soignez la mise en page et d'une manière générale, évitez de dépasser les 250 mots pour ne pas accumuler les fautes d'orthographe...

Avant de rédiger votre texte, lisez très attentivement la consigne et analysez bien le sujet. Posez-vous les questions suivantes :
— Quel type de texte dois-je rédiger ?
— À qui dois-je écrire ?
— Quel est le problème ?

Document 1

Le maire de votre ville soutient le projet gouvernemental d'implanter une centrale nucléaire afin d'alimenter en électricité toute l'agglomération. En effet, votre région est très sous-équipée en unités de production électrique. Or la future centrale serait située au cœur d'un territoire très peuplé.

En tant que porte-parole des habitants de la ville, vous écrivez au maire afin d'essayer de le faire changer d'avis.

Vous lui exprimez les raisons qui vous motivent dans votre lutte contre la construction de cette centrale.

Document 2

Si la science est considérée comme utile au quotidien, c'est en premier par sa capacité à pouvoir agir sur notre santé. Ainsi, la première transplantation cardiaque est considérée comme la plus grande invention (55 %), l'imagerie médicale figure en troisième position (40 %) suivie de la pilule contraceptive (26 %).

Loin derrière la santé, le numérique fait également figure de domaine d'application particulièrement utile pour la science. Internet figure ainsi en deuxième position des plus grandes inventions (50 %), les smart-

phones en cinquième (20 %) et les imprimantes 3D en septième (17 %). Dans un contexte de débat aigu sur la protection des données personnelles, les jeunes sont en revanche plus sceptiques sur le cloud, un tiers considérant cette invention comme négative (32 %) et 4 % seulement comme une des plus grandes inventions scientifiques.

Institut CSA pour l'Académie des Sciences – septembre 2014.

Nous vivons une période marquée par des bouleversements considérables dans les domaines des sciences et des nouvelles technologies. L'émergence de la société numérique, la domination de l'Internet, tout cela vous fait peur.

Vous réagissez dans une lettre au courrier des lecteurs en expliquant vos craintes.

ATELIERS

1 PARTICIPER AU CONCOURS LÉPINE

Vous allez présenter une invention au Concours Lépine international de Paris. Il s'agit d'un célèbre concours annuel qui permet aux inventeurs de faire connaître leurs inventions et de recevoir un prix.

Démarche

Formez quatre groupes.

1 Préparation
• Chaque groupe choisit l'invention (voir photos) qu'il devra défendre au concours, dans le cadre de la Foire de Paris.

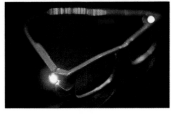

2 Réalisation
• Chaque groupe participant va s'inscrire sur le site du concours Lépine. Sur ce site, téléchargez et imprimez la lettre ainsi que le dossier de participation que vous remplirez et retournerez par courrier à l'adresse mentionnée sur la page d'accueil.
• Vous choisissez un nom pour votre invention.
• Vous préparez la présentation de votre objet : l'origine de l'idée, sa réalisation, les problèmes rencontrés et son fonctionnement.

3 Présentation
• Chaque groupe présente son objet à la classe et en fait la promotion (pourquoi il est merveilleux, révolutionnaire, indispensable...). Les étudiants doivent poser des questions aux inventeurs, leur demander de détailler différents points...
• À l'issue des présentations, la classe vote pour la meilleure invention et remet le prix du Concours Lépine aux gagnants.

2 DEVENIR CHASSEUR DE TENDANCE

Pour préparer son article, un journaliste vous demande de lui faire la liste des dernières tendances de l'année, ce qui « fait le buzz », pour la rubrique « mode » d'un magazine.

Démarche

En groupes de trois ou quatre.

1 Préparation
• Vous allez définir dix domaines. Par exemple : l'alimentation, la mode, les nouvelles technologies, le logement, la restauration, la beauté, le design...

2 Réalisation
• Vous allez lister les tendances du moment pour chaque thème.
Pour ce faire, menez votre enquête : plongez-vous dans l'univers de la consommation pour dénicher les nouvelles tendances. Posez des questions à votre entourage, observez les comportements des consommateurs, les produits et services nouveaux suscitant l'intérêt des gens. Faites des recherches sur Internet, par exemple allez sur des sites spécialisés en marketing répertoriant produits et services à succès.
Vos sources peuvent être également issues de l'actualité immédiate : la presse, la télé, les films...
• Discutez au sein du groupe pour dresser la liste des tendances dans chaque domaine. En sélectionner une ou deux par domaine.

3 Présentation
• Chaque groupe présente sa liste à la classe.
• Vous engagez un débat pour dresser la liste unique des dernières tendances de l'année à présenter au journaliste.

DIPLÔME D'ÉTUDES EN LANGUE FRANÇAISE DELF B2

Niveau B2 du Cadre européen commun de référence pour les langues

ÉPREUVES COLLECTIVES	DURÉE	NOTE SUR
1. Compréhension de l'oral Réponse à des questionnaires de compréhension portant sur deux documents enregistrés : – exposé, conférence, discours, documentaire, émission de radio ou télévisée (deux écoutes) ; – interview, bulletin d'informations, etc. (une seule écoute). *Durée maximale des documents : 8 minutes.*	**30 minutes environ**	**/25**
2. Compréhension des écrits Réponse à des questionnaires de compréhension portant sur deux documents écrits : – texte à caractère informatif concernant la France ou l'espace francophone ; – texte argumentatif.	**1 heure**	**/25**
3. Production écrite Prise de position personnelle argumentée (contribution à un débat, lettre formelle, article critique, etc.).	**1 heure**	**/25**
ÉPREUVE INDIVIDUELLE	**DURÉE**	**NOTE SUR**
4. Production orale Présentation et défense d'un point de vue à partir d'un court document déclencheur	**20 minutes** *Préparation : 30 minutes*	**/25**
	Note totale :	**/100**

Seuil de réussite pour obtenir le diplôme : 50/100
Note minimale requise par épreuve : 5/25
Durée totale des épreuves collectives : 2 heures 30 minutes

DELF **B2**

1 COMPRÉHENSION DE L'ORAL (25 points)

Répondez aux questions en cochant (☒) la bonne réponse ou en écrivant l'information demandée.

39 EXERCICE 1 (18 points)

Vous allez entendre une seule fois un enregistrement sonore de 5 minutes environ.
Vous aurez tout d'abord 1 minute pour lire les questions.
Puis vous écouterez une première fois l'enregistrement.
Vous aurez ensuite 3 minutes pour commencer à répondre aux questions.
Vous écouterez une deuxième fois l'enregistrement.
Vous aurez encore 5 minutes pour compléter vos réponses.
Lisez les questions, écoutez le document puis répondez.

1 Cette émission culturelle est : *(1,5 point)*
☐ un débat.
☐ un reportage.
☐ une revue de presse.

2 À l'occasion de sa réouverture, le musée Picasso a accueilli quatre mille visiteurs de quelle heure à quelle heure ? *(1 point)*
....

3 Quelle mesure François Hollande a-t-il annoncée lors de l'inauguration du musée? *(1,5 point)*
....
....

4 Quel site touristique est fermé le lundi ? *(1 point)*
☐ l'Arc de triomphe.
☐ le Musée Picasso.
☐ le château de Versailles.

5 Que dénonce le syndicat CGT-culture à Orsay : *(2 points)*
....
....

6 Selon Henri Loyrette, ancien président du Louvre, fermer le musée le mardi permet... *(1 point)*
☐ de déplacer et de restaurer des œuvres.
☐ de faire des travaux et de nettoyer le musée.
☐ de déplacer des œuvres et de faire des travaux.

7 En quoi, selon d'autres personnes, un jour de fermeture est-il bénéfique ? *(2 points)*
....
....

8 Ouvrir Le Louvre en permanence permettrait : *(1,5 point)*
☐ d'améliorer le confort du public.
☐ d'attirer toujours plus de visiteurs.
☐ d'ouvrir aussi les supermarchés, les boucheries ou les librairies.

9 Les recettes de mécénat sont... *(1,5 point)*
☐ stables.
☐ en baisse.
☐ en hausse.

10 Le budget d'acquisition du Musée national d'art moderne est : *(1 point)*
☐ d'un million d'euros.
☐ de deux millions d'euros.
☐ de dix millions d'euros.

11 Que risque d'entraîner la politique de réduction continue des subventions des musées ? *(1,5 point)*
....
....

12 Quel est l'enjeu aujourd'hui selon Michel Guerrin ? *(1,5 point)*
....
....

13 De combien le ticket plein tarif au Louvre a-t-il augmenté depuis 2000 ? *(1 point)*
....
....

40 EXERCICE 2 *(7 points)*

Vous allez entendre une seule fois un enregistrement sonore de 1 minute 30 à 2 minutes.
Vous aurez tout d'abord 1 minute pour lire les questions. Après l'enregistrement, vous aurez
3 minutes pour répondre aux questions. Lisez maintenant les questions.

1 Dans cette émission, le journaliste explique : *(1 point)*
☐ comment faire un CV décalé et créatif pour se démarquer.
☐ qu'un CV original peut faire la différence lors d'un recrutement.
☐ qu'un CV original est toujours apprécié des recruteurs.

2 Grâce à leur candidature originale : *(1 point)*
☐ un tiers des postulants ont obtenu un entretien.
☐ deux tiers des postulants ont obtenu un entretien.
☐ tous les postulants ont obtenu un entretien.

3 Quel est le slogan de l'agence de communication à la laquelle une jeune femme a envoyé sa candidature ? *(1 point)*
....

4 L'enveloppe envoyée par un jeune homme à un recruteur contenait : *(1 point)*
☐ des tickets à gratter.
☐ des tickets de métro.
☐ des carottes râpées.

5 Quelle sucrerie un candidat a-t-il mise dans la lettre avec son CV ? *(1 point)*
....

6 Pour réussir une candidature, que faut-il toujours préciser ? *(1 point)*
☐ de sérieuses références.
☐ une demande d'entretien.
☐ l'activité de l'entreprise visée.

7 De quoi parle-t-on lors d'un entretien ? *(1 point)*
☐ capacités d'adaptation pour le poste.
☐ motivations pour le poste
☐ formation, expérience et contenu de poste.

DELF B2

2 COMPRÉHENSION DES ÉCRITS (25 points)

EXERCICE 1 (13 points)

Lisez le texte, puis répondez aux questions, en cochant ⊠) la bonne réponse, ou en écrivant l'information demandée.

Emploi : la « galère » des ultra-diplômés

Les jeunes ultra-diplômés sont de plus en plus nombreux à se retrouver au chômage plusieurs années après avoir quitté l'université. Trop qualifiés mais débutants, leur profil ne séduit plus les entreprises.

« Galère », c'est le mot qui vient à l'esprit des jeunes diplômés à la recherche de leur premier emploi. Selon une étude publiée par *Le Monde* mardi, 45 % des jeunes estiment que leur vie sera pire que celle de leurs parents. Un fait qui n'épargne pas les jeunes ultra-diplômés qui jugent la recherche d'un emploi comme un parcours du combattant. Rémi Laurent, 29 ans, fait partie de ces jeunes qui se sentent rejetés par le marché du travail. Avec un master en droit des collectivités et un master en développement durable, cet ancien étudiant ne voit plus le bout du tunnel. Il a pourtant tout fait pour devenir le candidat idéal. « *On nous a toujours dit qu'un seul master ne suffisait plus pour trouver un emploi. J'en ai donc fait deux* », raconte Rémi Laurent au Figaro Étudiant. « *Je voulais avoir un maximum de cordes à mon arc mais ça n'a servi à rien* », poursuit-il.

Comme la majorité des étudiants, Rémi Laurent est passé par l'étape des stages. « *J'ai d'abord fait trois mois dans une entreprise qui m'a prolongée de trois mois en me faisant miroiter un CDD à la fin.* » Finalement, au bout de six mois, c'est un nouveau stage que l'entreprise propose à l'étudiant, qui refuse. Commence alors la recherche d'un premier emploi. « *Je m'attendais à ce que ce soit difficile, mais pas autant que ça* », déplore-t-il. Rémi Laurent s'inscrit à Pôle Emploi en 2011 sans pour autant attendre de miracles. « *Ma conseillère ne connaissait même pas mon métier* », rigole-t-il. En parcourant les annonces sur Internet, le demandeur d'emploi découvre des fiches de poste très détaillées. Seul problème, ces offres ne sont que pour des stages.

« *Recourir à des stagiaires est devenu la solution de facilité pour beaucoup d'entreprises.* »
En un an, Rémi Laurent envoie près de 2 500 CV à travers toute la France. Lorsque les entreprises n'ignorent pas sa demande, elles lui envoient une réponse type : « Votre profil ne correspond pas ». Pour Rémi Laurent, une réponse personnalisée est déjà une victoire. Une victoire bien maigre puisque les retours sont toujours négatifs. « *Soit je suis surqualifié, soit je n'ai pas assez d'expérience* », raconte Rémi Laurent avec ironie. « *Sur le marché du travail, les étudiants n'ont plus le droit d'être débutants.* » Rémi Laurent ne blâme ni les entreprises ni les politiques comme responsables de sa situation. C'est l'université, « à des années lumières du monde du travail », qu'il pointe du doigt. Les étudiants ne sont pas préparés à ce qu'ils vont vivre après les cours. Selon lui, « tout est à créer » dans ce domaine.

Dans cette situation précaire, Rémi Laurent remercie ses parents qui l'épaulent constamment. Il en a bien conscience, tous les jeunes n'ont pas cette chance. « *Ils ne comprennent pas toujours que je ne parvienne pas à trouver un travail, c'est un sentiment oppressant.* » Et ce n'est pas seulement le regard de ses parents qu'il doit supporter, mais aussi celui de tout son entourage qui le considère désormais comme un chômeur et non comme un double diplômé. Aujourd'hui, Rémi Laurent envisage une nouvelle solution pour sortir de la précarité : partir à l'étranger.

Leslie BOURRELIER, *Le Figaro*, le 26 février 2014.

1 D'après l'article, les jeunes diplômés ont des difficultés à... *(1 point)*
☐ s'insérer professionnellement.
☐ trouver des offres d'emploi à un niveau de salaire correct.
☐ mettre en valeur leurs compétences dans leur recherche d'emploi.

2 Pourquoi les jeunes diplômés se sentent-ils rejetés du marché du travail ? *(1,5 point)*
....

3 Vrai ou faux ? Cochez la bonne réponse et recopiez la phrase ou la partie du texte
qui justifie votre réponse. *(4,5 points)*
a | Rémi Laurent croyait que son double diplôme serait un atout pour trouver un poste
plus facilement. Vrai ☐ Faux ☐
Justification : ....
b | Lorsqu'il envoie des CV, Rémi Laurent a du mal à obtenir des réponses personnalisées
de la part des entreprises. Vrai ☐ Faux ☐
Justification : ....
c | La majorité des entreprises hésitent à embaucher des stagiaires. Vrai ☐ Faux ☐
Justification : ....

4 Concernant sa recherche d'emploi, Rémi Laurent est... *(1 point)*
☐ très patient.
☐ plein d'espoir.
☐ en pleine désillusion.

5 Qu'est-ce qu'on lui reproche ? Quel est le paradoxe ? *(1,5 point)*
....
....

6 Expliquez : « *C'est l'université, « à des années lumières du monde du travail »,
qu'il pointe du doigt.* » *(1,5 point)*
....
....

7 En quoi le regard de ses proches a-t-il changé ? *(1 point)*
....

8 Rémi a le projet de... *(1 point)*
☐ s'expatrier.
☐ créer son entreprise.
☐ de faire un autre stage.

DELF **B2**

EXERCICE 2 (12 points)

Lisez le texte, puis répondez aux questions, en cochant (☒) la bonne réponse, ou en écrivant l'information demandée.

Ils rêvent d'être un chef au top puis cauchemardent en cuisine

« Masterchef », « Un dîner presque parfait », « Cauchemar en cuisine »… Depuis une dizaine d'années, la téléréalité gastronomique dope les audiences.

C'est reparti pour un tour ! Avec une nouvelle saison de Top Chef, M6* compte bien mettre un peu de beurre dans les épinards de ses audiences.

Conséquence de ces programmes culinaires qui fleurissent sur toutes les chaînes depuis une dizaine d'années : une surchauffe dans les filières hôtelières. Dans un secteur qui recense environ 50 000 postes à pourvoir, ça tombe plutôt bien.

L'année dernière, Roland Héguy, le président de l'Union des métiers et des industries de l'hôtellerie (Umih) reconnaissait que les retombées de ces émissions étaient *« très positives en termes d'image du métier, devenu de l'ingénierie. »*

Mais ça n'est pas aussi merveilleux. *« Ce phénomène peut contribuer à améliorer le niveau d'entrée dans les organismes de formation »*, constate Alain Fontaine, propriétaire du restaurant Le Mesturet à Paris et président de la commission des maîtres restaurateurs au Synhorcat (Syndicat national des hôteliers, restaurateurs, cafetiers et traiteurs), mais, nuance-t-il, *« il n'est toutefois pas certain que ces émissions créent de véritables vocations. »*

Pourquoi ? Parce que, répond-il, *« ces émissions ne témoignent pas de la réalité de la cuisine. Ceux qui ont déjà séjourné dans des cuisines professionnelles savent que ça n'est pas du tout la même ambiance. Faire la plonge, éplucher les légumes, briquer la cuisine, les horaires, les coupures… les corvées, qui font aussi partie de ce métier que j'adore, ne sont pas évoquées. »*

Tromperie sur la marchandise

Autre tromperie sur la marchandise : les ustensiles utilisés dans les émissions. *« Les candidats ont du matériel hyperperformant entre les mains »*, ajoute Alain Fontaine, *« matériel, d'ailleurs, qui est mis en évidence pour des raisons publicitaires… La plupart des cuisines ne disposent pas de ce magnifique matériel. Bien souvent, c'est au contraire du matériel obsolète qu'on trouve dans les cuisines françaises. »* Thierry Marx, le célèbre pape de la cuisine moléculaire et par ailleurs juré de l'émission Top Chef, exprimait l'an passé lui aussi sa méfiance face à ces candidats leurrés par cette téléréalité gastronomique : *« Quand le jeune arrive dans la réalité et quitte l'univers fantasmé, l'hécatombe est toujours la même »*, soupirait-il.

Hécatombe, le mot n'est pas trop fort : plus de six jeunes formés dans le système scolaire sur dix quittent le secteur au bout de cinq ans.

« Des divertissements »

Alain Fontaine précise : *« Il y a en fait dans ces émissions deux types de caricatures : les Top Chef ou Masterchef qui montrent le meilleur du métier et qui risquent de susciter de fausses vocations et les autres, type Cauchemar en cuisine, qui ne vous donnent pas du tout envie d'aller y travailler. Il ne faut pas se tromper : ce sont des divertissements où tout est bon pour faire de l'audience. On pourrait faire les mêmes émissions en maçonnerie ou en cordonnerie, en tirant les mêmes ficelles, le résultat serait le même. »*

Qu'est-ce qui restera de ces émissions ? *« Quelques vocations et beaucoup de déceptions et de désillusions »*, conclut Alain Fontaine.

Quant à Thierry Marx, le top chef de Top Chef va jusqu'à éliminer les candidats accros à son émission qui se bousculent au portillon de l'école d'insertion qu'il a fondée en 2012 pour former des commis en quelques semaines.

* Chaîne de télévision.

Christophe COLINET, La Nouvelle République.fr, 22 janvier 2014.

---

1 Quel est le sujet abordé dans ce texte ?　　　　　　　　　　　　　　*(1 point)*

☐ L'impact des émissions culinaires de téléréalité sur le public.

☐ L'aspect sociologique des programmes consacrés à la cuisine.

☐ Les revenus publicitaires générés par les émissions culinaires.

2 a | Quelles sont les conséquences du succès des émissions de cuisine sur la formation professionnelle ?　　　　　　　　　　　　　　　　　　　　*(1 point)*

....

....

b | Quelles limites sont mises en évidence ? *(1 point)*

....

....

3 Vrai ou faux ? Cochez la bonne réponse et recopiez la phrase ou la partie du texte qui justifie votre réponse. *(4,5 points)*

a | Les émissions de gastronomie se multiplient sur le petit écran. Vrai ☐ Faux ☐

Justification : ....

b | Les réalités du métier de cuisinier sont montrées dans ce type de programme. Vrai ☐ Faux ☐

Justification : ....

c | Beaucoup d'apprentis changent d'orientation. Vrai ☐ Faux ☐

Justification : ....

4 De quelle tromperie parle-t-on dans l'article concernant les ustensiles ? *(1,5 point)*

....

....

5 Quel constat Alain Fontaine fait-il dans le dernier paragraphe ? *(1 point)*

....

....

6 Expliquez le jeu de mots contenu dans la phrase : « *M6 compte bien mettre un peu de beurre dans les épinards de ses audiences.* » *(2 points)*

....

....

3 PRODUCTION ÉCRITE (25 points)

Vous habitez un village tranquille dans un pays francophone. En discutant avec vos voisins, vous apprenez que la municipalité a vendu des terres agricoles pour permettre la construction d'un aéroport malgré l'opposition des organisations écologistes.

Vous vous inquiétez des conséquences de ce projet sur la vie quotidienne. Vous décidez d'écrire au maire en exprimant votre indignation et en expliquant vos craintes. Vous lui faites part des inconvénients d'un tel projet.

(250 mots minimum)

DELF B2

....
....
....
....
....
....
....
....
....
....
....
....
....
....
....
....
....

4 PRODUCTION ORALE (25 points)

Vous tirerez au sort deux documents parmi ceux proposés par l'examinateur et vous en choisirez un. Vous dégagerez le problème soulevé par le document choisi puis vous présenterez votre opinion sur le sujet de manière claire et argumentée.

Si nécessaire, vous défendrez votre opinion au cours du débat avec l'examinateur.

> SUJET 1

Les voyages transforment la jeunesse

Les voyages forment la jeunesse… et même la transforment. C'est en tout cas la conclusion d'une étude menée par deux psychologues allemands. Ainsi, les étudiants qui passent un temps de leurs études à l'étranger développeraient des personnalités plus ouvertes et équilibrées par la suite.

À l'image du film *L'Auberge espagnole* (Cédric Klapisch, 2002), les séjours prolongés à l'étranger durant les études sont souvent synonymes de rencontres enrichissantes. Par ailleurs, ils donnent aussi l'occasion de découvrir et de s'adapter à une autre culture et d'expérimenter une séparation durable avec son milieu d'origine. Selon les auteurs de cette étude, ces expériences auraient une incidence sur la future personnalité des jeunes adultes. En comparant un échantillon d'étudiants partis étudier six mois ou un an à l'étranger à un autre groupe resté au pays, Julia Zimmermann et Franz Neyer ont pu mesurer des changements chez ces « voyageurs ». De retour au pays, ils témoigneraient de davantage d'ouverture d'esprit, auraient un caractère plus agréable et un plus faible risque de développer des troubles psychiques tels que l'anxiété ou la dépression. Pour les chercheurs, rompre avec un réseau relationnel établi et devoir en reconstruire un nouveau, s'adapter à un contexte culturel nouveau et différent du sien, sont autant d'expériences formatrices pour ces jeunes adultes. Et celles-ci leur permettront plus tard de s'adapter plus facilement à des situations nouvelles.

Cette étude semble en tout cas confirmer l'importance des expériences vécues entre la fin de l'adolescence et l'entrée dans l'âge adulte pour la construction identitaire. D'autres évènements, comme l'entrée dans la vie professionnelle ou l'installation avec un partenaire en font également partie. Eh oui, il n'y a pas que les voyages qui forment la jeunesse…

Marc OLANO, *Sciences Humaines*, 11 février 2014.

> SUJET 2

Les jeux vidéo, une autre façon de jouer à plusieurs

Question récurrente : les jeux vidéo violents, tel Call of Duty, rendent-ils les jeunes agressifs ? *« Après plus d'une dizaine d'années d'étude, les chercheurs ont retrouvé ce que les mères observaient déjà dans leur salle à manger : quand les gamins jouent aux jeux vidéo, ils sont excités, ils se mettent parfois des peignées, mais en aucun cas ils ne sortent l'AK47 pour massacrer toute la famille »*, ironise le psychologue Yann Leroux, membre de l'Observatoire des mondes numériques en sciences humaines. Il préfère se concentrer sur une autre question, *« insuffisamment traitée »* à ses yeux : quel est l'effet de cette gigantesque industrie du jeu sur la capacité d'imagination ? *« Pour les jeunes, les jeux vidéo sont un espace rêvé »*, souligne-t-il. *« Ils présentent des images idéales : des guerriers surpuissants, des sylphides aux mensurations parfaites, un monde clivé entre bons et méchants. Certains jouent avec des imaginaires agressifs, voire scatologiques, ou mettant en scène la cruauté. Enfin, le corps que vous endossez dans un jeu vidéo, fait de pixels, est transformable à volonté. À l'âge où le rapport à son image, physique est compliqué, cet atout n'est pas négligeable. »* Pour le psychologue, les jeux vidéo constituent *« plus souvent des solutions imaginaires que des problèmes »*.

Revivre des angoisses familières

Mêlant progressivement la trame de l'histoire préétablie à sa propre fantaisie, l'adolescent peut revivre en images, dans le cadre bien protégé de sa chambre, des angoisses familières : la remise en question du sentiment d'identité, la sexualité, le brouillage des frontières entre le bien et le mal.

Quant à savoir s'ils jouent trop... *« Avant de parler d'addiction, il faut bien comprendre que pour cette génération, le jeu vidéo est devenu une culture en soi. Au même titre que pour d'autres la lecture, la musique ou la bande dessinée »*, répond Vincent Berry. Spécialiste à l'université Paris-XIII de la sociologie du jeu, il ne croit pas non plus, à de rares et pathologiques exceptions près, au « mythe » de l'isolement par l'écran. *« Le jeu vidéo s'inscrit complètement dans les sociabilités des ados »*, affirme-t-il. *« Les parents ont souvent l'image de leur enfant tout seul derrière son ordinateur, mais en réalité, dès qu'ils le peuvent, les jeunes s'invitent et jouent ensemble dans le salon autour de la console. Ou alors ils jouent en réseau, ce qui est une autre façon de ne pas être seul. »* Selon l'enquête réalisée en juin 2012 par le Centre de recherche pour l'étude et l'observation des conditions de vie (Credoc), une personne sur cinq s'adonne peu ou prou aux jeux en réseau, soit environ 11 millions de personnes en France : 55 % des 12-17 ans en sont adeptes, et 46 % des étudiants.

Le Monde, 24 mai 2014.

DELF B2

MÉMENTO GRAMMATICAL >

LE VERBE

Le verbe connaît quatre modes : l'indicatif, le conditionnel, l'impératif et le subjonctif qui se conjuguent à différents temps et deux modes non conjugués, l'infinitif et le participe.

1 Les temps composés

Les temps composés (passé composé, plus-que-parfait, futur antérieur, conditionnel passé, subjonctif passé) se forment avec l'auxiliaire **avoir** ou **être** + le **participe passé**.

Avec **être** :
• Les verbes pronominaux : *Elle s'est levée à 6 h.*
• 16 verbes (et leurs familles) : *aller, apparaître, arriver, décéder, descendre, entrer, monter, mourir, naître, partir, passer, rester, retourner, sortir, tomber, venir : Je suis revenu de Rome.*

Avec **avoir** :
• Tous les autres verbes : *J'ai mangé une pomme.*
• Les verbes *descendre, monter, passer, rentrer, retourner, sortir* quand ils ont un COD :
J'ai descendu vos bagages.

2 Les temps du passé

Le passé composé

Formation : **être** ou **avoir** au présent + **participe passé**

Avec le passé composé, je peux :
• évoquer une action ou un sentiment achevés à un moment précis : *Elle a téléphoné à Max à 9 h. Il a eu peur d'être en retard.*
• exprimer une durée limitée : *Entre 14 h et 15 h, j'ai joué au tennis.*
• présenter une série d'actions dans un récit : *Je suis sorti à midi, j'ai déjeuné et je suis reparti au travail.*

L'imparfait

Formation : radical de la 1re personne du pluriel (nous) du présent + les terminaisons **-ais, - ais, -ait, -ions, -iez, -aient**

Avec l'imparfait, je peux :
• évoquer une action passée habituelle.
J'allais à la piscine tous les dimanches.
• évoquer un état, des circonstances, une description passés :
Elle portait une robe très élégante. / J'étais étudiant. / Il neigeait.
• évoquer une action passée en cours de déroulement (en général en même temps qu'une action passée au passé composé.
Je regardais les infos quand il m'a téléphoné.

Le plus-que-parfait

Formation : **être** ou **avoir** à l'imparfait + **participe passé**
Il était parti. / Nous avions parlé.

Avec le plus-que-parfait, je peux :
• indiquer qu'une action s'est produite avant une autre action passée :
J'ai bu le thé qu'il avait préparé.

Le passé simple

Le passé simple est dorénavant un temps de la langue écrite soutenue (articles, romans...) utilisé principalement aux 3es personnes du singulier et du pluriel.

> Formation : le passé simple fonctionne en général sur le radical du participe passé : je chantai, je partis, j'eus.
>
> Mais il y a de nombreuses exceptions.
>
> Terminaisons :
> – pour les verbes en **-er** : **-ai, -as, -a, -âmes, -âtes, -èrent**
> – pour les autres verbes : **-is, -is, -it, -îmes, -îtes, -irent** et **-us, -us, ut, -ûmes, -ûtes, -urent**
> – pour les tenir, venir et leurs composés : **-ins, -ins, -int, -înmes, -întes, -inrent**
>
> **Quelques verbes irréguliers :** être ⟶ je fus, faire ⟶ je fis, venir ⟶ je vins, etc.

Avec le passé simple, je peux :
• indiquer une action ponctuelle : *Elle partit à Honfleur le soir même.*
• exprimer une durée limitée : *Louis XIV passa les dernières années de son règne à Versailles.*
• évoquer une succession de faits dans un récit : *Il prit son cheval, le monta et se dirigea vers les faubourgs.*

3 Le futur simple

> Formation : en général à partir du **verbe à l'infinitif** + les terminaisons **-ai, -as, -a, -ons, -ez, -ont**

Avec le futur, je peux :
• faire une prédiction ou une prévision : *Il pleuvra demain sur le Nord-Ouest.*
• parler d'un projet : *Quand nous serons mariés, nous ferons le tour du monde.*
• donner des consignes : *Vous me finirez ce dossier pour demain.*
• promettre : *Je serai là à l'heure.*

4 Le conditionnel présent

> Formation : le même radical que le futur (**l'infinitif du verbe**) + les terminaisons de l'imparfait **-ais, -ais, -ait, -ions, -iez, -aient**

Avec le conditionnel présent, je peux :
• demander quelque chose avec politesse : *Je voudrais un prendre rendez-vous avec le docteur, s'il vous plaît.*
• conseiller : *Tu devrais faire plus attention à ce que tu dis.*
• exprimer un souhait : *J'aimerais aller au ski.*
• imaginer une situation : *Je ne ferais jamais une chose pareille.*
• évoquer quelque chose dont on n'est pas certain : *Selon nos informations, le Président épouserait une actrice.*
• imaginer une hypothèse difficilement réalisable ou irréalisable :
Si je gagnais au loto, je voyagerais toute l'année.
Si j'étais le Président, je ne ferais pas ça.

> Quelques verbes irréguliers au **futur simple** et au **conditionnel présent** :
> avoir ⟶ j'aurai/aurais   être ⟶ je serai/serais   aller ⟶ j'irai/irais
> faire ⟶ je ferai/ferais

5 Le conditionnel passé

> Formation : **être** ou **avoir** au conditionnel présent + **participe passé**

Avec le conditionnel passé, je peux :
• exprimer un regret : *J'aurais aimé que tu me préviennes.*
• exprimer un reproche : *Tu aurais pu faire un effort pour avoir ton bac.*
• exprimer un soulagement : *Un pas de plus et le bus m'aurait renversé.*
• imaginer une hypothèse : *Si Jules César n'avait pas envahi la Gaule, nous parlerions une langue celtique.*

6 Le subjonctif présent

Formation :
Pour **je, tu, il, elle, on, ils, elles** : radical de la 3e personne du pluriel (ils) du présent de l'indicatif + les terminaisons **-e, -es, -e, -ent**
Pour **nous** et **vous** : radical de la 1e personne du pluriel (nous) du présent + les terminaisons **-ions, -iez**

VERBES IRRÉGULIERS

avoir
que j'aie
que tu aies
qu'il/elle ait
que nous ayons
que vous ayez
qu'ils/elles aient

être
que je sois
que tu sois
qu'il/elle soit
que nous soyons
que vous soyez
qu'ils/elles soient

vouloir
que je veuille
que tu veuilles
qu'il/elle veuille
que nous voulions
que vous vouliez
qu'ils/elles veuillent

pouvoir
que je puisse
que tu puisses
qu'il/elle puisse
que nous puissions
que vous puissiez
qu'ils/elles puissent

savoir
que je sache
que tu saches
qu'il/elle sache
que nous sachions
que vous sachiez
qu'ils/elles sachent

aller
que j'aille
que tu ailles
qu'il/elle aille
que nous allions
que vous alliez
qu'ils/elles aillent

faire
que je fasse
que tu fasses
qu'il/elle fasse
que nous fassions
que vous fassiez
qu'ils/elles fassent

valoir
que je vaille
que tu vailles
qu'il/elle vaille
que nous valions
que vous valiez
qu'ils/elles vaillent

falloir
qu'il faille

pleuvoir
qu'il pleuve

Avec le subjonctif présent, je peux :
• exprimer un sentiment, une nécessité, une volonté, une possibilité, un doute, une antériorité, une concession, un but après un verbe, une expression verbale ou une conjonction + que :
*Je voudrais **que** tu viennes. / C'est dommage **qu'**il pleuve. / Dis-le moi avant **qu'**elle soit là.*

7 Le passif

Formation : verbe **être** (conjugué au temps du verbe à la forme active) + **participe passé du verbe à la forme active**. Le participe passé s'accorde avec le sujet.

Le passif permet de mettre l'accent sur l'objet de l'action ou d'éviter de dire le sujet réel dans la phrase. Seuls les verbes transitifs (acceptant un COD) peuvent être mis à la forme passive.
• Au passif, l'objet de l'action est le sujet du verbe : *Un tableau a été volé au musée.*

• Quand le sujet de l'action est explicité, il devient complément d'agent du verbe à la forme passive et il est normalement introduit par la préposition **par** :
*Il faut que le gouvernement prenne une décision. → Il faut qu'une décision soit prise **par** le gouvernement.*

• Le passif permet d'éviter le pronom on : *On a arrêté le voleur. → Le voleur a été arrêté.*

LA CONDITION ET L'HYPOTHÈSE AVEC *SI*

1 Si + présent...

Hypothèse réalisable

• + présent (ou conditionnel de politesse)
Si tu as le temps, tu **peux / pourrais** *m'aider ?*

• + futur
S'il fait beau dimanche, on **ira** *pique-niquer.*

• + impératif (ou que + subjonctif à la 3ᵉ personne)
Si tu es libre ce soir, **passe** *à la maison.*
S'il n'est pas content, **qu'il** *le* **dise***.*

2 Si + passé composé...

Hypothèse passée (le locuteur ne sait pas si cela s'est vraiment produit) :

+ indicatif ou impératif
*S'il est déjà arrivé à la gare, j'***espère** *qu'il nous attend.*
Si tu as fait une erreur, **dis**-*le moi.*

Attention ! Cette structure peut également avoir un sens causal (*si = puisque*).
Si Patricia a réussi son examen, il n'y a pas de raison que tu le rates.

3 Si + imparfait...

Hypothèse peu réalisable :

+ conditionnel présent
*Si je gagnais au loto, j'***achèterais** *une maison.*

Hypothèse irréalisable :
*Si j'étais le maire, j'***interdirais** *les chiens en ville.*

4 Si + plus-que-parfait...

Hypothèse irréalisable (dans le passé) :

+ conditionnel passé
*Si j'avais su, je n'***aurais** *jamais* **commencé** *à apprendre le français.*

Note : ces deux dernières structures peuvent se combiner.

Si + imparfait + conditionnel passé
Si tu **travaillais** *plus (en général), tu* **aurais eu** *ton bac.*

Si + plus-que-parfait + conditionnel présent
Si tu **avais eu** *ton bac, tu* **aurais** *un emploi.*

L'ADJECTIF

La place de l'adjectif

• En général, on place l'adjectif **après** le nom, sauf certains adjectifs courts (une syllabe), les adjectifs numéraux et certains adjectifs qualificatifs (*beau, bon, grand, petit, long, autre, gros, vieux, jeune, mi-, demi-*).
Tu as trouvé un appartement **exceptionnel***.*
C'est la **troisième** *fois que je te le dis.*
Tu as acheté un **beau** *vélo.*

Certains adjectifs changent de sens selon qu'ils sont placés **avant** (sens figuré) ou **après** (sens propre) le nom : grand, curieux, différent, drôle, propre, ancien, pauvre, cher, seul...
un drôle *de livre (un livre bizarre) / un livre* drôle *(un livre amusant)*

• Si l'adjectif se trouve devant un nom pluriel, on utilise l'article **de** au lieu de **des** :
Tu as **de belles** *chaussures.*
Tu as **des** *versions* **originales** *de la Bible de Gutenberg.*

L'ADVERBE

Formation de l'adverbe en -ment

La place de l'adverbe est variable dans la phrase.

Pour former un adverbe en **-ment** :

• On ajoute **-ment** aux adjectifs qui se terminent par une voyelle et pour les autres, on prend la forme féminine de l'adjectif.

Adjectif qui finit avec une **voyelle** : *vrai* → *vrai***ment**

Adjectif qui finit avec une **consonne** : *certain* → féminin : *certaine* → *certaine***ment**

• Les adjectifs qui se terminent en **ant** et **ent** donnent des adverbes en **-amment** ou **-emment** : *courant* → *cour***amment**

NB : **-emment** se prononce comme **-amment**.

Quelques exceptions :

gai → gai**e**ment

précis → précis**é**ment

profond → profond**é**ment

bref → br**iè**vement

énorme → énorm**é**ment

gentil → gen**ti**ment

LE PARTICIPE PRÉSENT, LE GÉRONDIF ET L'ADJECTIF VERBAL

1 Le participe présent

• Il est formé sur le radical de l'imparfait + **-ant** : *chantant, connaissant*. Exceptions : **ayant, sachant**.

• Il est rarement utilisé en français oral où il est souvent remplacé par une proposition relative.
*Les personnes **désirant** des renseignements sont priées de prendre rendez-vous. (=Les personnes **qui désirent** des renseignements…).*

• En apposition (séparé du substantif), il peut aussi exprimer :
— une action précédant immédiatement une autre action.
Se levant *rapidement, il sortit de la pièce. (= **Il s'est levé** rapidement **puis** il est sorti.)*

— La cause.
Connaissant *Pierre, je peux te dire qu'il ne va pas apprécier. (= **Comme je connais**…)*

2 Le gérondif

• Il est formé de en + le participe présent : **en travaillant**, **en finissant**.

• Il est invariable et se rapporte toujours au sujet de la phrase.
*J'ai aperçu Georges **en traversant** le parc. (C'est moi qui traversais le parc, pas Georges).*

Il peut exprimer :
— la simultanéité. *Je roule **en écoutant** la radio.*
— la manière. *Il parlait **en chuchotant**.*
— la cause. *Il a eu un accident **en ratant** un virage.*
— la condition. **En économisant** *davantage, nous pourrions partir en vacances.*

3 L'adjectif verbal

• Il est formé en général comme le participe présent (exceptions : ci-dessous). Attention : tous les verbes n'ont pas automatiquement un adjectif verbal.

• C'est un adjectif : il s'accorde en genre et en nombre avec le nom. Contrairement au participe présent, il ne peut pas avoir de complément.
*Ce ne sont pas des diplômes **équivalents**. mais J'ai un diplôme équivalant au bac.*

• Certains adjectifs verbaux ont une forme différente de celle du participe présent.

Participe présent	Adjectif verbal
-guant	**-gant**
fatiguant	fatigant
intriguant	intrigant
naviguant	navigant
-quant	**-cant**
communiquant	communicant
convainquant	convaincant
provoquant	provocant
suffoquant	suffocant
-ant	**-ent**
adhérant	adhérent
différant	différent
divergeant	divergent
émergeant	émergent
équivalant	équivalent
excellant	excellent
influant	influent
négligeant	négligent
précédant	précédent
somnolant	somnolent

LES INDÉFINIS

1 Les adjectifs indéfinis

• Les adjectifs indéfinis s'emploient pour qualifier une quantité. Ils sont suivis d'un nom.

Quantité	Adjectif indéfini + nom
Quantité = 0	- **nul(le)** - **aucun(e)** S'écrivent avec **ne/n'** : *Il **n'**y a **aucune** raison pour que tu échoues à ton test.*
Quantité = 1	- **chaque** est masculin ou féminin mais invariable. - **tout/toute** *Chaque candidat doit passer un test d'aptitude.* *Tout candidat doit passer ce test.*
Quantité indéterminée	- **un(e) autre/d'autres/les autres** - **quelques** est la plupart du temps pluriel. Il s'emploie au masculin et au féminin. - **certains/certaines** - **plusieurs** est pluriel et invariable. *Il y a **plusieurs** candidats et candidates à ce poste.*
Totalité	- **tous/toutes** *Presque **toutes** les personnes qui passent le test de français ont un bon résultat.* Quand **tous** est avant un déterminant (*les, mes, ces…*), on ne prononce pas le « s ».

2 Les pronoms indéfinis

• Les pronoms indéfinis remplacent un nom évoqué précédemment. Ils s'emploient pour qualifier une quantité.

Quantité	Pronom indéfini
Quantité = 0	- **personne** - **rien** - **nul(le)** - **aucun(e)** S'écrivent avec **ne/n'** : *Il y avait 30 candidates. **Aucune n'**a échoué au test.*
Quantité = 1	- **chacun/chacune** - **quelqu'un** ***Quelqu'un** est absent ?*
Quantité indéterminée	- **d'autres** - **quelques-uns/quelques-unes** s'emploient toujours au pluriel. - **certains/certaines** - **plusieurs** *Il y a beaucoup de questions de grammaire dans le test d'orientation. Je trouve que **certaines** sont trop difficiles.*
Totalité	- **tout/tous/toutes** *Elles ont **toutes** reçu une convocation.*

LES PRONOMS PERSONNELS OBJETS

1 Emploi des pronoms

• **le, la, l', les** remplacent un complément d'objet direct défini ou déterminé (un nom propre, un substantif précédé d'un déterminant — article défini, adjectif possessif ou démonstratif).
— *Tu connais Pierre ?*
— *Oui, je **le** vois souvent.*

— *Tu aimes ses amis lyonnais ?*
— *Je ne sais pas, je ne **les** ai jamais vus.*

• **en** remplace un complément d'objet direct indéfini (introduit par *un, une, des* ou un numéral), un partitif (*du, de la, de l'*) ou un mot introduit par *de* (origine).
— *Il aime le chocolat ?*
— *Oui, il **en** mange souvent.* (du chocolat)

— *Il a des enfants ?*
— *Oui, il **en** a cinq !*

• **lui** et **leur** remplacent un complément introduit par *à* (seulement avec les personnes)
— *Tu es resté en contact avec les Martin ?*
— *Oui, je **leur** écris régulièrement.*

• **y** remplace un complément de lieu ou un complément introduit par *à* (seulement avec les choses, jamais les personnes)
— *Elle aime l'Italie ?*
— *Oui, elle **y** va souvent en vacances.*

— *Tu te souviens de cette histoire ?*
— *Oui, j'**y** repense souvent.* (à cette histoire)

2 Place des doubles pronoms

• Quand il y a deux pronoms avec le même verbe, ils sont placés dans l'ordre suivant (sauf à l'impératif affirmatif) :

sujet	(ne/n')	me te se nous vous	le la l' les	lui leur	y	en	verbe	(pas)

*Il **te l'**a donné ?*

*Il va **le lui** dire.*

*Je ne vais pas **lui en** acheter.*

*Il n'**y en** a pas.*

*Ne **le lui** dis pas.*

• Place des doubles pronoms à l'impératif affirmatif :

verbe	le la les	moi/m' toi/t' lui nous vous leur	en

*Donne-**les nous**.*

*Donnez-**m'en**.*

LES PRONOMS RELATIFS

qui	• Sujet du verbe *Je regarde l'émission de cuisine **qui** passe chaque lundi sur TV5.* • Remplace une personne (jamais un objet) après une préposition : *Les amis **avec qui** j'ai passé des vacances reviennent ici.*
que	• Complément d'objet direct attribut : *L'homme honnête **que** je suis ne peut accepter cette situation.*
dont	• Complément du verbe + *de* : *Fumer est une mauvaise habitude **dont** il a réussi à se débarrasser.*
	• Complément du nom + *de* : *Cette chanson **dont** tu chantes le refrain est d'Alain Souchon.*
	• Complément l'adjectif + *de* : *Elle a reçu un prix littéraire **dont** elle est très fière.*
	• Au sens de *parmi lesquel(le)s* : *Dans la classe, il y a 12 étudiants **dont** 4 garçons.*
où	• Complément de lieu (et aussi *d'où, par où*) : *La maison **où** j'ai passé mon enfance a été détruite.*
	• Complément de temps : *Le jour **où** je suis allée en Normandie, il pleuvait.*
lequel, laquelle, lesquels, lesquelles	• Remplacent un objet ou une personne après une préposition : *Le couteau **avec lequel** je viens de couper la viande est très tranchant.*
	• Dans certains cas, en style soutenu, peuvent remplacer *qui* et être sujet du verbe : *La facture devra être réglée dans un certain délai, **lequel** ne peut dépasser un mois.*

auquel, à laquelle, auxquels, auxquelles	• Remplacent un objet ou une personne si la préposition est *à* : *Voici le professeur de judo grâce **auquel** j'ai gagné la compétition.*
duquel, de laquelle, desquels, desquelles	• Remplacent un objet ou une personne après une préposition composée + *de* : *L'étudiant en face **duquel** je suis assis est turc.* **Notez** que, à l'oral, pour remplacer une personne, on utilise plus fréquemment *qui* qu'une préposition composée.

Avec le démonstratif **ce**, on peut utiliser seulement ***qui, que, dont***.
*ce **qui** me plaît (= la chose qui me plaît) — ce **que** je crois — ce **dont** je parle*
*Dis-moi **ce que** tu manges, je te dirai qui tu es.*

L'EXPRESSION DU LIEU

1 Noms de pays

Lieu où on est ou lieu où on va

• **en** + pays féminin
en France / en Italie

• **en** + pays masculin commençant par une voyelle
en Iran / en Ouganda

• **au** + pays masculin commençant par une consonne
au Brésil / au Congo

• **aux** + pays pluriel
aux Philippines / aux États-Unis

• **à** + certains noms de pays commençant par une consonne qui ne sont pas précédés par un article (notamment des îles)
à Chypre / à Cuba

Lieu d'où on vient

• **du** + pays masculin
Elle vient du Pérou.

• **de / d'** + pays féminin et certains noms de pays commençant par une consonne qui ne sont pas précédés par un article (notamment des îles)
de France / d'Allemagne / de Madagascar

• **d'** + pays masculin commençant par une voyelle
d'Irak / d'Équateur

• **des** + pays pluriel
des Samoa / des Fidji

2 Noms de villes

Lieu où on est ou lieu où on va

• **à**
à Londres / à Paris

• **au** + noms de ville commençant par *Le*
au Havre / au Caire

Lieu d'où on vient

• **de** ou **d'**
de Rome / d'Athènes

• **du** + noms de ville commençant par *Le*
du Touquet / du Mans

LA COMPARAISON

Comparatifs	Superlatifs
+ adjectif plus / aussi / moins... que *Cet hiver, il a fait **plus** froid **que** l'an dernier.*	**+ adjectif** le plus... / le moins... *Le Mont-Blanc est **le plus** haut sommet d'Europe.*
+ adverbe plus / aussi / moins... que *Tu cours **moins** vite **que** ton frère.*	**+ adverbe** le plus... / le moins... *Pas de doute ! C'est elle qui chante **le plus** fort.*
+ nom plus de / autant de / moins de... que *Sa femme gagne **autant d'**argent **que** lui.*	
+ verbe plus / autant / moins... que *Il n'a pas changé : il parle **autant qu'**avant !*	***Exceptions*** le meilleur / le mieux le pire / le plus mauvais *la nuit la plus longue / la plus longue nuit de l'année* *le site le plus intéressant*
Exceptions mieux / meilleur *C'est (bien) **meilleur** / (vraiment) pire.* *C'est bien / beaucoup **mieux**.* **Notez** qu'on peut dire *plus mauvais* ou *pire*.	

LE DISCOURS RAPPORTÉ

1 La concordance des temps

• présent « *Je viens.* »	→ imparfait → *Il a dit qu'il venait.*
• passé composé « *J'ai vu ce film.* »	→ plus-que-parfait → *Il m'a dit qu'il l'avait vu.*
• futur simple • futur antérieur « *Quand j'aurai fini ce travail, je partirai en vacances.* » → *Il m'a dit qu'il partirait en vacances quand il aurait fini ce travail.*	→ conditionnel présent → conditionnel passé
• impératif → infinitif présent « *Prête-le-moi.* » → *Il m'a demandé de le lui prêter.*	
• Les autres temps sont inchangés : le conditionnel reste un conditionnel, le subjonctif un subjonctif... « *Je veux que tu reviennes.* » → *Il m'a dit qu'il voulait que je revienne.*	
• À noter que l'imparfait peut subsister ou bien devenir, dans certains cas, un plus-que-parfait. « *Hier, j'étais malade mais aujourd'hui ça va.* » → *Il m'a dit qu'il avait été/était malade la veille...*	

2 L'expression du temps dans le discours rapporté

Discours direct	→ Discours rapporté
la semaine dernière	→ la semaine précédente/d'avant
il y a trois jours	→ trois jours avant/auparavant/plus tôt
avant-hier	→ l'avant-veille
hier	→ la veille
aujourd'hui	→ ce jour-là
en ce moment	→ à ce moment-là
ce matin	→ ce matin-là/le matin
ces jours-ci	→ ces jours-là
cette semaine	→ cette semaine-là
ce mois-ci	→ ce mois-là
demain	→ le lendemain
après-demain	→ le surlendemain
dans trois jours	→ trois jours après/plus tard
la semaine prochaine	→ la semaine suivante/d'après

L'ACCORD DU PARTICIPE PASSÉ

1 L'accord du participe passé avec le verbe avoir

• Le participe passé s'accorde avec **le complément direct** si celui-ci est placé avant le participe passé :
*Les nouvelles que le président a **reçues** ne sont pas bonnes.*

• Sinon il reste invariable :
*La marquise a **vu** sa sœur hier.*
*Les soldats ont fait tous les efforts qu'ils ont **pu**.*

2 L'accord du participe passé avec le verbe être

Le participe passé s'accorde avec **le sujet** :
*Les courtisans sont **venus** assister au spectacle.*

3 L'accord du participe passé avec le verbe être + un verbe pronominal

• Même règle qu'avec *avoir* ; le participe passé s'accorde avec **le complément direct** si celui-ci est placé avant le participe passé :
*La reine s'est **levée** à huit heures.*
*Je n'aime pas **les lunettes** qu'il s'est **achetées**.*
Sinon, il reste invariable :
*Dès que **Pierre et Jeanne** se sont **vus**, ils se sont **plu**.*
*Les années se sont **succédé**, aussi heureuses les unes que les autres.*

• Toutefois, dans le cas des verbes qui ont toujours une construction pronominale, le participe passé s'accorde avec le sujet :
*Ils se sont **aperçus** que vous aviez raison.*

Cas particuliers

• En principe, pas d'accord avec **en** qui n'est pas considéré comme un complément d'objet direct :
*C'est un spécialiste des livres d'histoire ancienne. Il **en** a beaucoup **lu**.*
• *Fait* ne s'accorde pas quand il est suivi d'un infinitif :
*Ils n'ont pas aimé la nouvelle robe qu'elle s'est **fait faire**.*

4 Verbes essentiellement pronominaux

Le participe passé s'accorde automatiquement avec **le sujet** :

s'abstenir	s'efforcer	se méfier	se soucier
s'en aller	s'emparer	se moquer	se souvenir
s'apercevoir	s'enfuir	se plaindre	
se douter	s'envoler	s'y prendre	
s'échapper	s'évanouir	se réfugier	

Quand ils ont aperçu le vigile, **les voleurs** *se sont* **enfuis***.*

Cas particulier

Pour les verbes suivants, le participe passé est invariable quand il est suivi d'**une subordonnée complétive** :

s'imaginer	se figurer	se rappeler	se rendre compte

En arrivant devant le guichet du musée, elle **s'est** *rendu compte* **qu'elle avait oublié son porte-monnaie.**

TRANSCRIPTIONS > **audios**

unité 1 À mon avis

2 Page 13, Exercice 4 – Intonation

1 Il partira peut-être demain.
2 Elle viendra sans doute à 16 h.
3 Ça se pourrait qu'il remporte l'élection.
4 J'arrive à 8 h.
5 Il y a des chances qu'il gagne le match.
6 Le revoir au pouvoir ? C'est exclu !
7 Je reviendrai probablement avant 18 h.
8 J'ai dans l'idée qu'il reste ici.
9 Il est hors de question que je vote pour lui.
10 Je risque d'arriver en retard au meeting.

3 Page 14, La parité en mer

Laurent Goriat : Porte-avions, frégates, patrouilleurs, les bâtiments amarrés dans la rade ont tous des femmes à bord. La féminisation a été multipliée par cinq en dix ans. Mais les six sous-marins varois sont encore un bastion masculin. Pourvu qu'ils le restent, estime Joël Mainguy, président de l'Amicale des sous-mariniers des Alpes-Maritimes.

Joël Mainguy : Naviguer avec des femmes, ça n'évoque rien de bon parce que j'estime que les sous-marins c'était un milieu, pas viril, mais un milieu d'hommes empreint de camaraderie, d'amitié et je crains que le fait d'avoir quelques femmes risque de rompre cette bonne entente ; qu'il y ait pas des idylles, mais enfin des amourettes qui feront que les hommes ne seront plus si proches les uns des autres pour accomplir un très, très beau métier tel que le métier de sous-marinier.

Laurent Goriat : Dans les sous-marins lanceurs d'engins, il y a plus de place. « Mais peu importe » dit cette femme de sous-marinier à Toulon, « c'est une mauvaise idée. »

La femme : Je n'y suis pas favorable du tout. Je pense que ce n'est pas un environnement très propice à l'épanouissement d'une femme pour commencer ; c'est un environnement très exigeant, qui demande une disponibilité absolument totale. Je suis pas persuadée qu'une femme puisse correspondre tout à fait à ces exigences. Et, en tant qu'épouse, je n'y suis pas favorable non plus, je ne vois vraiment en quoi ce serait une avancée.

Laurent Goriat : Du côté de l'état-major, on avance que la règle d'or, c'est la compétence. On vérifie que ça fonctionne et on étend si ça marche. Marseille, Christelle Marquès, Laurent Goriat, France Inter.

France Inter, 15 avril 2014.

4 Page 19, Le vote

Alain : Alors ça y est ? Tu reviens du bureau de vote ?
Christophe : Quel bureau de vote ?
Alain : T'es pas allé voter ?
Christophe : Non, je ne vote pas. D'ailleurs, je ne suis même pas inscrit sur les listes électorales, puisque ce n'est pas obligatoire.
Alain : Sans blague ? Mais aujourd'hui c'est le premier tour des législatives, c'est important, non ?
Christophe : Tu y crois vraiment, toi ? Pour moi, les politiciens sont tous les mêmes, tous à mettre dans le même sac.

Alain : Tu ne votes même pas pour les municipales ? La mairie, ça c'est du concret. On prend des décisions qui concernent notre vie quotidienne.
Christophe : Tu sais, la largeur de la grand-rue et le nom du nouveau stade, ça me passionne pas vraiment. Ne cherche pas à me convaincre, tu n'y arriveras pas. Et ce ne sont pas tous ces politiciens mis en examen qui me feront changer d'avis.
Alain : C'est pas vrai, hein ! Comment tu peux penser des choses pareilles ? C'est dingue. Nous sommes tous des citoyens, avec des droits mais aussi des devoirs. Quand tu entends tous ces discours racistes dans les médias, tu n'as pas envie de réagir ? Et l'écologie, l'avenir de la planète et de tes enfants, ça ne te concerne pas ?
Christophe : Arrête, tu vas me faire chialer. Tu ne vas pas chanter la *Marseillaise* au moins ?
Alain : On ne peut jamais discuter avec toi, tu ne prends rien au sérieux.
Christophe : Si, si, il y a certaines choses que je prends très au sérieux, l'heure de l'apéritif par exemple. Allez, on va boire un coup chez Colette ?

unité 2 Quelque chose à déclarer ?

5 Page 25, Les langues de Tania

L'étudiant : Bonjour, je suis étudiant en journalisme et je souhaite écrire un article sur les Français et leurs rapports aux langues étrangères. Accepteriez-vous de répondre à quelques questions ?
Tania : Oui oui, aucun souci.
L'étudiant : Pourriez-vous vous présenter ?
Tania : Je m'appelle Tania Wargny, je suis originaire de Normandie mais je travaille à Paris comme professeure de français langue étrangère. Mon mari, qui était l'un de mes étudiants il y a une douzaine d'années, est argentin, nous avons deux filles pratiquement bilingues.
L'étudiant : Pourquoi avoir choisi ce métier ?
Tania : Tout d'abord, parce que j'aime enseigner. Au début, j'enseignais l'anglais, mais j'ai changé pour le français car c'est ma langue et c'est plus facile de la transmettre. En plus, ça m'a permis de voyager, d'exercer le métier de professeure dans différents pays.
L'étudiant : Dans quels pays avez-vous enseigné ?
Tania : En Écosse, en Pologne, à l'île Maurice, en Afrique du Sud et en Argentine.
L'étudiant : Et avez-vous appris la langue du pays à chaque fois ?
Tania : Alors l'anglais et l'espagnol, je les connaissais déjà car je les avais appris à l'école. Et puis, j'ai fait des études d'anglais à l'université, même si l'anglais d'Écosse ou le sud-africain présentent des particularités que je ne connaissais pas. L'anglais d'Écosse, l'accent surtout, est difficile à comprendre. Je me souviens que je faisais répéter les gens très souvent, même si j'avais un bon niveau d'anglais. Quant à l'espagnol d'Argentine, il est truffé de mots italiens et la prononciation aussi y fait penser. Quand je rencontre des hispanophones, ils me disent que j'ai l'accent argentin !

L'étudiant : Et le polonais, vous le parlez ?

Tania : Oui. Quand je suis allée travailler en Pologne, j'ai appris le polonais. D'abord, avant mon départ pendant deux mois avec une méthode, puis j'ai continué sur place avec la même méthode et en parallèle, une étudiante me donnait des cours particuliers. Mais c'était compliqué pour elle d'expliquer les règles de sa propre langue et le polonais est très difficile : c'est une langue à déclinaisons avec sept cas. Et en plus du masculin et du féminin, il existe un troisième genre : le neutre. J'étais pourtant bien décidée à apprivoiser cette langue en restant une deuxième année mais on m'a proposé un poste de coopérante à l'île Maurice que je ne pouvais pas refuser ! Ça a été un choc de passer des couleurs froides de la Pologne à l'île Maurice, endroit paradisiaque où il fait toujours beau ! Quant au créole de l'île Maurice, je l'ai appris au contact des locaux, mais peu car tout le monde parlait français ou anglais, avec un fort accent. Je me souviens de cette petite voisine à qui j'apprenais à écrire en français et qui me disait : « *mais Tania, je ne comprends pas, il n'y a pas de « r « dans mardi !* » En tous cas, ça me paraissait indispensable d'apprendre la langue du pays pour en comprendre la culture, les codes, la mentalité…

L'étudiant : Est-ce que vous auriez pu vivre dans l'un de ces pays sans en parler la langue ?

Tania : Impossible ! Je veux toujours chercher à comprendre. Je suis curieuse de l'autre. Ne pas parler la langue du pays, en fait, ce serait comme être un touriste de base. Quelqu'un qui passe à côté de l'autre, de sa culture, qui ne comprend rien, quelqu'un qui ramène tout à lui, qui n'essaie pas au contraire d'aller vers l'autre, de comprendre comment il fonctionne, comment il pense… ou il parle.

L'étudiant : Dernière question et je vous libère : quel est le rapport à la parole des Écossais, des Polonais, des Mauriciens, des Sud-Africains, des Argentins ?

Tania : Les Polonais sont assez retenus, pudiques mais peuvent être aussi joviaux, enjoués, comme les Sud-Africains. Les Écossais sont moins timides que les Sud-Africains, mais plus timides que les Français. Les Mauriciens et les Argentins, au contraire, sont bavards. On sent qu'ils aiment la langue. Les phrases s'enchaînent facilement comme si elles avaient leurs vies propres.

L'étudiant : Merci Tania et bonne continuation.

6 Page 27, L'interview

Stéphane : Alors, tu l'as vue ? Comment ça s'est passé ?

Olivier : Très bien. Je sors de mon rendez-vous. Je vais rédiger mon papier tout de suite.

Stéphane : Mais raconte-moi ! Elle est comment ? Ça s'est passé où ?

Olivier : Elle est descendue dans un petit hôtel très chic mais romantique, près du boulevard Saint-Germain. Tout d'abord, elle m'a invité à prendre un thé avec elle. Puis, je lui ai demandé pourquoi elle était à Paris. Elle m'a répondu qu'elle venait faire la promotion de son dernier film. Elle m'a raconté que c'était l'histoire d'une pauvre immigrante qui arrivait en Californie dans les années 20 et qu'elle avait adoré son personnage…

Stéphane : Mais c'est pas ça qui m'intéresse, elle est comment ?

Olivier : Je l'ai trouvée comme à l'écran, blonde, bien maquillée, dans une splendide robe rouge.

Stéphane : Et séduisante, bien sûr. Merci beaucoup pour les détails. Et après ?

Olivier : Après, elle m'a dévoilé ses projets. Elle m'a appris qu'elle tournerait bientôt dans une série policière où elle jouerait le rôle d'une psychologue.

Stéphane : Et après ?

Olivier : À la fin, son assistante est venue la prévenir que le journaliste suivant était arrivé, je l'ai donc remerciée et me voilà. Tu auras tous les détails dans mon article demain matin.

Stéphane : Tu es désespérant.

7 Page 30, L'identité gasconne

Sandrine Marcy : Gilles Dusouchet, bonjour.

Gilles Dusouchet : Bonjour.

Sandrine Marcy : À lire le reportage publié dans le magazine *Géo*, les Gascons seraient de beaux parleurs et de bons vivants. Est-ce que ce n'est pas entretenir là un cliché ?

Gilles Dusouchet : Alors, écoutez, on peut y voir une caricature mais je crois que les Gascons n'ont pas à forcer leur nature pour entrer dans ce stéréotype. Contrairement aux Basques, leurs voisins, la langue gasconne n'est pas le vecteur principal de cette identité-là bien évidemment. Ça s'entend, ça se perçoit au niveau des comportements, de la sociabilité et de certaines coutumes qui sont vraiment spécifiques au Sud-Ouest.

Sandrine Marcy : Je ne connaissais pas Moncrabeau. Il existe une Académie des Menteurs et qui élit, chaque été, son nouveau roi.

Gilles Dusouchet : Oui, c'est un petit village du sud du Lot-et-Garonne qui, depuis plusieurs années, a repris une tradition très ancienne où ils vont élire une personne qui va raconter une histoire qui s'éloigne de la réalité, qui la travestit et qui la raconte avec talent. Mais ça fait partie de cette faconde gasconne qui est réelle, qui prête aux Gascons ces traits légendaires, hein ; c'est quelqu'un qui, devant l'adversité, va faire face avec son verbe, avec sa vantardise aussi. Donc ils vont cultiver ça, et puis c'est une façon aussi de célébrer la langue, qu'elle soit la langue gasconne ou qu'elle soit la langue française.

Sandrine Marcy : Les Gascons vivent sur une terre d'abondance alors rien d'étonnant aussi, qu'ils fassent bombance*, les plaisirs de la table, ça fait partie de la vie sociale là-bas.

Gilles Dusouchet : Oui absolument, on peut même dire que tout fait ventre là-bas. Mais je crois que ça tient à la particularité de ces régions qui n'ont pas connu la première révolution industrielle et qui ont gardé des liens sociaux hérités des anciennes campagnes. Et c'est vrai que ces repas, ces banquets sont l'occasion d'entretenir la convivialité locale et font réellement partie de la vie sociale de ces régions-là.

* Faire un repas copieux et succulent.

France Info, 16 mars 2014.

8 Page 32, Exercice 6 – Intonation

Homme 1 : Tu connais la dernière ? Émile a gagné 2 millions d'euros au quinté.

Homme 2 : Il a trouvé les cinq premiers chevaux ? Il a eu du pif.

Homme 1 : Tu veux dire qu'il a eu du pot !

Fille 1 : T'as vu le look du mec de Vanina ?

Fille 2 : Oui, il est zarbi.

Fille 1 : Tu te souviens de Séb qui était avec nous en seconde ?

Fille 2 : Oui, bien sûr.

Fille 1 : Hier, je l'ai croisé à la teuf chez Samira. Il m'a pas calculée, pas un regard, pas un mot.

Fille 2 : T'étais vénère ?

Fille 1 : Un peu, oui ! Il est ouf, ce mec.

unité 3 Ça presse !

9 Page 39, L'actualité brûlante

Hervé Gardette : « Une année dans la vie de grands reporters », c'est tout de suite dans Du grain à moudre. Bonsoir, Édith Bouvier.

Édith Bouvier : Bonsoir.

Hervé Gardette : Vous êtes journaliste indépendante, vous travaillez pour la presse écrite essentiellement, notamment le journal suisse *Le Temps*, également *Le Figaro*. Vous étiez en Syrie il y a encore quelques jours. Vous vous êtes rendue également à plusieurs reprises cette année en Tunisie. Puis en Somalie et au Kenya pour couvrir la crise humanitaire dans la corne de l'Afrique. Pour discuter avec vous ce soir, un photographe, reporter-photographe, William Daniels. Bonsoir.

William Daniels : Bonsoir.

Hervé Gardette : Vous, cette année, vous êtes notamment allé au Japon et en Tunisie. C'était pas tout à fait au début de la révolution. C'était pour *Time Magazine*. Vous avez également signé un reportage-photo pour le magazine *Polka* auprès des insurgés libyens. La Libye où vous vous êtes rendu à deux reprises cette année. On peut voir un large aperçu du travail sur votre site williamdaniels.net.
Édith Bouvier, si vous n'étiez pas à Paris ce soir et que vous deviez exercer votre métier de grande reporter, vous aimeriez être où ?

Édith Bouvier : Je serais encore en Syrie. Même si la situation sur place se détériore de jour en jour, c'est un des reportages qui, parce que c'est aussi le plus récent, mais qui m'ont le plus marquée. Par le... par la douleur que ces gens vivent chaque jour, par la force dont ils témoignent à chaque instant, par les rires qu'ils ont même en pleine guerre, même en plein milieu d'un combat. C'est le lieu, oui, où j'ai envie d'être.

Hervé Gardette : Vous êtes revenue de Syrie il y a une dizaine de jours. Vous êtes revenue parce que vous ne pouviez pas rester plus longtemps ?

Édith Bouvier : Parce que ce genre de terrain, on peut pas y rester très longtemps. En tout cas, moi, personnellement exerçant seule, femme, avec des moyens de free-lance, donc assez limités, j'ai besoin d'y rester. Là, j'y étais une dizaine de jours, de revenir, de repartir pour reprendre des forces. Y a besoin de rentrer, de refaire, de se nourrir un peu, de remettre les batteries à plein et de repartir.

Hervé Gardette : Alors, les batteries à plein, c'est ce que vous avez fait aussi, dernièrement, William Daniels. Si vous deviez repartir, là aujourd'hui, mardi 27 décembre. On vous paye un billet d'avion pour aller couvrir en photos un événement, un moment ou peut-être pas un événement d'ailleurs. Qu'est-ce que vous choisiriez ?

William Daniels : Je... j'ai pas trop réfléchi à cette question, mais, euh, peut-être la Syrie pourquoi pas. Je crois que c'est quand même assez dangereux en ce moment. Mais euh...

Hervé Gardette : Mais vous pourriez y aller à deux avec Édith Bouvier.

William Daniels : Pourquoi pas, ouais. Mais en tout cas, mon attention est pas mal de ce côté-là en ce moment parce que... parce que, ouais, ce qui se passe là-bas, c'est assez... assez important. Et puis, y a pas énormément de reportages, pas beaucoup, pas beaucoup de journalistes qui y vont et ouais, et puis bon, je pense qu'il faut raconter ce qui se passe là-bas, quoi.

France Culture, 27 décembre 2011.

10 Page 41, Exercice 3 – Intonation

1 Vu ton CV, tu retrouveras du boulot facilement. J'en suis sûr.

2 Étant donné la situation dans le pays, je ne te conseille pas d'y mettre les pieds.

3 La baisse du dollar a entraîné celle du franc suisse.

4 La crise du logement a pour origine la hausse des taux d'intérêt.

5 Les fortes pluies ont provoqué des glissements de terrain.

6 À partir du moment où vous refusez de répondre à mes questions, je ne vois pas ce que je fais ici.

7 Il a refusé de venir sous prétexte qu'il ne serait pas concerné.

8 À force de raconter n'importe quoi, ce ministre n'est pris au sérieux par personne.

9 Les récentes mesures sur l'immigration ont suscité la haine contre certaines communautés.

10 Sa petite amie l'a quitté la semaine dernière, de là son désespoir.

11 Page 43, Le journal

Martin : Tiens, tu as la *Gazette de la vallée* ? Tu lis ce torchon ?

Jules : Qu'est-ce que tu lui reproches à mon journal ?

Martin : C'est une feuille de chou tout juste bonne pour éplucher les pommes de terre. Son point fort, ce doit être la rubrique des chiens écrasés. Et t'as vu comment il est écrit ? On ne peut pas dire que c'est de la littérature.

Jules : Je m'en fiche, ce qui m'intéresse ce sont les nouvelles locales, ce qui s'est passé dans le coin, comment la région est administrée... Et puis il se lit facilement.

Martin : Ah oui, toi, tout ce qui sort de ton village, ça te dépasse. Tu ferais mieux de jeter un œil à *Courrier mondial*. Regarde. Ça, c'est un canard ! Si tu le lisais, tu saurais ce qui est arrivé en dehors de ton trou.

Jules : Ça ne m'étonne pas que tu lises ça. C'est bon pour les intellos parisiens.

Martin : Intello parisien, moi ? Tu m'insultes ?

Colette : Oh! Martin, Jules ! Ça suffit, tous les deux. Arrêtez de vous disputer !

Martin : Mais, on se dispute pas.

Jules : C'est vrai, Colette, on discute... Alors, qu'est-ce que tu bois, Martin ?

unité 4 Partir

12 Page 53, Amélie et ses envies d'ailleurs

« Partir, partir... »

Philippe Robuchon : Amélie, d'abord, Amélie est comme beaucoup de petits Français : elle a des envies d'ailleurs, des envies de partir, en l'occurrence, l'Écosse. Seulement, avant le grand départ pour quatre ans, elle doit d'abord avoir son bac dans quelques jours. Antoine Boyer pour RTL l'a suivie en pleine révision.

Antoine Boyer : À 17 ans, Amélie est en Terminale littéraire dans un lycée de l'ouest parisien. Jeune fille pétillante, son rire communicatif risque de manquer à ses proches. L'an prochain, elle sera normalement en Écosse pour y poursuivre des études supérieures en première année de Communication et Médias.

Amélie : J'avais déjà été refusée dans une université. Du coup, j'étais un peu déprimée par rapport à ça et quand j'ai eu la réponse positive de l'université qui m'intéressait le plus, qui est l'université de Glasgow, une des meilleures en Écosse, ben du coup, j'étais, euh, j'étais ouais, super heureuse.

Antoine Boyer : Fille d'un père franco-libanais et d'une mère dont les parents ont vécu longtemps en Égypte, Amélie a aussi beaucoup voyagé.

Amélie : C'est vrai qu'on a une diversité de cultures dans la famille et c'est ça aussi qui a fait que j'ai eu envie de partir, de découvrir aussi du coup d'autres cultures, tout ça parce que le côté international m'intéresse vraiment.

Antoine Boyer : Au fait, Amélie, pourquoi avoir choisi l'Écosse ?

Amélie : L'Écosse, je n'y suis jamais allée personnellement. Par les nombreuses vidéos, par les nombreux témoignages que j'ai eus des gens différents, ça a l'air d'être un pays magnifique où il y a beaucoup de différentes régions à découvrir. Et moi, c'est vrai que ce genre de pays du Nord comme ça, avec les grandes falaises, les grands lacs, les grandes étendues, j'aime beaucoup.

Antoine Boyer : Les frais d'inscription à 250 euros l'année universitaire, au lieu des 9 000 réclamés par les facs anglaises, ont aussi pesé dans la balance. Mais la jeune Parisienne reconnaît que le départ pour l'Écosse va être un peu difficile, notamment la séparation avec son petit ami Hugo qu'elle fréquente depuis huit mois.

Amélie : Et le petit copain, ben le petit copain, il sera pas éternellement là, mais, euh, ben voilà, pour l'instant, on profite mais moi, de toute façon, je ne serais jamais restée pour un garçon à Paris, donc ça fait un petit pincement au cœur de partir.

Antoine Boyer : Pour être acceptée dans cette université écossaise, elle doit obtenir une excellente moyenne au bac, supérieure à 15/20, soit entre la mention « bien » et la mention « très bien ».

RTL, 1er juin 2014.

13 Page 57, *Clair de Lune*, Blaise Cendrars

On tangue on tangue sur le bateau
La lune la lune fait des cercles dans l'eau
Dans le ciel c'est le mât qui fait des cercles
Et désigne toutes les étoiles du doigt

Une jeune Argentine accoudée au bastingage
Rêve à Paris en contemplant les phares qui dessinent la
    côte de France
Rêve à Paris qu'elle ne connaît qu'à peine et qu'elle regrette
    déjà
Ces feux tournants fixes doubles colorés à éclipses lui
    rappellent ceux qu'elle voyait de sa fenêtre d'hôtel sur
    les Boulevards et lui promettent un prompt retour
Elle rêve de revenir bientôt en France et d'habiter Paris
Le bruit de ma machine à écrire l'empêche de mener ce rêve
    jusqu'au bout

Ma belle machine à écrire qui sonne au bout de chaque ligne
    et qui est aussi rapide qu'un jazz
Ma belle machine à écrire qui m'empêche de rêver à bâbord
    comme à tribord
Et qui me fait suivre jusqu'au bout une idée
Mon idée

Blaise Cendrars, *Clair de lune*, Feuilles de route, 1924.

unité 5 Histoire de...

14 Page 67, L'arrivée en France

La femme : Mon père, lui, est venu tout seul. Et alors... pourquoi il est venu en France, c'est étonnant parce que... il est venu sur un pari, mon père. C'est-à-dire que donc son frère lui avait dit : « *Mais de toute façon, toi, tu es bon qu'à rester à la campagne, tu n'es pas un aventurier, tu es juste là pour t'occuper de la famille.* » Et mon père a pris ça comme un défi, il a dit : « *Mais tu vas voir, je suis quand même capable de dépasser ma petite montagne kabyle et d'aller loin.* » Et il est venu en France une première fois. Il est resté deux ans et puis après, il est rentré, il s'est marié et puis après, il est revenu dans les années 70 et nous, on est venues en 1978 (cette année on a fêté les trente ans de notre arrivée en France), avec mes deux sœurs, ma mère et donc mon père était déjà là. Juin 78, j'allais avoir mes sept ans. Pour moi, ça a été une grande aventure, c'était le grand voyage, c'était fabuleux, parce que je découvrais un nouveau monde et que tout, tout était objet de découverte : l'autoroute, je me souviens de l'autoroute. Je me souviens de l'avion, enfin je me souviens de tout, de tous ces moments-là. Et donc, quand je suis venue en France, pour moi l'école c'était merveilleux. C'était un lieu où on prenait le temps d'apprendre des choses. Tous les jours c'était nouveau et ça me permettait au contraire de me socialiser. Pour moi, l'école a toujours été un lieu où je me suis bien sentie. C'est pour ça que j'y suis restée, je crois. Et puis après, c'est vrai que mes parents étaient très attachés à notre réussite scolaire. Donc, même s'ils sont analphabètes, ils essayaient quand même de voir qu'on faisait nos devoirs en rentrant, qu'on explique et le fait de ne serait-ce que de redire les choses et bien on révisait. Bon, à Lisieux*, on ne connaissait personne, on était un peu isolés et je me souviens de notre méconnaissance de la France. Un jour, mon père... enfin, on s'est réveillés en catastrophe et mon père, ma mère nous disent : « *Ah c'est terrible, vous allez manquer l'école.* » On arrive, on se dépêche, on s'habille, on part à l'école et là, en fait, personne devant l'école, l'école fermée. On se dit : « *C'est pas possible, comment on va faire ?* » Enfin, le stress d'avoir manqué la rentrée, enfin l'entrée à l'école et puis on voit une vieille dame qui nous dit : « *Mais enfin, qu'est-ce que vous faites là ?* » Et elle nous voyait agités, alors on essaye de dire quelques petits mots. Et elle nous dit : « *Mais aujourd'hui, c'est mercredi, il n'y a pas d'école, il faut rentrer chez vous.* » Et nous, on est restés complètement béats et ma mère qui a pleuré, qui voyait que... elle était complètement dépassée par ce monde. Et voilà, mercredi, y a pas école et ça, on le savait pas. Nous, on croyait que c'était tous les jours. Voilà une anecdote... on l'a pas forcément très bien vécue.

* Ville de Normandie.

Exo-k.

Mylène : Tiens, Pierre. Quelle surprise ! Ça fait un bon bout de temps qu'on ne s'était pas vus.

Pierre : Mylène, c'est bien toi ? Tu as raison. Ça fait un bail ! Aurélie, tu te souviens de Mylène ?

Aurélie : Mylène, non. On se connaît ?

Pierre : Tu as un trou de mémoire ? Il y a deux ans chez les Joubert à Trouville.

Aurélie : Les Joubert à Trouville ? Ça me dit quelque chose. J'ai un vague souvenir d'un pique-nique sur la plage.

Pierre : C'est ça. Je me rappelle, ce jour-là, tu avais une robe rose avec un gros ruban. Comme ça, tu es de passage à Paris, Mylène ? Tu viens boire un verre avec nous ? On pourra évoquer quelques bons souvenirs.

Mylène : Oh ! je suis juste là pour quelques heures. D'ailleurs, je ne peux pas rester : j'ai un train dans une demi-heure.

Pierre : Dommage. Alors, ce sera pour une autre fois.

Mylène : Mais oui, pourquoi pas, à l'occasion… Je vous dis au revoir.

Pierre : Au revoir Mylène.

Aurélie : Au revoir. Dis donc, tu as une mémoire d'éléphant, toi ! Comment se fait-il que tu te souviennes si bien de cette Mylène ?

---

unité 6 À votre santé !

16 **Page 81, La santé par les objets connectés**

Jérôme Colombain : C'est dans le domaine de la santé que l'on trouve le plus grand nombre d'objets connectés. Il faut dire que les données physiologiques humaines constituent un formidable champ d'investigation. Les paramètres à surveiller sont nombreux et la technologie permet aujourd'hui de quantifier tout cela en temps réel. C'est le fameux phénomène de l'automesure, en anglais le « quantified self ».

Alors, il y a tout d'abord le pèse-personne connecté qui enregistre votre poids au jour le jour et vous permet de retrouver les données sur votre mobile via une application dédiée. Cela va même plus loin aujourd'hui avec la mesure du rythme cardiaque par les pieds (oui ça marche !), du taux de CO_2 dans la pièce ou encore de l'annonce du temps qu'il va faire dans la journée.

Autre type d'équipement pour la santé : le tensiomètre connecté pour ceux qui souffrent de maladies cardiovasculaires et qui doivent surveiller leur pression artérielle au quotidien. Ce type de produits coûte moins d'une centaine d'euros chacun.

Et puis on trouve aussi toutes sortes de petits accessoires pour certaines pathologies, qui sont désormais dotés de fonctions de connectivité. Par exemple : un oxymètre pour mesurer le taux d'oxygène dans le sang ou un glucomètre pour les diabétiques. Google travaille même sur un projet de lentilles de contact qui surveilleront la glycémie en temps réel.

Et puis des appareils assez étonnants sont également en préparation comme un scanner médical qui prend en un instant la température, le pouls et la tension ou encore, un analyseur d'urine personnel pour la maison.

À condition de ne pas en abuser et de ne pas en devenir esclave, ces appareils servent donc à mieux surveiller sa santé au quotidien en effectuant de petits examens qui nécessitaient jadis la présence d'un médecin. Le médecin intervient après pour analyser toutes ces données.

France Info, 26 juillet 2014.

17 **Page 86, Exercice 5 – Intonation**

1 Il ment ! J'en mettrais ma main au feu.

2 Il a agi sur un coup de tête en quittant sa femme et son boulot.

3 Ce môme est mal élevé, il m'a fait un pied de nez.

4 Il a eu un coup de sang et a frappé son voisin.

5 Il a un poil dans la main.

6 Stéphane, arrête de te tourner les pouces et fais tes devoirs.

7 Je craque ! Je suis à bout de nerfs.

8 Manuel, il a les dents longues. Tu lui donnes la main, il prend tout le bras.

9 Je me fais des cheveux pour Jacqueline. Je n'ai pas de nouvelles depuis longtemps.

10 Il postule pour le poste de DRH. Il a les dents qui rayent le parquet.

18 **Page 91, Préparation au DELF B2 – Compréhension de l'oral**

Claire Compagnon : Carnet de Santé sur France Inter, Danielle Messager bonjour.

Danielle Messager : Bonjour.

Claire Compagnon : La ministre de la Santé, Marisol Touraine, vient tout juste de présenter les contours de la loi santé, des contours très larges.

Danielle Messager : Ah oui parce que ça va de la prévention avec par exemple la possibilité pour les parents de choisir un médecin traitant pour un enfant de moins de 16 ans, à la mise en place d'un logo sur les aliments indiquant leur réelle valeur nutritionnelle, en passant par la réaffirmation de l'installation d'une salle dite de « shoot » ou la possibilité pour des patients de se regrouper en justice, en actions de groupe.

Claire Compagnon : Oui une mesure attire particulièrement l'attention, Danielle, c'est celle du tiers payant.

Danielle Messager : Parce qu'elle est très symbolique, puisque, en théorie, elle sanctuarise l'accès aux soins pour tous. Pas question de ne pas aller chez le médecin parce qu'il faut avancer l'argent de la consultation. Alors en pratique la mise en place sera-t-elle compliquée ? Sur ce sujet et celui de l'hôpital qui est aussi au cœur de cette loi, l'avis d'un observateur de la santé publique, professeur André Grimaldi, vous êtes professeur à la Pitié-Salpêtrière, fondateur du Mouvement de défense de l'hôpital public. Alors, il y a beaucoup d'annonces ? Du concret quand même ?

André Grimaldi : Oui, il y a un certain nombre de mesures précises. Le tiers payant, c'est-à-dire que les malades n'auront pas à avancer l'argent lorsqu'ils vont chez un médecin, en dehors des dépassements d'honoraires. Mais la ministre avance très prudemment, parce que, pour pouvoir organiser le tiers payant, il faut que les médecins soient en lien non seulement avec la sécurité sociale, mais en lien avec les 400 mutuelles et assurances privées de santé, les assurances complémentaires. Or ça c'est très compliqué et les médecins évidement sont réticents parce que ça veut dire nouvelle tâche administrative pour les médecins. D'ailleurs la ministre, prudemment, a dit 2017.

Danielle Messager : 2017, c'est pas une année électorale ça ?

André GRIMALDI : Oui, c'est-à-dire qu'elle lègue un peu le bébé à son successeur.

France Inter, 21 juillet 2014.

unité 7 Chassez le naturel…

19 Page 95, L'expédition de Laurence et Antony

Le journaliste : Laurence et Antony, vous avez décidé tout quitter : travail, maison, amis… et de partir un an à l'aventure, pourquoi ?

Laurence : Le boulot huit heures par jour derrière un ordinateur entre quatre murs, la routine, le stress quotidien, je n'en pouvais plus. C'était physique, j'étouffais. J'ai donc décidé de tout plaquer. Pour partir et vivre une grande aventure avec mon mec. Dès que je lui en ai parlé, il a été enthousiaste.

Le journaliste : Que comptez-vous faire exactement ? Dans quel but ?

Antony : Nous allons faire la traversée des Andes à vélo. Ce sera une belle aventure humaine et sportive. Il y a plein de gens à rencontrer sur cette planète, plein d'expériences à vivre. Dans notre société, on se met trop de contraintes, trop de barrières. Il faut pas se laisser enfermer.

Le journaliste : La France ne va pas vous manquer ?

Laurence : Non, on en a marre de la société de surconsommation, de l'environnement bétonné, on voudrait s'en échapper, vivre près de la nature, dans la nature.

Le journaliste : Et pourquoi traverser les Andes à vélo ?

Antony : Justement parce que c'est un mode de transport écologique et silencieux, qui nous permettra de nous arrêter facilement et de prendre contact avec les habitants des régions que nous traverserons.

Le journaliste : Pourquoi cette partie de l'Amérique Latine ?

Antony : J'y étais déjà allé il y a une dizaine d'années et j'avais été émerveillé par les pics enneigés, les vallées luxuriantes… J'en avais parlé à Laurence et je voulais les lui faire découvrir. De plus, nous pensons que, dans ces montagnes, nous pourrons avoir des contacts plus naturels avec les habitants, moins superficiels qu'avec des citadins.

Le journaliste : Vous avez créé un site Internet, dans quel but ?

Laurence : C'est un projet qui nous prend aux tripes, qui nous passionne. Nous voudrions le partager avec les gens. On voudrait leur montrer qu'on peut prendre son destin en main. Tout est possible. Il faut vivre ses rêves.

Le journaliste : Mais, vous comptez rentrer en France un jour ?

Antony : Qui sait ? Nous partons sans billet de retour en poche.

20 Page 97, Exercice 6 – Intonation

1 – Tu penses pouvoir le faire ?
– Je vais y arriver.
2 – Vous commencez quand ?
– On va s'y mettre tout de suite.
3 – Il part ou il reste ?
– Il s'en va.
4 – T'en fais une tête !
– J'en ai marre de ce boulot.
5 – Tu t'habitues à ta nouvelle vie ?
– Je m'y fais très bien.
6 – Tu as l'air crevé.

– J'en peux plus.
7 – J'en ai ras-le-bol.
– T'en fais pas ! Ça va s'arranger.
8 – Ça ne t'intéresse pas ?
– Non, je m'en fiche.
9 – J'étais absent hier. Où en êtes-vous ?
– À la page 13.
10 – Tu m'en veux vraiment ?
– Oui, je ne te le pardonnerai jamais.

21 Page 102, La pollution des mers

Jean-Christophe VICTOR : La mer représente 71 % de la surface de la planète Terre, soit douze fois la surface du continent africain. Les mers sont des pôles d'attraction pour l'homme car en même temps, elles fournissent de la nourriture, c'est-à-dire la protéine des poissons et permettent des échanges. Résultat : plus de 60 % de la population mondiale vit à moins de 80 km des côtes. Or, ce sont précisément les activités humaines qui contribuent aux pollutions. D'abord jusque dans les années 70, la mer est considérée comme un milieu inhabité et pouvant absorber tous les déchets, une sorte de poubelle infinie. Et puis, la pollution touche avant tout les littoraux car ils cumulent au moins quatre fonctions : lieux de résidence, de loisirs, de transports et de pêche. De pêche car le milieu littoral a une fonction particulière dans le développement des poissons et donc cela influe sur la pêche en mer.

Alors entrons dans le détail en étudiant les rejets et les déchets. C'est la terre qui pollue la mer puisque ce sont les rivières qui transportent les rejets des habitants des villes, les rejets des industries, les engrais et pesticides utilisés dans l'agriculture. La présence des villes côtières accroît cette pollution puisque de très nombreuses municipalités déversent toujours leurs eaux usées sans traitement ou bien placent des décharges à proximité des côtes. Au total, la pollution due aux rejets provenant des terres représente plus de 70 % de la pollution des mers avec comme conséquences : asphyxie des écosystèmes marins par le développement d'algues, mort de mammifères marins comme les dauphins ou les tortues parce qu'ils absorbent des plastiques, des plages sales qu'il faut nettoyer. Eh bien tout cela ayant un impact sur la biodiversité, l'économie des états et bien sûr, sur la santé humaine.

Arte France, 28 juin 2003.

unité 8 C'est de l'art !

22 Page 109, Charlélie Couture, le plus new-yorkais des artistes français

Le journaliste : Charlélie Couture, bonjour.

Charlélie COUTURE : Bonjour.

Le journaliste : Vous êtes où en ce moment ? Vous êtes à New York ? Vous êtes à Paris ? Vous êtes à Vevey ?

Charlélie COUTURE : Je viens d'arriver à Paris. Je suis encore dans le décalage horaire. Mais je suis arrivé à Paris pour l'exposition que je fais à la galerie Ferrari et qui démarre demain.

Le journaliste : Voilà. Une exposition… ah demain ? Je croyais que c'était après-demain, je pensais que le vernissage était vendredi.

Charlélie COUTURE : Ben le vernissage… non, le vernissage a lieu le jeudi.

Le journaliste : Ah, voilà. Et donc une exposition qui est à voir dès euh... dès euh... dès vendredi, euh, aux heures d'ouverture de la galerie.

Charlélie Couture : Absolument.

Le journaliste : Une exposition où on voit des silhouettes, des silhouettes de bustes, avec à l'intérieur... Dites-moi, dites-moi...

Charlélie Couture : Des portraits intérieurs, en fait. Souvent, on raconte les gens par leur masque. Et moi, je crois qu'on existe par l'intérieur, par ce qu'on a dans la tête. Quand moi je te vois, je vois ton apparence, alors qu'en fait à l'intérieur, il y a toute une histoire. Et je crois que soi-même, on se voit plus pour ce qu'on est à l'intérieur que réellement par son reflet. Donc, c'est des portraits intérieurs qui racontent des états d'être, qui racontent euh... Le fond derrière est d'ailleurs assez neutre, comme si on avait effacé le contexte pour voir les gens pour ce qu'ils sont.

Le journaliste : Et cet aspect intérieur se révèle donc par un travail de collage peinture-photographie.

Charlélie Couture : Alors ça, c'est la question du comment. Et c'est pas à un Suisse que je vais apprendre ça, c'est pas parce que tu sais comment fonctionne ta montre que tu as l'heure.

Le journaliste : Ah, je vous le fais pas dire.

Charlélie Couture : Et à l'inverse, c'est pas parce que tu as l'heure que tu sais comment fonctionne ta montre. Donc, l'explication des « comment » et « pourquoi » varie en fait d'une œuvre sur l'autre. Y en a qui sont faits comme ci, y en a qui sont faits comme ça. Mais d'une façon générale, j'aime bien la juxtaposition avec la photographie qui permet de donner, de montrer une image objective, tandis que la peinture est plus la figuration du mystère intérieur. Quand on fait une peinture, c'est quelque chose qui vient de l'intérieur et qui va vers l'extérieur. Quand on prend une photographie, on prend quelque chose qui existe déjà à l'extérieur et j'aime bien la combinaison, la juxtaposition de l'univers objectif avec la subjectivité de la peinture.

Le journaliste : Dans ces images, dans ces portraits intérieurs, les photos qui apparaissent quand elles sont identifiables clairement révèlent en général des éléments du cadre urbain.

Charlélie Couture : Oui, c'est ça, tout à fait. À New York que j'habite depuis dix ans, je suis d'ailleurs citoyen américain depuis deux ans maintenant, je suis donc artiste américain d'origine française. Euh et l'univers qui m'entoure, les gens que je croise sont des gens qui vivent au milieu de cette turbulence newyorkaise extrêmement stimulante et que je suis ravi de partager depuis dix ans maintenant.

RTS, 13 novembre 2013.

23 Page 112, L'ours

Le père : Alors, le voilà ce fameux ours !

La mère : C'est pour ça que tu nous as traînés ici, au musée de la Chasse ?

Le fils : Qu'est-ce qu'il a de spécial, cet ours ?

Le père : C'est une performance artistique. Il y a un créateur qui va passer treize jours à l'intérieur.

Le fils : Y a un homme à l'intérieur de l'ours ? T'es sûr ?

Le père : Mais oui, regarde par ce trou.

La mère : Ah ! c'est élégant.

Le fils : C'est vrai, y a quelqu'un là-dedans, on le voit, c'est allumé !

Le père : Et c'est retransmis en direct sur Internet.

La mère : Mais qu'est-ce qu'il fait là toute la journée ?

Le père : Il se nourrit comme un ours ; il mange des herbes, des insectes, des fruits. Il dort. Il lit. Il médite.

La mère : Et tu trouves que c'est une œuvre d'art ?

Le fils : Il est complètement ouf, ce mec. C'est trop le délire !

La mère : Mais c'est la première fois qu'il fait une chose pareille ?

Le père : Non, il est habitué à ce genre de performance. Écoute sa présentation :
« *Le terrain d'exploration d'Abraham Poincheval, c'est en effet le monde, intérieur ou extérieur. Il s'est fait connaître en s'enterrant à Tours ou emmuré dans une librairie. Mais l'artiste a aussi exploré l'espace : vie dans les conditions des hommes du Paléolithique sur une île en 2011 ; traversée de la France en ligne droite à l'aide d'une boussole, voyage sous terre durant vingt jours en creusant un tunnel sous un jardin espagnol.* » Pas mal, non ?

La mère : Décidément, je ne comprendrai jamais rien à l'art moderne !

Le père : Moi, je trouve ça intéressant. Ça ouvre des perspectives nouvelles.

Le fils : T'as raison, papa, essaye de vivre avec ton temps !

24 Page 113, Exercice 3 – Intonation

1 – Qu'est-ce que tu en penses ?
– Ton gâteau, c'est une tuerie !
2 – Qu'est-ce que tu penses de cette idée ?
– Bof !
3 – Ton avis ?
– Ce vin est un nectar de première.
4 – C'est Pierre qui m'a recommandé ce resto. C'est pas terrible, j'attendais mieux.
– Tu veux dire que c'est immangeable.
– Oui, c'est vraiment dégueu.
5 – Alors ?
– Ce rouge est une vraie piquette.
6 – La visite du musée ne valait pas la peine.
– Oui. En plus, c'est hors de prix.
7 – Pas mal, ce petit restaurant au bord de la départementale.
– Oui. Ça vaut le détour.
8 – Nous ne pourrons pas partir le week-end prochain.
– Ça craint !
9 – Y en a marre. Ce truc marche jamais.
– Ça ne vaut pas un clou.
10 – Ton grand-père va t'offrir une nouvelle tablette pour ton anniversaire.
– Trop cool !

25 Page 115, La recette d'Angélique Kidjo

Angélique Kidjo : J'ai deux passions, la musique et la cuisine.

Élodie Maillot : Et s'il y avait un plat qu'on pourrait manger avec votre dernier disque qui s'appelle Ève, qu'est-ce que ce serait ?

Angélique Kidjo : Ce serait le moyo. Le moyo, c'est la pâte faite avec la farine de manioc cuite à la sauce tomate et, la sauce dessus, c'est de la tomate fraîche qu'on coupe en cubes et des oignons rouges coupés en petits cubes aussi. On mélange les deux. On met du citron dessus et on laisse cette sauce-là dans le frigidaire. On la fait le matin ou la veille si c'est possible avant de le manger. Donc, c'est le contraste entre la pâte chaude, le poulet ou le poisson chaud et la sauce froide qui se mange.

Élodie Maillot : Et pourquoi est-ce que ça, ça serait bon à manger avec le disque ?

Angélique Kidjo : Parce que ça a trait avec les femmes. Ce genre de recette, c'est pas la nourriture des riches, mais c'est bon et c'est convivial parce que la femme elle le fait, il y a plein de gens qui aident à couper, parce que couper les oignons en tout petit, les tomates en tout petit, entre copines qui se rendent visite, ça peut se faire très vite.

France Inter, 30 mars 2014.

26 Page 119, Préparation au DELF B2 – Compréhension de l'oral

Anne Chépeau : Il nourrit l'imaginaire. On le compare à un vaisseau. C'est un immense navire de quarante mètres de hauteur fait d'acier, de béton fibré et de bois, entouré de douze voiles de verre. Un bâtiment qui semble flotter, posé sur un bassin dans lequel l'eau descend en cascade. Son architecte, l'Américain Frank Ghery, est une star mondiale depuis qu'il a réalisé le musée Guggenheim de Bilbao en 1997. Alors de quoi avait-il envie pour la Fondation Vuitton ? Réponse de l'intéressé, Frank Ghery.

Frank Ghery : L'idée, c'était de faire un bâtiment qui évoque le mouvement, comme un navire toutes voiles dehors, comme un nuage qui se déplace et dont l'apparence changerait avec la lumière. Il y avait aussi l'idée que les artistes puissent intervenir entre les parties vitrées et le bâtiment lui-même. Avec cette idée de mouvement, c'est une façade vivante et non-pas statique.

Anne Chépeau : Spectaculaire à l'extérieur, le bâtiment dans lequel on se perd facilement propose à l'intérieur onze galeries, 3 800 m² destinés à accueillir la collection d'art contemporain de la Fondation en cours de constitution ou des expositions temporaires. Pour l'instant, peu d'œuvres sont présentées, en dehors des commandes réalisées pour entrer en résonance avec le bâtiment, comme le kaléidoscope de miroirs du Danois Olafur Eliasson. À l'intérieur, il y a aussi un auditorium où se produira prochainement Kraftwerk, pionnier de la musique électronique, et trois niveaux de terrasses partiellement ou totalement recouvertes par les fameuses voiles de verre. Des terrasses qui offrent des vues exceptionnelles sur Paris et à partir desquelles on prend la mesure de la complexité du bâtiment.

Le journaliste : Anne, c'est donc un petit bijou architectural posé au cœur du bois de Boulogne. Et d'ailleurs, sa construction était un vrai défi technologique.

Anne Chépeau : Oui, entre le premier dessin de Frank Ghery et la fin des travaux, douze années se sont écoulées et vous allez l'entendre, comme le concède Jean-Paul Claverie, conseiller de Bernard Arnault, cela n'a pas été simple.

Jean-Paul Claverie : Le projet que proposait Franck Ghery, le projet artistique, eh bien nous ne savions pas le construire. Nous n'avions pas la technologie pour le construire. Donc, une phase d'étude et recherche a été mise en place, plus de cent ingénieurs de très haut niveau ont été rassemblés pour réfléchir, pour inventer la technologie capable de respecter le geste de l'artiste. Il y a eu trente brevets déposés et qui permettent de réaliser le projet proposé. Sans l'informatique bien entendu et sans la mise au point de tous ces brevets d'innovation, on n'aurait pas pu construire ce bâtiment.»

Anne Chépeau : Pour vous donner une idée, les études à elles seules représenteraient 20 % du coût total du bâtiment contre 3 à 4 % pour un immeuble de bureaux classique. Bernard Arnault s'est offert une star de l'architecture et rien n'était trop beau pour sa fondation. Il est impossible toutefois de savoir combien a coûté la construction de ce bâtiment hors normes.

Le journaliste : Alors Anne, on imagine bien que cette Fondation n'a pas seulement un but philanthropique pour Bernard Arnault, qui est, je le rappelle, le patron de LVMH.

Anne Chépeau : Ils sont peu nombreux à en parler mais la Fondation et son bâtiment entrent évidemment dans la stratégie globale du groupe LVMH que dirige Bernard Arnault. C'est ce que souligne Denis Lafay, directeur de la rédaction du magazine *Acteurs de l'économie-La Tribune* et éditeur de livres d'art.

Denis Lafay : On a d'abord le choix d'une ville, Paris, qui est bien sûr extrêmement symbolique. Et pour un ex-futur citoyen belge, ce n'est pas neutre. Et on a cette idée qu'aujourd'hui, s'afficher comme collectionneur d'art contemporain, lorsqu'on est patron d'un empire du luxe comme LVMH, bien s'afficher collectionneur, ça permet aussi de maquiller un petit peu d'un vernis créatif, altruiste, philanthrope, mécène, même émotionnel. Et donc quelque part, là aussi, on voit bien qu'il y a une logique à faire ce choix-là, ce choix stratégique-là par rapport à la nature même des activités du groupe. Ce n'est pas neutre.

Anne Chépeau : On peut aussi évoquer sa rivalité avec l'autre capitaine d'industrie et milliardaire François Pinault. Bernard Arnault réussit là où François Pinault avait échoué. Sa fondation d'art contemporain est installée depuis neuf ans à Venise, faute d'avoir pu l'implanter près de Paris sur l'Île Seguin. Cette fois, les pouvoirs publics ont soutenu le projet de Bernard Arnault. La ville de Paris devrait en effet récupérer la propriété du bâtiment dans 55 ans à l'issue d'un bail emphytéotique.

France Info, 20 octobre 2014.

unité 9 De vous à moi

27 Page 123, La vie londonienne d'Anne-Christine

Anne-Christine Lantin : Je m'appelle Anne-Christine Lantin, je suis originaire de la Guadeloupe. J'ai vécu huit ans à Paris et maintenant j'habite à Londres depuis environ six ans.

Corinne Mandjou : Après un séjour de seulement six ans, la Guadeloupéenne Anne-Christine Lantin est aujourd'hui totalement intégrée dans la société anglaise. Pourtant, c'est un peu par hasard qu'elle s'est retrouvée à Londres.

Anne-Christine Lantin : J'ai fait mes études à Paris et puis j'ai commencé aussi à travailler à Paris pour un programme européen et, à la fin de 2007, en fait, mon contrat se terminait et je me suis dit : « Bon qu'est-ce que je fais, est-ce que je reste en France ou est-ce que je pars ? » J'avais rien en tête de bien précis, mais je voulais juste essayer quelque chose d'autre, voir de nouveaux horizons. Et donc, du coup, j'hésitais en fait entre l'Australie et Londres. L'Australie parce que ça m'a toujours attirée comme pays et Londres parce que j'avais une amie qui y habitait. Et en discutant avec mes proches, ils m'ont dit : « Bon l'Australie, c'est bien mais c'est un peu loin, c'est un peu difficile de communiquer. Londres, c'est mieux ! » Voilà comment j'ai un peu atterri à Londres.

Corinne Mandjou : À Londres, Anne-Christine Lantin regrette tout de même les relations telles qu'elles se vivent en France.

Anne-Christine Lantin : Ben en fait, ce qui me manque, c'est déjà ma famille qui est aux quatre coins du monde, mes amis aussi parce que là-bas en fait, on se fait des connaissances, les gens partent beaucoup, ils restent quelques années, donc du coup c'est un peu difficile de lier vraiment des relations fortes avec des gens... Il y a beaucoup de gens très sympathiques, on connaît beaucoup de gens, mais oui les vrais amis et la famille, ça manque. En France et en Guadeloupe notamment, on a un peu cette habitude de se réunir chez l'un et chez l'autre, de faire des dîners, des choses comme ça. Et en fait, à Londres, c'est plus l'idée d'aller dans les pubs, d'aller boire un verre après le travail. C'est pas mal, mais moi ça me manque un petit peu, cette espèce de spontanéité, de voir des gens... En fait, il faut toujours planifier beaucoup de choses. Du fait que les distances sont très longues à Londres, la moindre chose qu'on veut faire, aller dans le centre ou quoi, c'est quarante minutes, donc effectivement, pour être un peu spontané, pour dire : « Ah bon, tu viens dîner à la maison... » Il faut prévoir quoi. C'est ça qui me manque. Mais bon, il y a d'autres choses qui compensent, donc c'est pas mal non plus.

Corinne Mandjou : Vous avez acheté un appartement à Londres avec votre compagnon, un Italien d'origine argentine. Est-ce à dire qu'à trente-quatre ans, vous êtes définitivement installée à Londres, Anne-Christine Lantin ?

Anne-Christine Lantin : Ah, c'est pas sûr. Ben en fait au moment d'acheter, je me suis dit ça : « Mais est-ce que ça veut dire que je suis obligée de rester ici pour la fin des temps ? » Mais non en fait, on achète un appartement, on peut le louer, on peut le revendre ; c'est vraiment un investissement et pas une décision définitive sur le lieu de ma résidence. Donc non non, je pense que ce soit moi ou lui, on est encore ouverts...

Corinne Mandjou : ...à d'autres expériences ailleurs.

Anne-Christine Lantin : Exactement.

Corinne Mandjou : Vous pouvez réécouter cette chronique sur le site rfi.fr et lepetitjournal.com. Mathias Golshani et Corinne Mandjou vous donnent rendez-vous dans une semaine sur la radio du monde.

RFI, 20 juillet 2014.

28 Page 124, Le bricoleur

Christophe : Alors, on n'est pas bien là, peinards, dans le jardin ?

Viviane : T'as raison, Christophe. Mais il y a de l'orage dans l'air. Le soleil va disparaître d'ici quelques minutes. Dommage !

Christophe : Justement. Depuis longtemps j'ai envie d'installer une véranda. Je crois que je vais m'y mettre le week-end prochain.

Viviane : Une véranda, très bonne idée ! Tu pourras profiter du jardin en toute saison comme ça ! Tu veux la faire toi-même ?

Christophe : Ben oui, pourquoi pas ?

Viviane : Je te savais pas bricoleur. Maman disait toujours que tu avais deux mains gauches.

Christophe : Tu pousses un peu ! Je regarderai sur Internet les différents modèles et je prendrai le plus facile à monter. Une véranda, c'est pas si compliqué que ça, quand on a le plan. Il faut un marteau, des planches et quelques clous.

Viviane : Plus une bonne scie, de la peinture, des pinceaux... et une boîte de pansements.

Christophe : Arrête, Viviane ! C'est bien moi qui ai repeint la façade de la maison et fixé les stores, non ?

Viviane : Oui, il y a 20 ans...

Christophe : Viens plutôt dimanche avec Jean-Pierre pour me donner un coup de main.

Viviane : J'inviterai aussi ma copine Gisèle, l'infirmière, hein ? On ne sait jamais...

Christophe : Très drôle...

29 Page 131, Exercice 6 – Intonation

1 Il ne veut plus m'adresser la parole. Ça me fait de la peine.
2 T'es pas cap de le lui dire. T'as la trouille ?
3 Il a réussi son bac ? J'en reviens pas.
4 Vous avez pensé à mon anniversaire ! Ça me touche.
5 – Il dit qu'il a changé. Tu y crois, toi ?
– Ça m'étonnerait.
6 – Je ne peux pas venir ce soir. Je suis navrée.
– Tant pis !
7 – Elle est partie sans un adieu.
– Tu lui en veux ?
8 Max est parti. J'ai le cafard.
9 On ne peut décidément rien te dire. Tu prends tout le temps la mouche !
10 J'ai trouvé une souris morte dans le placard. J'en ai encore la chair de poule.

---

unité 10 Au boulot !

30 Page 137, S'expatrier pour travailler

Le journaliste : Plus d'un quart des jeunes diplômés français sont prêts à partir à l'étranger, tout simplement parce qu'ils ne trouvent pas de travail en France. C'est un sondage du cabinet Deloitte qui le disait en début d'année. Une tendance que confirme le ministère des Affaires étrangères : le nombre des jeunes de 18 à 25 ans partis travailler à l'étranger est en hausse de 14 % depuis 2008. Un salon sur la question se tient d'ailleurs aujourd'hui à Paris Forum Expat, dans les locaux du journal Le Monde. Alors Il y a eu une polémique en septembre dernier avec un appel aux jeunes à se barrer de France. Pour autant la tentation à l'expatriation est loin d'être une fuite mais plutôt l'envie d'accumuler de l'expérience pour revenir mieux armé. Un mouvement qui ne concerne d'ailleurs pas que les jeunes Français. De plus en plus d'Européens jouent ainsi à saute-frontières pour muscler leur CV, y compris pour venir en France. C'est en tout cas le mouvement que constate Laurent Girard-Claudon. Il a fondé Approach People, un cabinet de recrutement international basé à Dublin qui opère dans toute l'Europe.

Laurent Girard-Claudon : Les personnes qui s'en vont de France, on a constaté que c'est pas forcément des personnes qui sont désespérées, qui n'ont pas de travail. Au contraire, ce sont des personnes qui cherchent à construire une carrière et peut-être que le fait de partir quelques années à l'étranger permettra d'être un boost pour cette carrière ; c'est-à-dire de partir prendre une expérience, une nouvelle langue, prendre des méthodes, construire un CV très solide permet de revenir en France quelques années plus tard avec une forme de tapis rouge puisque les entreprises sont friandes de candidats ayant vécu à l'étranger.

Le journaliste : Alors, vous le disiez, ce type d'expérience qu'on va chercher à l'étranger pendant quelques années n'est pas propre évidemment aux Français. Vous voyez, vous qui observez un petit peu la plupart des pays d'Europe, vous voyez qu'en effet il y a une espèce de… on peut dire d'Erasmus professionnel comme ça, d'échanges entre les salariés, souvent les jeunes de différents pays d'Europe, qui vont tenter l'aventure ailleurs, dans des pays plus ou moins proches.

Laurent Girard-Claudon : Je crois qu'à une époque, c'était difficile de s'expatrier. Aujourd'hui, avec l'ouverture des frontières, la monnaie unique, avec les vols à bas prix, on constate qu'il est de plus en plus aisé de partir. C'est une tendance qu'on constate non pas seulement en France mais à l'échelle de tous les pays européens. On a même des Allemands, des Anglais, des personnes qui justement n'ont pas de souci à trouver un emploi dans leur pays qui voyagent, qui vont par exemple en France, qui vont…

Le journaliste : Y compris en France donc, qui viennent tenter l'aventure de l'expatriation en France.

Laurent Girard-Claudon : Ah oui, on a beaucoup de personnes qui viennent chercher du travail en France même si on pourrait penser que leur pays d'origine leur fournit toutes les conditions de travail possibles. On a, par exemple, des postes en ce moment pour des Anglais, à Paris. On a même dans le Nord de la France des postes pour des personnes qui parlent l'arabe littéraire, l'hébreu ou même le russe.

France Info, 6 avril 2013.

🎧31 Page 139, La machine à café

Giraud : Ah Forestier, je vous cherchais. Vous êtes toujours planté devant la machine à café, vous.

Forestier : Mais, Monsieur le directeur, pas du tout…

Giraud : Ne protestez pas. C'est vrai. On se demande pourquoi vous avez un bureau. Vous souhaitez vraiment que nous prolongions votre contrat ? Justement voilà Madame la présidente, je vais lui en parler.

Giraud : Madame la présidente.

Forestier : Bonjour, madame.

La présidente : Bonjour Giraud, bonjour Forestier, je vois que vous profitez des avantages de la pause-café. Je viens de lire un sondage qui confirme que la pause-café accroît la motivation du personnel et optimise nos capacités physiques et intellectuelles. Mais je ne vous apprends rien, Giraud, n'est-ce pas ? En tant que DRH vous savez déjà tout ça.
Au fait, Forestier, j'ai réfléchi à l'idée que vous m'avez soumise hier. Je la trouve particulièrement intéressante. J'ai décidé de la proposer au conseil d'administration. Vous avez recruté un nouvel élément précieux, Giraud, je vous félicite. Mais je vois que je n'ai pas de monnaie, est-ce que l'un de vous aurait une pièce à me prêter ?

Giraud : Mais bien sûr, Madame la présidente. Voilà. Je dois, hélas, vous quitter, j'ai une réunion. Vous passerez plus tard dans mon bureau avec le dossier LVM, Forestier, et nous en profiterons pour discuter de votre contrat.

Forestier : Avec plaisir, M. le directeur.

🎧32 Page 145, Exercice 3 – Intonation

1 – À propos du chômage, je voudrais faire un parallèle avec la situation des années 30.
– Ce n'est pas la même chose.
2 – Je déteste les patrons tels que lui.
– Moi aussi, c'est une espèce de tyran.

3 – Cette photo s'inspire visiblement du travail de Robert Doisneau.
– Oui, la ressemblance est frappante.
4 – À l'heure actuelle, dix dollars équivalent à huit euros.
– Oui, le taux de change est supérieur à celui de l'an passé. Cela va favoriser nos exportations.
5 – Lors du dernier tournoi, Mac Adam a surpassé Blériot.
– Oui, mais contre Alto ce sera une autre paire de manches.

unité 11 C'est pas net

🎧33 Page 153, Exercice 3 – Intonation

1 – Même si leurs prix sont plus élevés, je préfère cette marque d'ordinateurs.
– Mais nous n'en avons pas les moyens !
2 – Édouard est nul en informatique, en revanche il tape très vite.
– Quand même, j'hésite à travailler avec lui.
3 – J'ai beau essayer, je n'arrive pas à utiliser ce logiciel.
– Tout de même, tu pourrais faire des efforts.
4 – Contrairement aux idées reçues, la France n'est pas en retard en ce qui concerne l'informatique.
– Au lieu de dire n'importe quoi, vous devriez lire ce dossier.
5 – Ce programme a été adopté par la direction en dépit de tes remarques.
– N'empêche, il bugue tout le temps.

🎧34 Page 156, *Carmen,* Stromae

Cf. transcription p. 156.

🎧35 Page 160, Le nouveau portable

Karine : Salut Alex !

Alexandra : Salut Karine. Qu'est-ce qui t'arrive ? T'as l'air bien joyeuse.

Karine : Oui. T'as vu, j'ai le nouveau Netpod 15 !

Alexandra : Ah oui ?

Karine : Regarde, l'écran est plus grand que celui du 14 et il a plein de nouvelles fonctionnalités.

Alexandra : Ah ! il peut remplacer un couteau suisse, alors ?

Karine : Arrête ! J'ai horreur que tu te fiches de moi avec tes petits airs de Mademoiselle « je suis au-dessus de tout ça ». Je te l'ai déjà dit.

Alexandra : OK, j'arrête.

Karine : Il y a un logiciel de reconnaissance vocale très perfectionné. Il retranscrit tes paroles sans faire de fautes d'orthographe. C'est pratique pour les disserts, non ?

Alexandra : C'est cool !

Karine : En plus, il y a un GPS super-précis qui permet de s'orienter facilement.

Alexandra : Génial !

Karine : Et il est beaucoup plus puissant, il peut prendre des photos de 2 gigas !

Alexandra : C'est sympa, on pourra détailler tous les points noirs sur un visage.

Karine : Ne recommence pas ! Tu m'avais promis.

Alexandra : C'est vrai, excuse-moi. En tout cas, t'as bien choisi la couleur : ce rose fuchsia te va à merveille.

36 Page 166, Exercice 3 – Intonation

1 Et surtout Julie, envoie-moi un SMS quand tu seras arrivée.
2 Nous passons le mois d'août dans notre villa de Corse, et vous ?
3 La voiture est en panne. Qu'est-ce qu'on va faire ?
4 Et maintenant, vous allez voir nos photos de Corse.
5 Je vois dans la boule que vous rencontrerez bientôt l'homme de votre vie.
6 Mardi, il pleuvra abondamment en Normandie.
7 Attendez, je vais monter votre valise.
8 Tu n'auras pas de bonbons, un point c'est tout !
9 Ah, non ! Tu ne vas pas commencer à pleurer.
10 Sophie, vous annulerez tous mes rendez-vous pour demain.

37 Page 167, La voiture sans conducteur

Le journaliste : Et fin du feuilleton de la semaine dans le zoom sur ces recherches qui vont changer notre vie. Aujourd'hui, la voiture sans conducteur.
Google promet les premiers modèles d'ici à 2020, les constructeurs automobiles s'y mettent tous. Mercedes, Audi, Volvo, Renault, PSA, tous dans leur labo travaillent sur cette voiture autonome, véhicule bourré d'intelligence artificielle pour peut-être un jour conduire à votre place. Hélène Chevalier.
Hélène Chevalier : Dans sa petite voiture rouge, Évangeline Pollard est certes assise à la place du conducteur, mais ce n'est pas la chercheuse de l'INRIA qui conduit.
Évangeline Pollard : Et là, voilà, on est parties.
Hélène Chevalier : Donc là, vous n'avez ni les mains sur le volant...
Évangeline Pollard : C'est une conduite sans les mains et sans les pieds. Bon, je vous avoue que j'ai le pied quand même pas loin du frein au cas où, mais le système est opérationnel. Et ce n'est pas moi qui conduis, c'est bien la machine.
Hélène Chevalier : Pour en arriver là, le véhicule de l'institut de recherche a été suréquipé.
Évangeline Pollard : La voiture va prendre la place du conducteur. Donc, de la même manière qu'un conducteur est doté de sens pour analyser ce qui se passe autour de lui, on a doté le véhicule de capteurs pour lui permettre d'observer son environnement. Donc on a deux lasers à l'avant qui vont servir à la détection d'obstacles. On a une caméra à l'avant qui va servir à la détection de lignes de marquage et qui va servir aussi à la classification des obstacles, pour savoir si c'est un piéton, un vélo, ce genre de choses. Et enfin, là on le voit pas, mais juste au-dessus on a une antenne pour le GPS RTK. Donc c'est un GPS qui est un petit peu amélioré, qui va nous permettre d'obtenir une précision centimétrique.
Hélène Chevalier : Tout cela pour être à terme capable de totalement remplacer le conducteur qui pourra alors lire tranquillement un livre, regarder une série télé ou assister à une réunion en visioconférence. Des voitures autonomes qui pourraient aussi permettre moins d'embouteillages. Guillaume Devauchelle est en charge de l'innovation et du développement scientifique chez Valeo. L'équipementier travaille lui aussi sur des solutions pour automatiser les voitures.
Guillaume Devauchelle : Une caméra va voir et réaliser que le feu passe au vert beaucoup plus rapidement que l'œil d'un homme. Et en plus, cette caméra, ces mêmes capteurs seront capables de garder une distance absolument contrôlée par rapport aux véhicules de devant et aux véhicules de derrière. Et donc, ça permet de faire des trains de voiture accélérant et décélérant exactement à la même vitesse. Et donc le débit de la voirie va être multiplié par quatre ou cinq grâce à cette automatisation.
Hélène Chevalier : Mais il va falloir encore être patient avant de voir le périphérique fluide en pleine heure de pointe. Les voitures entièrement autonomes n'arriveront certainement pas en 2020 comme Google le prétend car le géant de l'Internet a certes fait considérablement accéléré la recherche dans le domaine et poussé les constructeurs à s'y mettre un peu plus vite que prévu, mais il y a encore pas mal de problèmes à résoudre, souligne Vincent Abadi, responsable des aides à la conduite chez PSA.
Vincent Abadi : Il y a une première problématique, c'est que le véhicule, il doit être capable de détecter parfaitement l'environnement, c'est-à-dire ce qu'il y a autour du véhicule et de manière absolument sûre, c'est-à-dire qu'il ne peut pas se tromper. Faut absolument qu'il voit tous les véhicules et effectivement les cyclistes, les piétons ça pose encore plus de difficultés, mais aussi des objets éventuellement qui sont présents sur la route. La deuxième problématique, c'est l'intelligence. On doit recréer une intelligence comparable à l'intelligence humaine si on peut dire, c'est-à-dire une intelligence de décision.

France Inter, 22 août 2014.

38 Page 170, Dans la grand-rue

Mme Lepic : Bonjour !
M. Hernandez : Tiens, bonjour, Mme Lepic, quelle bonne surprise ! Comment allez-vous ? Vous avez changé de coiffure, pas vrai ? Ça vous rajeunit.
Mme Lepic : Quel flatteur, M. Hernandez ! Ça fait un moment que je ne vous avais pas vu. Toujours sur les routes ?
M. Hernandez : Eh oui, c'est le métier qui veut ça. Il faut bien vivre.
Mme Lepic : Vous avez vu, ils font encore des travaux dans la grand-rue.
M. Hernandez : Oui, avec tous ces chantiers, on ne sait plus où se garer. Qu'est-ce qu'ils fabriquent cette fois-ci ?
Mme Lepic : Il paraît qu'ils agrandissent la mairie. Comme si c'était nécessaire !
M. Hernandez : C'est le nouveau maire, il a la grosse tête. Il se prend pour Louis XIV.
Mme Lepic : Oh ! vous exagérez, M. Hernandez.
M. Hernandez : À peine, et qui est-ce qui finance tout ça ? Nous, bien sûr ! Avec nos impôts locaux !
Mme Lepic : Vous savez, moi, la politique... Le plus triste, c'est que je ne reconnais plus le quartier avec tous ces changements. Dire qu'on était si tranquille avant. Il y avait un banc sur la place où on pouvait s'asseoir entre deux courses. Il a disparu. Ils ont même coupé des arbres pour élargir la rue Gambetta.
M. Hernandez : Mais ça, ça a amélioré la circulation. C'est plutôt un progrès.
Mme Lepic : Vous trouvez ? Et le boulanger qui faisait du si bon pain ? Il est parti. À la place, on a cette baguette insipide de la supérette qui durcit dès qu'on la coupe.

M. Hernandez : Éh oui, tout se dégrade. C'est la modernisation qui nous dépasse, Mme Lepic. Que voulez-vous y faire ? Moi, je n'y comprends plus rien. Je me fais vieux, c'est sans doute ça.

Mme Lepic : Ne dites pas ça, M. Hernandez, vous êtes encore vert, vous. Bon, je vous laisse, j'ai mes commissions à finir. Au revoir !

M. Hernandez : Bonne journée !

39 Pages 178-179, Épreuve DELF B2 — Compréhension de l'oral

Exercice 1

Arnaud Laporte : Bonsoir, cher Antoine.

Antoine Guillot : Bonsoir, Arnaud Laporte. Bonsoir à toutes et à tous. « *4 000, c'est,* indiqué par Libération, *le nombre de visiteurs accueillis entre 12 heures et 17 heures, samedi [25 octobre], par le tout nouveau tout beau musée Picasso de Paris, gratuit en ce jour de réouverture. Sachant que le musée peut recevoir un maximum de 700 personnes à la fois, on vous laisse calculer le temps de visite moyen.* » [J'ai calculé, ça fait 52 minutes...] Sans doute inspiré par cette affluence, « *François Hollande a rappelé lors de l'inauguration du musée […] son souhait que les grands musées soient ouverts sept jours sur sept, une décision actée dans le projet de loi de finances 2015,* rappelle l'éditorial du *Journal des arts,* qui note qu'« *il va ainsi plus loin que le rapport Attali* « sur la libération de la croissance française » *de 2008 qui préconisait* « d'adapter les horaires d'ouverture des musées et monuments en soirée. » *L'esprit est le même, il s'agit de* « favoriser la consommation touristique dans les villes. » « *Ces deux mesures sont complémentaires et tombent sous le sens* », salue Jean-Christophe Castelain. « *La tour Eiffel et l'Arc de triomphe de l'Étoile sont ouverts tous les jours, et les touristes — et tous les autres — sont agacés de tomber sur des portes closes le lundi au Musée d'Orsay ou au château de Versailles, le mardi au Louvre et qu'on les pousse vers la sortie ailleurs à partir de 17 h 30 le reste de la semaine. Dans la compétition entre les villes touristiques, Paris n'est pas démunie d'arguments, mais il serait imprudent qu'elle se repose sur ses lauriers* », juge-t-il. « *La réaction des syndicats, déplorant un manque de dialogue social, n'a pas tardé* », note Le Figaro. « La seule priorité semble être l'accueil des touristes au détriment de nos missions de service public », a regretté Frédéric Sorbier, le secrétaire de la CGT-culture à Orsay. « *À Versailles, la CFDT avait pour sa part déjà dénoncé le coût de cette opération en raison du ménage qui ne pourrait se faire dans le château que la nuit.* » D'autant que, comme le précise René Solis dans *Libération* : « *aucune subvention supplémentaire n'est prévue par le gouvernement qui espère que la mesure sera finalement financée par les recettes supplémentaires attendues. On estime même que les musées y gagneront —* « Le solde économique sera positif », *assure-t-on au cabinet de Fleur Pellerin. Difficile pourtant de prévoir l'augmentation exacte du nombre de visiteurs. Le Louvre en reçoit déjà actuellement 9,2 millions par an (record mondial), Versailles en accueille 7 millions et Orsay 3,5 millions.* » Michel Guerrin, dans *Le Monde,* précise toutefois, comme la CGT-Culture, « *qu'un jour fermé n'est pas un jour chômé. C'est un point que devrait partager Henri Loyrette, ancien président du Louvre, qui a fait doubler la fréquentation du Louvre en douze ans, et qui n'est pas vraiment un excité du syndicalisme. Il disait*

ceci [au Monde] en 2013, juste avant son départ : « *On ne peut pas ouvrir sept jours sur sept. Car le mardi est un jour bienheureux, un jour où on travaille beaucoup, celui du déplacement des œuvres et des travaux dans le musée.* » « *C'est aussi, ajoutent certains, un « jour de respiration pour les œuvres »,* qui en auraient bien besoin dans un Louvre qui accueille quotidiennement 30 000 personnes. *Un jour réservé à des publics spécifiques. Et aussi à des mécènes, qui payent — d'où un manque à gagner...* » Dans son éditorial du *Beaux-Arts Magazine* de septembre, Fabrice Bousteau voyait plusieurs écueils à cette ouverture sept jours sur sept. « *D'abord, rien ne prouve que cela permettrait d'améliorer le confort du public, puisque le but est d'attirer toujours plus de visiteurs, alors que tous se concentrent dans les mêmes salles comme celle de la Joconde, au Louvre. En outre, pourquoi les musées devraient-ils ouvrir en permanence quand les supermarchés, les boucheries ou les librairies ferment un jour par semaine ? Pour assurer la sécurité des visiteurs, la conservation des œuvres, etc., un musée a besoin d'un temps de jachère. Enfin, il n'est pas certain que cette mesure développe les recettes des musées, car cela entraînerait aussi des coûts supplémentaires. Rappelons qu'au cours des dix dernières années, les grands établissements ont déjà considérablement augmenté la part de leurs ressources propres, et vouloir leur en demander chaque année davantage — au moment où les recettes de mécénat diminuent du fait de la crise — conduirait inexorablement à une baisse de la qualité des expositions, incitant chacun à privilégier les blockbusters au détriment des découvertes artistiques, de l'audace et de la recherche. Sait-on qu'aujourd'hui, le budget d'acquisition du Musée national d'art moderne au Centre Pompidou est d'environ deux millions d'euros, soit le dixième d'un Jeff Koons ? Pas étonnant qu'aucune de ses œuvres ne figure dans la collection du MNAM. La politique de réduction continue des subventions des musées, menée par le Ministère de la Culture, entraînera assurément une paupérisation de notre patrimoine de demain.* » « *Ce débat* », reprend Michel Guerrin dans *Le Monde*, « *soulève la question du rôle du musée dans la cité. Depuis trente ans, des efforts ont été faits pour accueillir plus de public. Et c'est très bien. Mais aujourd'hui, l'enjeu n'est pas tant de montrer plus que de montrer mieux. S'interroger sur la compréhension des œuvres par le public, sur la qualité de sa visite. Inciter les plus modestes à venir. Se demander par exemple pourquoi le ticket plein tarif au Louvre a augmenté de 71 % depuis 2000.* » Bonne question, en effet...

France Culture, 5 novembre 2014.

40 Exercice 2

Philippe Duport : Des CV originaux, il y en a de plus en plus en période de forte concurrence pour un poste. Le site CV-originaux.fr vient de produire une étude sur le sujet. Les deux tiers de ceux qui ont postulé de façon décalée disent qu'ils ont décroché un entretien grâce à leur démarche.

Ces CV un peu fous font désormais vite le buzz sur les réseaux sociaux. La tendance, ce sont les CV objets que l'on fait parvenir directement au recruteur. Une vraie déclaration d'amour à la boîte pour laquelle on veut travailler. C'est par exemple une jeune fille qui envoie une clé USB en forme de fléchette à une agence de communication dont le slogan est justement que « *le message doit atteindre sa cible* ». C'est un jeune homme qui envoie au recruteur une enveloppe avec deux tickets à gratter : « *tentez de recruter votre chef de projet.* » Le premier ticket affiche « perdu », l'autre est un lien vers un CV en ligne.

Mais d'après le site CV-originaux, on voit aussi des choses plus basiques, mais efficaces, comme un caramel glissé dans une enveloppe en plus du CV. Pour Alain Ruel, le fondateur du site, ça met de bonne humeur le recruteur qui reçoit deux cents réponses à son annonce. Ça donne du relief à la candidature, au propre comme au figuré.

Le secret du CV original efficace, qu'il soit sous forme d'objet ou de vidéo, c'est de faire une référence précise à l'activité de l'entreprise visée. Il faut éviter le gadget, genre CV glissé dans une galette des rois ou dans une boîte de chocolats. Le genre d'excès qui peut vite devenir indigeste.

L'autre recette du succès, c'est de coller à ce que vous êtes. Ne vous faites pas passer pour un « super candidat » si vous êtes plutôt timide en entretien. Un CV original vous permettra sûrement de vous démarquer et d'obtenir un rendez-vous. Après, tout reste à faire. Et votre beau CV vidéo, où vous révélez vos talents d'acteur sera vite oublié... pour parler formation, expérience et contenu de poste. Et là, tous les caramels du monde ne pourront plus rien pour vous.

France Info, 27 octobre 2014.

TRANSCRIPTIONS > vidéos

unité 1 À mon avis

1 Page 17, La langue de Descartes

MAMANE : C'est vrai, hein, je te jure mon frère, bon, mais ça n'empêche que, même si je suis nigérien, maintenant je me fais beaucoup d'amis en France, hein, tu vois. Partout où je sors, les gens, ils veulent être mes copains. Tout à l'heure, je suis descendu du TGV et puis y a trois gars qui sont venus vers moi pour être mes copains. Ils sont venus et puis ils m'ont fait : « *Police nationale, bonjour.* » Ils ont demandé mes papiers, je les avais pas. Heureusement que j'avais mon grigri contre les policiers, hein. Ben oui, y a un grigri, dès que tu le montres, les policiers, ils te laissent passer. Vous voulez que je vous montre mon grigri ? Je l'ai là. Vous allez voir mon grigri contre les policiers. Voilà, c'est le *Bescherelle* mon grigri. Mon frère, c'est le *Bescherelle*. Maintenant, les contrôles policiers, ils se passent comme ça : « *Police nationale, bonjour. Je peux voir tes papiers, Mamadou. Ok.* » Alors à présent, tu vas me conjuguer au présent du futur simple du passé composé du plus-que-parfait du subjonctif le verbe « flipper sa race ». Et tu flippes ta race, mon frère, parce que la langue française, elle est trop compliquée, c'est pas un cadeau la langue française, hein. Attends, parce que dans la langue française, il y a une règle que vous connaissez tous, qui dit que pour obtenir l'inverse d'un mot, il suffit de le précéder du préfixe « dé ». Vous la connaissez, non ? Tendu, détendu. Réglé, déréglé. Caféiné, décaféiné. Alors si je prends le verbe « tourner », comme « tourner à gauche » ou « tourner à droite ». Est-ce que son inverse « détourner » signifie aller tout droit ? Non ! Dans ce cas, mes amis, méfiez-vous quand vous êtes dans un avion qui va tout droit, hein. Mais alors, pourquoi dit-on d'un délinquant, il a mal tourné parce qu'il s'est détourné du droit chemin ? Et y a plein d'exemples comme ça. Pourquoi tous les médias disent que les rappeurs de NTM* dérapent alors qu'ils rappent toujours ? Et pourquoi quand mon jean est sale, je le lave, il se délave. Et entre nous, est-ce qu'un jean délavé est propre ou sale ? En tout cas, je sais qu'il est plus cher, hein. Et entre nous aussi, comment ça se fait que, chaque année, Bob Marley sort un CD alors qu'il est décédé ? Ben c'est vrai, mon frère, je te jure, je sais pas pourquoi. Et à propos d'argent, pourquoi c'est toujours les riches qui dépensent et les pauvres, ils y pensent. D'ailleurs, c'est pour ça que je comprends très bien que quand ton patron te refuse une prime, tu déprimes, hein.

* *Groupe de rap français.*

Philippe Vaillant Spectacles.

unité 2 Quelque chose à déclarer ?

2 Page 31, Dany Laferrière, un immortel à l'Académie

Le présentateur : C'est un couronnement. Dany Laferrière marque en tout cas l'histoire de la culture francophone. Vous l'avez entendu aujourd'hui, il est devenu le premier Québécois, premier Haïtien à être élu à l'Académie Française. Maxence Bilodeau, notre collègue était avec lui à Port-au-Prince quand il a appris la nouvelle.

Maxence BILODEAU : L'éditeur Rodney Saint-Éloi se rend à la chambre de Dany Laferrière qui vient tout juste d'apprendre par SMS son élection.

Rodney SAINT-ÉLOI : Félicitations ! On les a.

Dany LAFERRIÈRE : Mon frère. Ils t'ont envoyé ici ! Treize voix de majorité au premier tour.

Maxence BILODEAU : Aussitôt élu, aussitôt une première entrevue à RDI où Dany Laferrière parle déjà comme un Académicien quand on lui demande quand il entrera en fonction.

Dany LAFERRIÈRE : On n'est pas pressé, vous savez, dans cette maison. Ça fait dix minutes que je suis là et puis je commence à parler... On n'est pas pressé, on n'est pas là pour bousculer le temps.

Maxence BILODEAU : Mais aujourd'hui, le temps va se bousculer. Les journalistes du Québec appellent, les uns après les autres. Dany Laferrière réussit finalement à se rendre à une rencontre littéraire où là, il est attendu par les journalistes haïtiens.

Dany LAFERRIÈRE : Je suis le plus jeune Académicien en ce moment. Vivant. À soixante ans. Et je suis le premier Haïtien, le premier Québécois.

Maxence BILODEAU : Et le deuxième noir après le Franco-Sénégalais Léopold Senghor. Un grand événement.

Rodney SAINT-ÉLOI : Dany Laferrière, c'est l'espoir de ces jeunes qui sont debout, qui ont lu l'œuvre de Dany Laferrière et qui ont trouvé, dans la pensée qu'il y a dans l'œuvre de Dany Laferrière, il y a une porte de sortie à la misère intellectuelle, à la misère morale.

Maxence BILODEAU : Ces jeunes Haïtiens, Dany Laferrière les a rencontrés pour parler littérature, pour les inciter à écrire, mais surtout à réfléchir.

Dany LAFERRIÈRE : La question n'est pas de s'exprimer le plus rapidement possible sur un sujet, puisque le temps, il est élastique, il n'a pas de fin. On attendra ce que vous avez à dire, si vous avez quelque chose à dire.
Je crois que dans le désir de faire quelque chose qui dépasse notre modeste personne, il va y avoir sûrement quelques jeunes qui vont tenter leur chance, qui vont hausser la barre. Et puis, il n'y a pas de limite, quoi.

Maxence BILODEAU : Et ces jeunes Haïtiens justement ?

Un jeune Haïtien : Ça va non seulement provoquer une sorte d'encouragement chez nous les Haïtiens et pourquoi pas nous évoque à progresser beaucoup plus.

Maxence BILODEAU : Une si belle journée mérite une photo de famille. Maxence Bilodeau, Radio Canada, Port-au-Prince.

Radio Canada.

unité 3 Ça presse !

 Page 45, Les titres

Nordine Mohamedi : Bonsoir. Bonsoir à toutes et à tous. Merci pour votre fidélité à France 3-Auvergne. Voici les titres de l'actualité de ce 19/20. La soirée sera encore très agitée pour 16 départements français, toujours placés en vigilance orange. En 24 heures, les trombes d'eau ont déjà causé de gros dégâts et des coupures d'électricité notamment en Ardèche. Prudence ce soir et cette nuit le long du littoral de la Côte d'Azur où on attend des vagues de plusieurs mètres de haut. La promenade des Anglais à Nice a été fermée au public.

En Auvergne, 500 gaziers et électriciens ont manifesté ce matin à Bort-les-Orgues aux confins du Puy-de-Dôme et de la Corrèze. Ils redoutent une privatisation du secteur de l'énergie hydraulique en France.

Michelin, escroqué comme d'autres entreprises. C'est une affaire de fausses coordonnées bancaires et de sommes extorquées. Le manufacturier y a laissé 1 600 000 euros et a porté plainte.

La musique démesurée. Si vous l'aimez, profitez-en, elle prend ses quartiers dans l'agglomération de Clermont-Ferrand à l'occasion de la 16e édition du festival de ladite musique.

France Télévision.

unité 4 Partir

 Page 54, Bye-bye la France

Voix off : Tapis rouge au cœur de Manhattan. Le Festival du film français y consacre nos stars de cinéma. Cette année, honneur à Catherine Deneuve. Vu d'ici, la France est glamour, la France est chic. Un pays qui fait toujours rêver. Mais cette image est à des années-lumière de celle que les Français se font de leur propre pays. Selon une étude Cetelem, les Français sont les champions d'Europe du pessimisme. Leur niveau de satisfaction dans la vie est le plus bas du continent. Et le niveau de satisfaction vis-à-vis de l'état actuel de l'économie est l'un des plus faibles d'Europe. Voici une carte du monde des Français installés à l'étranger. Plus la zone est foncée, plus elle compte de Français enregistrés auprès de nos consulats. C'est une communauté qui a presque doublé ces vingt dernières années. La moitié des Français qui partent restent en Europe. 20 % en Amérique, 15 % en Afrique, mais l'Asie-Océanie et le Proche et Moyen-Orient progressent chaque année. Plus on est diplômé, plus on est mobile. La moitié de nos expatriés ont un niveau bac + 3 contre seulement 12,5 % en France. Officiellement, 130 000 Français sont installés aux États-Unis. Ils seraient en fait plus du double ; l'équivalent de villes comme Nantes ou Strasbourg.

France Télévision.

unité 5 Histoire de...

 Page 69, Les Femmes du 6e étage

Une amie de la femme : Mais c'est fini les Bretonnes, ma chère Suzanne. Aujourd'hui, tout le monde a une Espagnole à son service.

La gardienne : L'ascenseur, c'est pour les patrons. Vous, vous prenez l'escalier de service.

Le mari : À notre ancienne bonne, nous donnions 250 francs et j'ai décidé qu'avec...

La bonne : 400 francs.

Le mari : 400 francs ? Vous déraisonnez enfin !

La femme : Et je compte sur vous pour que tout soit impeccable.

La bonne : « *Pia, abre, Dolores, Carmen, Teresa.* »

La femme : Vous êtes parfaite. Une vraie fée du logis.

L'enfant : Vous avez engagé une Espagnole ?

Le mari : Parfaitement ! Et je vous demanderais de bien la traiter en plus.

Le mari : « *A mi me el gusta el jamon.* »

La bonne : Non.

Une autre bonne : Venez monsieur, je vais vous montrer quelque chose.

Une autre bonne (2) : Je vous préviens, c'est tout bouché là-dedans.

Le mari : Ah, oui ! ouf !

La bonne : Dites avec moi : « *juego* ».

Le mari : « *Juego.* »

La bonne : « *El jardín.* »

Le mari : « *El jardín.* »

Le mari : Elles vivent dans des chambres minuscules.

Le mari : Mais où est le lavabo ?

La bonne : Le lavabo ?

Le mari : Sans chauffage ni eau courante.

La bonne : « *El jamón.* »

Le mari : « *El jamón.* »

La femme : D'ordinaire, tu ne te soucies ni des uns ni des autres et puis là, tout à coup, tu te passionnes pour des bonnes espagnoles.

Les bonnes : Bonjour monsieur Joubert.

Le mari : Ah ! bonjour.

La femme : Pour Jean-Louis, je ne suis jamais sortie de ma province. Lui, ce qu'il aime, c'est ce qui brille, c'est les Parisiennes, les élégantes.

La bonne : Je me suis trompée. Vous n'êtes pas un patron comme les autres.

Le mari : Mais je te dis que j'ai été dîner chez les Espagnoles du 6e étage !

La femme : Mais arrête de dire n'importe quoi ! Mais tu crois pas que je vois qu'il y a quelque chose qui se passe ?

Le mari : Bonjour mesdames.

L'enfant : Comment ça au 6e étage ?

Une amie de la femme : Avec les bonnes espagnoles ?

Une autre bonne : Le patron doit rester chez le patron.

Le mari : C'est la première fois que j'ai une chambre à moi. Si vous saviez ce que je me sens libre.

SND Film.

Page 87, Le Malade imaginaire

TOINETTE. — Donnez-moi votre pouls. Allons donc, que l'on batte comme il faut. Ah, hi, je vous ferai bien aller comme vous devez. Ce pouls-là fait l'impertinent ; je vois bien que vous ne me connaissez pas encore. Qui est votre médecin ?

ARGAN. — Monsieur Purgon.

TOINETTE. — Cet homme-là n'est point écrit sur mes tablettes entre les grands médecins. De quoi, dit-il, que vous êtes malade ?

ARGAN. — Il dit que c'est du foie. Oh mais d'autres disent que c'est de la rate.

TOINETTE. — Ce sont tous des ignorants.

ARGAN. — Des ignorants ?

TOINETTE. — C'est du poumon que vous êtes malade.

ARGAN. — Du poumon ?

TOINETTE. — Oui. Que sentez-vous ?

ARGAN. — Je sens de temps en temps des douleurs de tête.

TOINETTE. — Ah, justement, le poumon.

ARGAN. — Il me semble parfois que j'ai un voile devant les yeux.

TOINETTE. — Ah, le poumon.

ARGAN. — Et j'ai quelquefois des maux de cœur.

TOINETTE. — Le poumon.

ARGAN. — Je sens parfois des lassitudes à travers tous les membres.

TOINETTE. — Le poumon.

ARGAN. — Et quelquefois il me prend des douleurs dans le ventre, là, comme si c'était des coliques.

TOINETTE.. — Le poumon. Vous avez appétit à ce que vous mangez ?

ARGAN. — Oui, Monsieur.

TOINETTE. — Le poumon. Vous aimez à boire un peu de vin ?

ARGAN. — Oui, Monsieur.

TOINETTE. — Le poumon. Il vous prend un petit sommeil après le repas, et vous êtes bien aise de dormir ?

ARGAN. — Oui, Monsieur.

TOINETTE. — Le poumon, le poumon, vous dis-je. Que vous ordonne votre médecin pour votre nourriture ?

ARGAN. — Il m'ordonne des potages.

TOINETTE. — Ignorant !

ARGAN. — De la volaille.

TOINETTE. — Ignorant !

ARGAN. — Du veau.

TOINETTE. — Ignorant !

ARGAN. — Et des bouillons.

TOINETTE. — Ignorant.

ARGAN. — Et des œufs frais.

TOINETTE. — Ignorant !

ARGAN. — Et le soir des petits pruneaux pour lâcher le ventre.

TOINETTE. — Ignorant !

ARGAN. — Et surtout, surtout de boire mon vin fort trempé.

TOINETTE. — Ignorantus, ignoranta, ignorantum ! Il faut boire votre vin pur ; et pour épaissir votre sang qui est trop subtil, il faut manger de bon gros bœuf, de bon gros porc, de bon fromage de Hollande, du gruau[1] et du riz, et des marrons et des oublies[2], pour coller et conglutiner[3]. Votre médecin est une bête. Je veux vous en envoyer un de ma main, et je viendrai vous voir de temps en temps, tandis que je serai en cette ville.

ARGAN. — Oh, vous m'obligerez beaucoup.

[1] *Préparation de céréales.* [2] *Fines galettes (mot disparu).*
[3] *Produire un liquide épais.*

Théâtre Roumanoff.

 Page 99, Du nouveau à Vincennes

Voix off : Dehors, trois fois plus d'espace pour les girafes. Vincennes entend en finir avec l'univers carcéral du zoo traditionnel. Une collection encyclopédique héritée de 1934. Tombant en désuétude et en morceaux, le zoo devait se réinventer. Aujourd'hui les fameux faux rochers sont toujours là, mais l'espace est divisé en biozones : une volière, une serre tropicale, la savane africaine et, au fond, la pampa de Patagonie.

L'homme interviewé : Ce sont cinq hauts lieux de la biodiversité, qui, chacun, sont le témoignage d'écosystèmes extrêmement complexes avec des équilibres très fragiles, souvent menacés.

Voix off : Dans la grande serre tropicale, par exemple, on peut tomber nez à nez avec quelques ibis rouges, un hocco d'Amérique du Sud et deux, trois surprises...

Le soigneur : J'ai lâché des araignées ici, donc c'est un petit peu moins grand public.

Voix off : Pour les trouver, il faut marcher un peu...

Le soigneur : Là, on passe à Madagascar. On était en Guyane, là, on passe à Madagascar, donc la végétation change...

Voix off : Et ouvrir un œil ou deux...

Le soigneur : Donc elle est en liberté et effectivement en semi-liberté. À partir du moment où elle a tissé sa toile, en fait, elle ne bouge plus. C'est l'occasion de pouvoir observer une araignée de près, sans avoir de risques. Le message c'est effectivement de pouvoir aborder la biodiversité et d'être immergé à l'intérieur, c'est-à-dire d'être entouré par toute une diversité d'espèces.

Voix off : Un millier d'animaux arrivent petit à petit à Vincennes, avec quelques nouveaux, les reptiles, mais aussi les loups, les lamantins, qui espèrent 1 500 000 visiteurs, soit autant qu'en 1970. D'ici à samedi, Nero, le lion, sera sorti de sa réserve, il trônera sur ce rocher très spécial, un rocher chauffant à trente degrés.

France Télévision.

 page 114, De l'art sur la table

Sang-Hoon DEGEIMBRE : Pour cette recette, je commence la préparation par le poisson. Dans une poêle antiadhésive, déposer le poisson côté peau. La cuisson va durer une vingtaine de minutes à feu très réduit. Pour le jus vert, je prends : du pourpier, de la pimprenelle et du persil. Je vais blanchir les herbes pendant trois minutes dans de l'eau bouillante et aussitôt les refroidir dans un bain d'eau froide avec glaçons. Je mixe avec l'huile de pépins de raisin et le sel. Pour le jus de chou rouge, je vais blanchir le chou rouge pendant trois à quatre minutes. Refroidir aussitôt dans un bain avec glaçons. Puis après ça, je mets le tout dans un extracteur de jus. Pour la confection de la sauce tomate, je prends des tomates cerises, j'ajoute un peu de pâte de piment fermenté, un petit peu de sel et une pointe de xanthane, donc l'épaississant pour avoir la texture adéquate. Je mixe le tout assez longtemps. Je passe le tout au chinois et je mets ça de côté pour le dressage. Pour la mousseline citronnée : donc je mets le beurre à fondre, je vais ajouter directement les œufs crus, j'ajoute le citron, le sel, et un petit peu de blanc d'œuf en poudre. Je mixe et je mets tout ça dans un siphon. Je vais passer au dressage : donc j'étale la mousseline sur l'assiette à l'aide d'une spatule et je vais jeter les différentes couleurs obtenues. Je dépose délicatement mon poisson et je dépose toutes les différentes fleurs et herbes pour compléter le tableau. Et voilà mon turbot accompagné de sa garniture liquide.

M6.

unité 9 De vous à moi

9 page 127, Scènes de ménage
La demande en mariage

Cédric : Tchin !

Marion : Tchin ! Oh, là, là ! Tu m'as gâtée, poussin, c'était trop bon… Hum ! Humm ! Ah ! Il est bon, ce champagne.

Cédric : Marion, est-ce que tu veux m'épouser ?

Marion : Haaa ! Oh non, c'est pas vrai ! Oh non, c'est pas possible ! Oh, merci, poussin, c'est trop beau, elle est trop belle ! Oh non, c'est pas vrai ! Il faut absolument que j'appelle les copines ! Elles vont être dégoûtées. Oh non, c'est pas vrai ! Allô, Caro ? Ouais, c'est moi. Tu devineras jamais ce qu'a fait Cédric !

Cédric : C'est bon, c'est bon.

Marion : Il m'a acheté une super bague !

Cédric : Poussin, c'est bon.

Marion : Oui. Écoute ! Un anneau en or blanc avec un gros diamant. Ah non mais je l'adore. Ben, je l'ai là, je la porte. Je te jure. Oh, là, là, qu'est-ce qu'elle est belle ! Ah tu peux pas t'imaginer. Mais oui oui. Elle me va hyper bien. Ouais, je te la prêterai si tu veux.

Le coup de la panne

Huguette : Bon, ben, j'y vais.

Raymond : Quand je te vois débarquer comme ça, avec ta robe à fleurs, ton grand chapeau, je sais qu'il y a quelque chose à dire, un truc à trouver, une pique, un bon mot, quoi. Mais je l'ai pas.

Huguette : Tu veux que je fasse un petit tour sur moi-même, histoire de t'aider à trouver l'inspiration ?

Raymond : Non, non, je l'ai pas, je l'ai pas. Je crois que l'image est trop forte, on peut pas faire plus drôle.

Huguette : Salut.

Raymond : Attends, attends, attends, viens là. Non, non, ça vient pas, laisse tomber. Va, va, va ! Bon après-midi.

Studio 89 Productions.

unité 10 Au boulot !

10 Page 142, Émigrer dans la Belle province

Voix off : C'est dans les métiers comme ceux de la santé qu'il est le plus facile de tenter sa chance. La province du Québec recrute des infirmières toute l'année. À l'hôpital Notre-Dame de Montréal, Amandine Maréchal a eu droit au tapis rouge. L'obtention de son visa a été très rapide.

Amandine MARÉCHAL : Ça m'a pris cinq mois. Je dirais peut-être six maximum, le temps de faire toutes les démarches. Et puis, et puis c'est ça, et puis ce qui est assez facile, c'est qu'ils permettent l'ouverture par rapport aux conjoints également. Moi, mon conjoint n'est pas du tout dans le système de la santé et en fait, le fait qu'on soit conjoints de fait, ça a pu en fait faciliter pour lui tous ses papiers et c'est même l'hôpital qui a géré ses papiers également via l'immigration donc on a vraiment eu aucune difficulté à venir ici.

Amandine MARÉCHAL : Ok, c'est bien, vous avez 128/184 de pression.

Voix off : Amandine travaille aux soins intensifs en neurologie. Ici, elle perçoit un quart de revenus supplémentaires par rapport à la France et elle se plaît dans un nouveau rythme de travail.

Amandine MARÉCHAL : On travaille plus mais de façon moins intensive pendant la journée, parce qu'on a des pauses, ici c'est obligatoire. Chose qu'en France parfois on n'a pas forcément. On a moins de vacances mais la charge de travail est quand même moins importante. Donc on a plus le temps avec nos patients, côté relationnel, c'est nettement plus intéressant aussi. Et puis on a le temps de faire les choses, on n'est pas pressés.

Voix off : Depuis 2010, le Québec a vu tripler le nombre de candidates. 1 100 infirmières françaises sont déjà installées dans la Belle Province.

France Télévision.

unité 11 C'est pas net

11 Page 160, Le biomimétisme

Laurent DELAHOUSSE : On revient en France avec la science qui ne cesse depuis des années d'observer, d'analyser la faune afin d'y trouver de nouvelles sources de progrès. Et c'est une source parfois intarissable et inestimable. Illustrations avec des antennes de papillon, des ailerons de requin ou encore, des yeux de mouche. On appelle cela le biomimétisme. Amira Souilem et Swanny Thiébaut.

Amira SOUILEM : Regarder les mouches voler, Stéphane Viollet est payé pour ça. Sa spécialité, l'œil de mouche et c'en est un admirateur.

Stéphane VIOLLET : Allez, allons à la chasse à la mouche. La mouche est capable de multiples prouesses. Par exemple, elle est capable d'éviter les obstacles dans un environnement qu'elle ne connaît pas a priori. Elle est capable d'atterrir automatiquement, de décoller automatiquement.

Amira SOUILEM : Ici, pas question de faire du mal à une mouche. Entre deux expériences, on prend même le temps de réhydrater la bête. Au bout de la pince, quelques gouttes d'eau pour cette mouche qui commence à fatiguer. Elles ont besoin de forces pour vos expériences ?

Stéphane VIOLLET : Exactement. Des expériences éprouvantes. Allez, cocotte !

Amira SOUILEM : L'œil de mouche, Stéphane Viollet s'en est inspiré pour mettre au point un œil artificiel. Ce petit robot dénommé Laura en compte quatre.

Stéphane VIOLLET : Alors grâce à sa vision de type « mouche », on va dire, grâce à sa vision du mouvement, ce robot est capable d'éviter de rentrer en collision avec les parois de ce couloir ici.

Amira SOUILEM : Une trajectoire encore hésitante et pourtant, dans quelques années, cette technologie devrait faire mouche. À terme, les aveugles pourraient troquer leurs cannes pour ces yeux artificiels.

S'inspirer des insectes et, plus généralement, de la nature

pour mettre au point de nouvelles inventions, cela porte un nom : c'est le biomimétisme. Mais parmi les espèces qui intéressent de plus en plus les scientifiques, il y a les papillons.

Plus élégant que la mouche, le papillon. Il en existe 150 000 espèces. L'une d'entre elles a tout particulièrement attiré l'attention du professeur Denis Spitzer.

Denis SPITZER : Je me suis intéressé au papillon de nuit parce qu'en fait, j'avais lu qu'il était capable de... le mâle de ce papillon de nuit était capable de détecter ou de relever la présence de la femelle à des très fortes distances.

Amira SOUILEM : Une détection rendue possible grâce aux antennes du papillon. Denis Spitzer s'en est inspiré pour un usage inattendu : un détecteur d'explosifs.

Denis SPITZER : Alors la pièce novatrice, elle est... elle se trouve ici. Donc vous avez tout au fond de ce support, vous avez un petit levier.

Amira SOUILEM : Vous ne les verrez pas à l'œil nu, mais dans ce boîtier se trouvent de mini-antennes inspirées par celles du papillon, des antennes ultrasensibles au TNT.

Denis SPITZER : Alors, j'ai pris un produit explosif ici que je vais rapprocher donc de ce détecteur pour le faire fonctionner.

Amira SOUILEM : Les antennes se chargent de TNT, elles s'alourdissent. Immédiatement, la courbe chute ; la preuve de la présence d'explosifs.

Depuis quelques années, les exemples de biomimétisme se multiplient. Pour réduire le bruit de leur train à grande vitesse, les Japonais se sont inspirés du martin-pêcheur. Ultra-rapide, il est aussi ultra-silencieux grâce à son bec long et fin. L'avant du train a été affiné. Plus silencieux, il a aussi gagné en rapidité. Chez Airbus, on a cherché à économiser du carburant. Pour fluidifier les vols, les ailes des avions devraient prochainement être équipées d'ailerons semblables à ceux des requins. Des innovations pour un seul constat : les mécanismes les plus sophistiqués se trouvent sous nos yeux, dans la nature.

 Page 173, Objectif Mars

Voix off : Derrière cette jeune Parisienne se cache peut-être une future astronaute. Florence Porcel fait partie des 1 058 candidats retenus par la société Mars One. Cette entreprise néerlandaise projette d'envoyer une mission habitée sur la planète rouge d'ici 10 ans, l'accomplissement d'un rêve d'enfant pour cette jeune femme de 30 ans retenue parmi plus de 200 000 candidatures.

Florence PORCEL : J'ai toujours rêvé de découvrir d'autres mondes, d'explorer d'autres mondes. Je me sens un peu à l'étroit sur terre. Ça paraît un peu bizarre mais c'est vraiment le sentiment que j'ai toujours eu.

Voix off : Pour séduire les recruteurs, Florence s'est mise en scène dans une petite vidéo postée sur YouTube. Passionnée de science-fiction et d'aventure spatiale, elle anime également un site Internet et des podcasts et a même testé le vol en apesanteur.

Florence PORCEL : Voir des images de Mars comme ça, en full HD, sur son écran d'ordinateur, alors que cette planète est à des centaines de millions de kilomètres de nous, moi, je trouve ça fascinant, je trouve ça magique. Je connais mieux l'endroit où est Curiosity que le square qui est en bas de chez moi.

Voix off : Le projet divise néanmoins la communauté scientifique. D'abord sur le financement, l'entreprise Mars One espère financer son projet via des donateurs et la revente d'images de l'aventure à la télévision. Mais surtout le billet pour Mars est un aller simple, aucun retour n'est prévu pour les futurs colons.

Francis ROCARD : Si, par chance pour eux, ce projet aboutissait, effectivement, il pose des problèmes d'éthique très sérieux. Et à ce moment-là, il n'est pas du tout impossible que les gouvernements, les Pays-Bas en l'occurrence, pourraient dire : « *Moi je n'autorise pas ce type de projet.* » Tout ça est très préliminaire, on est très, très loin d'une mission habitée vers Mars.

Voix off : Florence, elle, ne se décourage pas. Prochaine étape, passer des tests physiques et médicaux et décrocher peut-être d'ici 2015 son ticket pour les étoiles.

AFP.

CORRIGÉS >

unité 1 À mon avis

Page 13

1 je crois : **a, c, e**
je ne crois pas : **b, d**
2 certitude : **a, d**
léger doute : **c, e**
incertitude : **b**
3 réalité : **a**
probabilité : **f**
possibilité : **b, d, e**
impossibilité : **c**
4 certitude : **4**
possibilité : **1, 3, 10**
probabilité : **2, 5, 7, 8**
impossibilité : **6, 9**

Page 15

2 a annulions – **b** est –**c** ne voterons pas – **d** aient –
e sera – **f** vienne – **g** dise – **h** comprends/as compris –
i doit – **j** fassiez.
3 *Exemples de réponses possibles :*
a Je trouve que les Français **sont bavards.**
b Je regrette que la bureaucratie française **soit aussi complexe.**
c Pensez-vous que les étrangers **soient les bienvenus ?**
d Vous voyez, il faut que vous **fassiez des efforts.**
e Le ministre nie que ce secret d'État **ait été révélé.**
f Il est normal que **nous votions.**
g On prétend qu'**il a déjà eu affaire à la justice.**
h J'ai eu l'impression que **vous étiez d'accord.**
i Il a peur qu'**elle parte.**
j Je sens que **nous nous comprenons.**

unité 2 Quelque chose à déclarer ?

Page 26

1 a cela dit/toutefois – **b** en fait – **c** par contre – **d** finalement – **e** quand même – **f** toutefois – **g** de toute façon.
2 *Exemples de réponses possibles :*
a J'ai eu des difficultés à apprendre l'arabe, en revanche **je trouve le portugais assez facile.**
b J'aime bien le cours de français, cependant **je n'ai pas le temps d'y aller.**
c Il ne s'est pas présenté à l'examen, de toute façon **il n'avait aucune chance de réussir.**
d Elle n'est jamais allée en Chine, néanmoins **elle se tient informée de tout ce qui s'y passe.**
e C'est un texte très intéressant, cela dit, **je ne partage pas les idées de l'auteur.**
f Je suis rarement les débats avant les élections, à vrai dire **la politique ne m'intéresse pas vraiment.**
g Je le critique, mais **je l'aime bien** quand même.

Page 28

1 a1 – **b**4 – **c**6 – **d**8 – **e**5 – **f**3 – **g**9 – **h**2 – **i**10 – **j**7
2 a l'exposé/le bavardage – **b** le serment/l'aveu –**c** le bavardage – **d** le discours – **e** la réplique – **f** l'aveu.
3 a ne pas avoir la langue dans sa poche
b avoir la tchatche/avoir la langue bien pendue
c avoir une langue de vipère/être mauvaise langue
d tenir sa langue
4 *Exemples de réponses possibles :*
Madame Pipelet est plus bavarde que son mari.
Le député a refusé de répondre à son interlocutrice.
Ce n'est pas vrai. Tu es une menteuse.
La ministre s'est révélée être une excellente une négociatrice.
Quelle tchatcheuse, cette chanteuse de rap !
C'est une vantarde : elle dit qu'elle a été reçue à l'Elysée.

Page 29

1 a Il m'a demandé si je lui avais écrit la veille.
b Il m'a affirmé qu'il ne l'avait jamais promis.
c Il m'a demandé si je pourrais venir avec lui l'après-midi.
d Il a reconnu qu'il ne lui avait pas écrit.
e Il m'a demandé d'ouvrir la fenêtre.
f Il a confirmé qu'Alice n'irait pas à Lille.
g Il m'a demandé comment je l'avais trouvé.
h Il a annoncé que nous allions visiter le château ce jour-là.
i Il m'a demandé ce que j'avais envie de manger au dîner.
j Il a promis qu'il aurait fini ses devoirs quand je reviendrais.
k Il m'a proposé de sortir ce soir-là.

Page 32

1 a le policier – **b** l'argent - **c** l'homme – **d** la femme – **e** la femme – **f** le travail – **g** aimer – **h** avoir de l'intuition – **i** être énervé(e) – **j** il/elle est fou/folle – **k** avoir de la chance – **l** faire la fête – **m** il/elle est bizarre – **n** il/elle n'a pas fait attention à moi.
2 a6 – **b**10 – **c**3 – **d**8 – **e**4 – **f**5 – **g**1 – **h**7 – **i**2 – **j**9
3 a8 – **b**2 – **c**1, 7 – **d**1, 4 – **e**4 - **f**2 – **g**5 – **h**3 – **i**6 – **j**8
4 a Hep ! – **b** Clap clap ! – **c** Ouin ! – **d** Tagada tagada ! – **e** Aie ! Ouille ! – **f** Tic tac ! – **g** Pin pon pin pon ! – **h** Clac !/ Vlam ! – **i** Floc ! – **j** Dring !
5 a2 bourdonner – **b**7 miauler – **c**8 aboyer – **d**3 chanter – **e**10 rugir – **f**5 hurler – **g**1 bêler – **h**4 chanter/siffler – **i**9 parler – **j**6 meugler.

unité 3 Ça presse !

Page 40

1 a6 – **b**4 – **c**3 – **d**1 – **e**7 – **f**2 – **g**5
2 *Exemples de réponses possibles :*
a Événement plus ou moins important (accident, mort d'une star…), se dit aussi « rubrique des chiens écrasés ».
b Très gros titre barrant la première page d'un quotidien.
c Catégorie de sujets traités dans la presse.

d Information exclusive.
e Nombre d'exemplaires imprimés.
f Première page d'un quotidien.

Page 41

3 Cause :
1 Vu ton CV, tu retrouveras du boulot facilement. J'en suis sûr.
2 Étant donné la situation dans le pays, je ne te conseille pas d'y mettre les pieds.
4 La crise du logement **a pour origine** la hausse des taux d'intérêt.
6 À partir du moment où vous refusez de répondre à mes questions, je ne vois pas ce que je fais ici.
7 Il a refusé de venir **sous prétexte qu'**il ne serait pas concerné.
8 À force de raconter n'importe quoi, ce ministre n'est pris au sérieux par personne.

Conséquence :
3 La baisse du dollar **a entraîné** celle du franc suisse.
5 Les fortes pluies **ont provoqué** des glissements de terrain.
9 Les récentes mesures sur l'immigration **ont suscité** la haine contre certaines communautés.
10 Sa petite amie l'a quitté la semaine dernière, **de là** son désespoir.

Page 44

3 a Un nouveau pont sera construit sur le Rhône.
b Le vote de la loi logement est reporté.
c Les drapeaux étrangers sont interdits à Nice.
d Le Brésil a été battu en demi-finale.
e Trois diplomates sont expulsés.
f Le salaire du PDG de Global est augmenté de 20 %.
g Un parc de loisirs va être créé à Caen.
h L'ancien président Bordure a été arrêté.
i Le prix Goncourt est remis à Lydie Salvayre.
j 500 gendarmes ont été envoyés à La Réunion.
4 a2 – b3 – c1 – 4d

Page 46

1 a le cambrioleur/la cambrioleuse/cambrioler
b le meurtrier/la meurtrière/commettre un meurtre
c l'assassin/assassiner
d le/la trafiquant(e)/trafiquer
e le policier/la policière/arrêter
f le / la juge / juger
g le/la criminel(le)/ commettre un crime
h le/la délinquant(e)/commettre un délit
i le/la plaignant(e)/porter plainte
2 a3 – b4 – c5 – d2 – e1
3 a pickpockets – **b** plainte – **c** procès/ jugement – **d** incendie/pompiers – **e** prisonniers – **f** éclair/feu – **g** glissement.

unité 4 Partir

Page 55

1 Proposition de commentaire :
Les Français qui s'expatrient sont en général mieux formés que le reste de la population : 53 % d'entre eux ont au minimum bac + 3 alors que la proportion est de 12,5 % pour la population totale.

La majorité des jeunes diplômés qui souhaitent partir travailler à l'étranger envisagent un séjour de moins de 5 ans (55 %). Ils sont cependant près d'un tiers (28 %) à imaginer y passer toute leur carrière.
2 proportion – progressé – passée – entre – taux – évolué – baisse – tiers – privilégient – multiplient.

Page 59

1 a de – **b** à – **c** sur – **d** dans – **e** en – **f** à – **g** tout – **h** en – **i** pied – **j** hors – **k** devant.
2 a l'axe (*m.*) – **b** le centre – **c** l'éloignement – **d** l'immensité (*f.*) – **e** la limite – **f** l'origine (*f.*) – **g** la périphérie – **h** la proximité – **i** la profondeur – **j** l'espace.

Page 61

1 a continental – **b** équatorial – **c** forestier – **d** maritime/marin – **e** montagnard/montagneux – **f** sableux/sablonneux – **g** terrestre – **h** territorial – **i** tropical – **j** volcanique.
2 la région – Atlantique – territoire – ouest – collines – altitudes – littoral – côte – sable – sommets – espaces.

unité 5 Histoire de...

Page 68

1 a la baronne – **b** *N'existe pas.* – **c** la comtesse – **d** la duchesse – **e** une Égyptienne – **f** l'impératrice – **g** une Grecque – **h** la marquise – **i** la princesse – **j** la reine.
2 a préhistoriques – grottes
b Ancien – prince
c pharaons – pyramide
d princesse – trône
e mondiale – Belle

Page 71

3 s'est levée – a fait – est rentrée – suis revenu – me suis aperçu – ai offert – a dit – ai voulu – a dit – ai emporté.
4 naquit – avait été déporté – bénéficia – permit – s'occupait/s'occupa – devint – obtint – épousa – avait – s'installa.

Page 74

1 à partir de – désormais – début – en un rien de temps – durant – pendant, durant – pendant – fin.
2 a progressivement – **b** encore – **c** soudain – **d** aussitôt – **e** parfois – **f** instantanément – **g** pendant – **h** finalement – **i** après – **j** maintenant.

Page 75

3 a vous serez inscrit – **b** il l'a vu – **c** sera signé – **d** prenne – **e** dise – **f** est.

unité 6 À votre santé !

Page 82

1 a L'anesthésiste endort le patient avant une opération chirurgicale.
b Le/La cardiologue est spécialisé(e) dans les maladies du cœur.

c Le/La chirurgien-dentiste soigne les dents. Il traite les caries et les infections de la bouche et pose des prothèses.
d Le/La sage-femme s'occupe des accouchements.
e Le/La psychiatre soigne des troubles psychiques : dépression, anorexie, troubles compulsifs, anxiété...
2 *Exemples de réponses possibles :*
a en marchant, à causes des frottements.
b en sortant en plein hiver sans écharpe.
c à cause de la pollution.
d en se cognant.
e en respirant le virus en suspension dans l'air.
f en mangeant trop de chocolat.
g en restant trop longtemps devant un écran.
h en ayant le mal de mer.
3 a l'aggravation – **b** la cicatrice/la cicatrisation – **c** la démangeaison – **d** l'évanouissement *(m.)* – **e** l'examen *(m.)* – **f** le gonflement – **g** la guérison – **h** le rétablissement – **i** la toux – **j** le vomissement.
4 a le sirop.
b le comprimé/le cachet d'aspirine/de paracétamol.
c le somnifère.
d la pastille.
e la vitamine C.

Page 84

Exemples de réponses possibles :
3 a Il a perdu du poids parce qu'il a fait un régime très strict.
b Elle a été malade car elle a bu trop de lait.
c Si vous arrêtiez de fumer vous tousseriez moins.
d Faites attention quand vous lui parlez, il est contagieux.
e Il s'est fait mal au dos quand il a aidé son ami à déménager.
f Tu pourras contacter les urgences si tu composes le 15.
g Si elle ne mangeait pas autant de chocolat, elle serait plus mince.
h Si on cultivait nos fruits et légumes, on aurait moins de problèmes de santé.
i Il a guéri parce qu'il a suivi les conseils d'un médecin homéopathe.
4 a correspondant – **b** souriante – **c** convaincants – **d** précédant – **e** divergent – **f** excellent – **g** négligent – **h** contenant – **i** se dirigeant.
Exemples de réponses possibles :
5 a en marchant dans la rue – **b** ne contenant pas de codéine – **c** convaincants – **d** en coupant une carotte – **e** en vous inscrivant à cette école – **f** lui assurant la guérison – **g** embauché des kinés arrivant d'Espagne – **h** en passant place Carnot – **i** fumant dans la cour.

Page 86

1 a la difformité – **b** la force – **c** la grâce – **d** la laideur – **e** la légèreté – **f** la maigreur – **g** la mollesse – **h** la raideur – **i** la souplesse – **j** la vigueur.
2 a gros, maigre, maigrichon, obèse, n'avoir que la peau sur les os, être maigre comme un clou.
b dodu, grassouillet, rondouillard.
c corpulent, prendre du poids.
d mince, svelte, être bien en chair.
3 a tête – **b** nerfs – **c** yeux – **d** tête – **e** pieds – **f** dos – **g** poil – **h** sang – **i** nez – **j** pieds – **k** tête – **l** coudes.
4 a 3/8 – **b** 9/12 – **c** 5 – **d** 7 – **e** 4/6 – **f** 1 – **g** 2/11 – **h** 10

Page 89

4 a (Étant) Intéressée par la chirurgie, elle va se spécialiser.
b L'opération ayant réussi, il est sorti de la clinique.
c (Étant) Épuisé par son travail, il partit se reposer à la montagne.
d Ayant lu votre livre, j'ai décidé de changer.
e S'étant blessé, il a téléphoné aux urgences.
5 a reçues : verbe *avoir*, accord avec le COD que (« *nouvelles* ») placé avant.
b achetées : verbe pronominal + *être*, accord avec le COD que (« *lunettes* ») placé avant.
c aperçus : verbe essentiellement pronominal + *être*, accord avec le sujet « *ils* ».
d croisés : verbe pronominal + *être*, accord avec le COD « *se* » placé avant.
plu : verbe pronominal + *être*, pas d'accord (« *se* » n'est pas COD).
e succédé : verbe pronominal + *être*, pas d'accord (« *se* » n'est pas COD).
f aimé : verbe *avoir*, pas d'accord, le COD est placé après le participe.
fait : + infinitif, pas d'accord.

unité 7 Chassez le naturel...

Page 97

5 a en – **b** les/lui – **c** en/un – **d** le/lui – **e** t' *ou* vous y – **f** les/moi – **g** m'en – **h** y – **i** me/la – **j** y.

Page 101

1 a 4 – **b** 6 – **c** 1 – **d** 5 – **e** 9 – **f** 8 – **g** 2 – **h** 7 – **i** 10 – **j** 3
2 glacial – froid – frais – doux – bon – chaud – torride – accablant.
3 a 3 – **b** 4 – **c** 2 – **d** 9 – **e** 6 – **f** 1 – **g** 5 – **h** 3 – **i** 8

Page 102

1 ressources – toxiques – nucléaire – environnement – faune – flore – effet de serre – climatique – Terre.
2 a réduire/récupérer – **b** composter/réduire – **c** abandonner – **d** développer – **e** construire – **f** pratiquer – **g** faire – **h** produire – **i** récupérer – **j** changer.

unité 8 C'est de l'art !

Page 110

3 a qui : pronom relatif sujet du verbe être.
b dans lequel : pronom relatif lié à la préposition dans, remplace agenda.
c dont : pronom relatif complément du verbe parler de, remplace designer célèbre.
d où : pronom relatif complément de temps, l'année indique une situation dans le temps.
4 a où – **b** avec laquelle – **c** à qui/auquel – **d** à laquelle.
5 a Je te présente Sophie dont je t'ai souvent parlé et qui expose ses œuvres à la galerie Ventooz Art.
b Le journaliste lui a posé des questions auxquelles il a répondu sans hésitation.
c C'est l'école des Beaux-Arts, en face de laquelle il y a un musée où on peut voir une expo sur les Vikings.
d C'est une idée géniale à laquelle personne n'avait pensé.

Page 111

1 a7 – b3 – c4 – d8 – e5 – f6 – g1 – h2
2 a art – b vernissage – c cadre – d tube/tableau – e mécène – f bronze/bois/marbre – g amateur/collection.

Page 113

1 a un artiste agréable, excellent, passionné, renommé.
b une œuvre précieuse, splendide.
c un artiste/une œuvre célèbre, exceptionnel(le), fantastique, génial(e), impressionnant(e), incomparable, magnifique, merveilleux(-se), original(e), inoubliable, remarquable, unique, réputé(e).
2 - : Bof ! Et alors ? Ça ne me fait ni chaud ni froid. Ce n'est pas ma tasse de thé.
- - : C'est de mauvais goût. C'est pas génial/pas terrible. Ça ne m'emballe pas.
- - - : Son expo a fait un flop C'est un scandale ! C'est une horreur !

Page 116

1 duo – trio – quatuor – quintette.
2 a dizaine/douzaine/vingtaine – b à/vers/avant/après – c pile/environ/presque/à peu près.
3 beaucoup : **a, b, d, e, g, i.**
peu : **c, f, h, j.**
4 a6 – b2 – c4 – d3 – e5 – f1 – g8 – h7 – i10 – j9

unité 9 De vous à moi

Page 124

1 clouer : le clou, le marteau.
coller : le tube/le pot de colle.
fixer : le clou, la colle.
peindre : le pinceau, le rouleau, le pot de peinture.
percer : la perceuse.
réparer : *tout outil utile.*
scier : la scie.
visser : la vis, le tournevis, la clé anglaise.
2 a5/8 – b6/10 – c1/3/4/7/8/9/12 – d13/17 – e10/14/15 – f2/10 – g1 – h6/10 – i1/3/4/7/8/9/12 – j16 – k11 – l1/13/14 – m 2/3/4/7/9/11/14/15 – n15 – o2/10 – p2/10

Page 126

3 a Il travaille activement.
b Il s'exprime toujours brièvement.
c Il mène habilement les négociations.
d Elle prépare obstinément son examen.
e Il a réussi complètement.
4 en apparence : apparemment
en cachette : secrètement
à contrecœur : n'existe pas
à fond : complètement
d'habitude : habituellement
avec peine : péniblement
en vain : vainement
vite : rapidement
5 en douce : discrètement. Il a filé en douce.
pêle-mêle : confusément. Il dispose pêle-mêle ses livres.
au petit bonheur : au hasard. Elle fait une recette au petit bonheur.

sur le coup : immédiatement. Sur le coup, je n'ai pas compris ce qu'il voulait dire.
à tort et à travers : sans discernement. Il parle à tort et à travers.
6 a Il n'a pas **beaucoup** bricolé ce week-end.
b Tu as **complètement** raison.
c Il a **absolument** tort.
d Il n'a pas **trop** bu hier soir.
e Elle a agi **involontairement**.

Page 130

1 a embarrasser, être embarrassé(e).
b inquiéter, être inquiet(e).
c indigner, être indigné(e).
d être en colère, être fou de rage, rager, enrager.
e se soucier, être soucieux, avoir des soucis.
f être stupéfait.
g être tendu(e).
2 a angoissé(e) – b anxieux(-euse) – c effrayé(e) – d froussard(e) – e paniqué(e) – f phobique – g terrifié(e) – h trouillard(e).
3 a abattu(e) – b accablé(e) – c amer(ère) – d désespéré(e) – e mélancolique – f nostalgique – g peiné(e).
4 a rouge – b noires – c vert – d noire – e bleue – f rouge – g grise – h vert.

Page 131

5 a embrasser – b draguer – c se fiancer – d flirter – e se marier – f se pacser – g se réconcilier – h rompre.
6 **1** la tristesse (*ça me fait de la peine*)
2 la peur (*t'as la trouille ?*)
3 la surprise (*j'en reviens pas*)
4 la joie (*ça me touche*)
5 l'incrédulité (*ça m'étonnerait*)
6 la peine (*je suis navrée*)
7 la colère (*tu lui en veux ?*)
8 la tristesse (*j'ai le cafard*)
9 l'énervement (*tu prends tout le temps la mouche !*)
10 la peur (*J'en ai encore la chair de poule*)

unité 10 Au boulot !

Page 138

2 a sauf s' – b au cas où – c à moins de – d à condition de – e dans l'hypothèse où – f à moins qu' – g En étudiant – h en cas d' – i Vous seriez – j Si ... et que.
3 a étais/changerais – b seriez/faudrait – c soit – d aviez fait – e était/étiez – f laissiez – g soit – h ayez.
Exemples de réponses possibles :
4 a En cas de neige, le défilé sera reporté.
b Nous aurons le contrat à moins que nous ne changions d'interlocuteur.
c Au cas où vous auriez tort, nous perdrions ce marché.
d À condition que nous partions maintenant, il n'y aura pas de bouchons.
e En admettant que nous ayons de la chance, nous arriverons à temps.

Page 140

1 a employer, recruter
b la branche, le secteur

c le chasseur de têtes
d décrocher un travail
e poser sa candidature à
2 offres d'emploi – site – agence – mission – CDI – annonce – recruteur – entretien.
3 a2 – b1 – c4 – d3
4 mobilité – capitaux – économique – international – libre-échange – libéralisation.

Page 145

1 a Autant/autant – **b** portrait/gouttes – **c** plus – **d** analogue – **e** mêmes – **f** davantage – **g** espèce – **h** infériorité – **i** comme/différent(s).
2 a supérieur – **b** inégal – **c** différent – **d** incomparable – **e** identique/similaire/pareil – **f** l'inconvénient – **g** impair – **h** l'autre.
3 1 faire un parallèle – **2** tels que – **3** la ressemblance – **4** équivalent/supérieur – **5** a surpassé.

unité **11** C'est pas net

Page 153

3 1 même si (concession)/mais (opposition)
2 en revanche (opposition)/quand même (concession)
3 ai beau (concession)/tout de même (concession)
4 contrairement aux (opposition)/au lieu de (opposition)
5 en dépit de (concession)/n'empêche (concession)
4 concession : **a** a beau – **b** pourtant – **c** or – **d** Malgré – **e** cependant – **h** n'empêche qu' – **i** même si.
opposition : **f** tandis que – **g** au lieu de – **j** alors qu'.
5 a ait tapé – **b** connaissais – **c** est – **d** fasse – **e** est – **f** ait obtenu – **g** est – **h** réviser.

Page 154

1 a le chat – **b** le réseau social – **c** le fournisseur d'accès – **d** le navigateur – **e** l'arobase – **f** le portail.
2 a logiciel ou programme informatique
b document / fichier joint à un courriel
c action de transférer des documents, fichiers... via un réseau
d logiciel permettant de détecter ou de supprimer des virus informatiques
e site web sur lequel un internaute tient une chronique personnelle

3 a 🙂

b 😦

c 🙁

d 🙂

e 😋

f 😎

g 😀

h 😊

i 🙁

4 a 1/6/7/8/10 – **b** 1/2/5/7/9 – **c** 8 – **d** 1 – **e** 4/5/6/7/8/10 – **f** 9 – **g** 5/6/7/8 – **h** 3/7

Page 157

Exemples de réponses possibles :
3 a Installez un antivirus de façon que **votre ordinateur soit protégé.**
b La toile est un espace à risques si bien que **les enfants doivent être surveillés.**
c Elle dissimule son identité sur ce réseau social de crainte que **ses collègues la reconnaissent.**
d Il s'est aperçu qu'il était accro dès qu'**il a perdu son portable.**
e Certains se tournent vers les sites de jeux de hasard car **ils pensent gagner beaucoup ainsi.**
f Il a créé une nouvelle adresse mail après qu'**un pirate lui a usurpé son identité.**
g Je maîtrise bien l'informatique quoique **je ne l'aie pas étudiée.**
h Tu peux télécharger de la musique à condition que **ce soit légal.**
Exemples de réponses possibles :
4 a On l'a embauché après qu'elle a contribué à ce site.
b Je travaillerai jusqu'à ce qu'il revienne.
c Elle est énervée car elle a perdu son portable.
d Je resterai en ligne bien qu'il faille attendre.
e Depuis qu'Internet se développe, le nombre de sites croît rapidement.
f Ils feront tout pour que le projet réussisse.
g Il doit se débrouiller sans Internet en attendant qu'une connexion soit possible.
h Attendez quelques minutes pendant qu'on modifie votre profil.

unité **12** Mais où va-t-on ?

Page 168

2 a Tu dois faire <u>en sorte</u> d'arriver à l'heure.
b Il fait des recherches <u>dans l'intention de</u> créer un nouveau médicament.
c Je <u>cherche</u> un ordinateur <u>qui</u> soit facile à utiliser.
d Ce logiciel <u>a pour but de</u> développer la mémoire chez les seniors.
e Je vais prendre l'air, <u>histoire de</u> m'aérer les neurones.
f Cette réunion <u>a pour objectif de</u> faire le point sur nos nouveaux produits.
g Cet ancien ministre <u>a des visées sur</u> la présidence du parti.
h Viens ici, <u>que</u> je te dise mes projets.
i Elle écrit des courriels <u>en vue d'</u>un changement de travail.
j Je te prêterai ce livre <u>de façon que</u> tu puisses mieux préparer l'examen.
4 a pour/afin de – **b** but – **c** l'intention – **d** façon – **e** pour – **f** qui – **g** sorte – **h** afin que/pour que – **i** objectif/but.

Page 171

1 a maintenir – **b** ralentir – **c** dégrader – **d** stabiliser – **e** progresser – **f** évoluer – **g** rétablir – **h** modifier – **i** élargir – **j** étendre.

Références iconographiques

Couverture	bd Libération, 2/08/2014
Couverture	bd Le Monde
Couverture	bd Le Journal de Dimanche
Couverture	bg Zero Creatives/Corbis
Couverture	mg Peter M. Fisher/Corbis
14	hd Fabien Roux/Maxppp
14	md Berbar Halim/Sipa Press
16	Bertrand Gardel/hemis.fr
17	bg © PVO - Youhumour
17	hd Bianchetti/Leemage
18	cadres Iakov Filimonov/123RF
18	h1 : Portrait officiel de Charles de Gaulle. Président de la République française (1958-1969). © La Documentation française. Photo Jean-Marie Marcel
18	h2 : Portrait officiel de Nicolas Sarkozy. Président de la République française (2007-2012). © La Documentation française. Photo Philippe Warrin
18	h3 : Portrait officiel d'Emmanuel Macron. Président de la République (2017). © DILA-La Documentation française. Photo Soazig de La Moissonnière
18	h4 : Portrait officiel de Valéry Giscard d'Estaing. Président de la République française (1974-1981). © La Documentation française. Photo Jacques-Henri Lartigue
18	b1 : Portrait officiel de François Mitterrand. Président de la République française (1981-1995). © La Documentation française. Photo Gisèle Freund
18	b2 : Portrait officiel de Jacques Chirac. Président de la République française (1995-2007). © La Documentation française. Photo Bettina Rheims
18	b3 : Portrait officiel de François Hollande. Président de la République française (2012-2017). © DILA-La Documentation française. Photo Raymond Depardon
18	b4 : Portrait officiel de Georges Pompidou. Président de la République française (1969-1974). © La Documentation française. Photo François Pagès / Paris-Match
19	hd Loona/Abacapress.com
19	md Nathan Alliard/Photononstop
20	1 Bianchetti/Leemage
20	2, 3, 7, 8, 9, 10 Photothèque Hachette
20	4, 5 Photo Josse/Leemage
20	6 DeAgostini/Leemage
20	hd Pascal Ducept/hemis.fr
21	1, 2 AFP
21	3 Photothèque Hachette
21	4 DeAgostini/Leemage
21	5 bridgemanart.com
21	fond Hervé Hughes/hemis.fr
22	hd B. Boissonnet/BSIP
22	mg Samson-Iconovox
27	hd Lécroart-Iconovox
27	md Ollivier-MF/Abacapress.com
30	bd Stéphane Lagoutte/MYOP
30	hd Jean-François Monier/AFP
31	hg Philippe Wojazer/AFP
31	md François Guillot/AFP
33	bd Deligne-Iconovox
33	hd Fat & Furious Burger - Burger d'amour
34	Fuse/Gettyimages
35	Datacraft Co Ltd/Gettyimages
36	bg Deligne-Iconovox
36	hd Van Osaka/Photononstop
38	hd William Beaucardet
39	bg Etude TNS-Sofres pour La Croix, Réalisée du 3 au 6 janvier auprès d'un échantillon de 1 023 personnes représentatif de la population de 18 ans et plus, interrogées en face-à-face
39	hd Photopqr/LeParisien, Carol Amar/Maxppp
39	hg Gonzalo Fuentes/Reuters
40	Cambon-Iconovox
42	Remi Wafflart/Maxppp
43	Stephanie Lacombe/www.picturetank.com
45	© France Télévisions
47	bg Mana Laufa/AFP
47	hd Fabio Roncaglia-Fotolia.com
48	1 Benoit Doppagne/Belga Photo
48	3mc Guylain Doyle/www.agefotostock.com
48	5 Paule Seux/hemis.fr
48	a3 Sébastien Anex/Le Matin Tamedia Publications romandes
48	b5 El Watan.com
48	c4 Le Journal de Montréal
48	d1 Le Soir
48	e2 L'Intelligent d'Abdijan
49	1 Gerard Julien/AFP
49	2 China Daily/Reuters
49	3 Fabrizio Bensch/Reuters
50	Albert-Iconovox
53	bg Christophe Boisvieux/hemis.fr
53	md Source : ministère des Affaires étrangères et du développement international - 2014 - www.diplomatie.gouv.fr
54	bd © France Télévisions
56	Aude Kerdraon/Maxppp
57	hd « Portrait de l'ecrivain Blaise Cendrars », Amedeo Modigliani, 1918, Collection privée/Aisa/Leemage
57	mg François Maret © Adagp, Paris 2015
58	Churchill Wild/Richard Voliva
60	Maison Alexandra David-Néel
62	Buena Vista Images/Gettyimages
64	www.bridgemanart.com
67	bd « Nombre d'étrangers résidant en France, depuis 1945 », Insee publié dans Le Figaro, 10/10/2012
67	md Wigbert Röth/Image Broker/Alamy
69	bg BETC © Jean-Philippe Charbonnier/Gamma-Rapho
69	hd © SND Films
72	« Charlemagne », Bruneau, Delmas, Lemercier, Bührer-Thierry © 2014 Editions Glénat/Librairie Arthème Fayard
73	Photo Josse/Leemage
76	bc Selva/Leemage
76	bd Halle d'exposition du CNIT à La Defense. Architecture de Robert Edouard Camelot, Jean de Mailly, Bernard Louis Zehrfuss associés avec les ingénieurs Jean Prouve et Nicolas Esquilan, 1956-1958 © Luc Boegly/Camelot Robert Edouard de Mailly, Jean Esquilan Bernard Prouve, Jean Zehrfuss Bernard/Artedia/Leemage © Adagp, 2015
76	bg Photothèque Hachette
76	hd Corbis
76	hg Arnaud Chicuel/hemis.fr
76	mc Patrice Cartier, 2011/Gusman/Leemage
76	md Fotoarchivio/Leemage
76	mg Archives Charmet/ www.bridgemanart.com
77	bd « Portrait de Louise Vernet enfant », 1818-19, Théodore Géricault, Louvre, Paris/ www.bridgemanart.com
77	bg « Maya à la poupée », Pablo Picasso, 1938, Musée Picasso, Paris/ www.bridgemanart.com Images/© Succession Picasso 2015
77	hd « La gare saint Lazare a Paris », Claude Monet, 1876, Fogg Art Museum Harvard University, Etats Unis/DeAgostini/Leemage
77	hg René Magritte « Le Thérapeute », 1941, Private Collection/ www.bridgemanart.com © Adagp, Paris 2015
77	mc Delaunay Terk, Sonia : « Electric Prism. » Paris, Musée National d'Art Moderne, Centre Pompidou © 2014, Photo Scala, Florence/ Succession Sonia Delaunay
77	md « Portrait Equestre de Louis XIV », Charles Le Brun, Adam van der Meulen, Musée des Beaux-Arts, Tournai, Belgique/ www.bridgemanart.com
77	mg « Tour Eiffel », 1889, Georges Pierre Seurat, G, Fine Arts Museums of San Francisco/ www.bridgemanart.com
78	bd Indian Photographer (20th Century), Private Collection/Dinodia/ www.bridgemanart.com
78	hg « Portrait de Gabrielle Emilie de Breteuil », Maurice Quentin de La Tour, Collection privée/DeAgostini/Leemage
81	bd Garo/Phanie
81	hd Hamilton/Réa
85	« Journal d'un corps » de Daniel Pennac, dessin par Manu Larcenet/ Futuropolis/La Collection
86	Rémi MahnGrey-Iconovox
87	bg © Sita Productions
87	hd Maria Mora
88	Extrait de « Lucien », tome 10 © Margerin/Fluide Glacial
90	Lev Dolgachov/www.agefotostock.com
91	bd Raguet H./BSIP
91	hd Garo/Phanie
92	Burger/Phanie
94	fond Jean Claude Moschetti/Réa
95	hg Etude Mediaprism - 60 millions de consommateurs, mené du 19 avril au 2 mai 2013
95	md Rafael Campillo/www.agefotostock.com

Références des textes

16 Christian Roudaut, 4/01/2014, Le magazine du Monde

19 « Zaz : Je ne suis pas une punk à chine », Boris Tampigny, 13/02/2014, www.metronews.fr

25 « 60% des Français se disent pénalisés par leur niveau en langue étrangère », Marie-Estelle Pech, 7/03/2014, Le Figaro

30 « Les mauvaises langues des interprètes judiciaires », Dominique Simonnot, 9 avril 2014, Le Canard enchaîné

31 Libération, 12/12/2013 source AFP

33 06/05/2014, Stylist.fr

35 Fanny Capel, Lorraine Rossignol, 31/08/2013, Télérama

38 B « Vous savez, les Portugais étaient européens avant l'EU », Vincent Leconte, Le Nouvel Observateur, 9/05/2014

42 Olivier Mériac, 4 au 10 avril 2014, Marianne

47 « Paris : un mystérieux paon égaré à Montmartre », Céline Carez, 07/03/2014, leparisien.fr

54, 55 « De plus en plus de jeunes quittent la France », Benoît Floc'h, 11/03/2014, Le Monde

56 « Insolite. 16 ans après, il trouve la bouteille à la mer du Québécois », Aude Kerdraon, 10/02/2014, Ouest-France

58 Pascale Krémer, 29/03/2014, Le Monde

62 Stéphanie Bérubé, 13/04/2014, lapresse.ca

81 Mondial Assistance-TNS Sofres

85 « Journal d'un corps » de Daniel Pennac, collection Folio, 2012 © Éditions Gallimard, www.gallimard.fr

87 http://bigbrowser.blog.lemonde.fr

98 1 « Quelle magnifitude, ce rocher aux singes! », Professeur Canardeau, Carnard enchaîné, 9/04/2014

98 2 Françoise Sabatier-Morel paru sur telerama.fr en avril 2014

103 « Nous avons le pouvoir de changer la société » © Dalila Kerchouche/Madame Figaro, 2013

109 « Les Français et l'art contemporain », mars 2010, Art Paris/BVA

112 Éric Bietry-Rivierre, 26/03/2014, Le Figaro

125 « Pour les Français, la cuisine est devenue une pièce principale et la chambre devrait être agrandie », Juliette Garnier, 19/01/2014, Le Monde

127 « Dis-moi combien de bises tu fais, je te dirai d'où tu es… », Christine Mateus, 30/03/2014, Aujourd'hui en France

128 Maryse Condé, « Le cœur à rire et à pleurer », 1999 © Robert-Laffont

129 Le Ministère de la Culture et de la communication

136 « Éric Carréel : pourquoi je reste » par Marie Bordet, Le Point, 2/01/2014

141 Angélique da Silva-Dubuis, 22/7/2014, Nordeclair.fr

147 b Pierre Duquesne, 20/10/2014, humanite.fr, 20/10/2014

147 h Renaud Chartoire, Sciences humaines, 06/10/2014

151 « Christophe Balestra. Figure du jeu vidéo », Armelle Vincent, Le Point, 2/01/2014

151 « Les réseaux sociaux et l'amitié », 8/09/2014, France Inter

Références audio

14 3 Extrait de « Un jour dans le monde », « Des sous-marins pas si étanches ? Plan d'action contre les violences sexuelles dans l'armée », par Nicolas Demorand sur France Inter, 15/04/2014

30 7 « Planète Géo » par Sandrine Marcy, le 16/03/2014 avec l'intervention de Gilles Dusouchet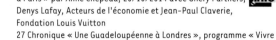

39 9 « Du grain à moudre », « Une année dans la vie de… grands reporters : Édith Bouvier et William Daniels » présenté par Hervé Gardette, 27/12/2011, France Culture/INA

53 12 « Jeunes français qui partent étudier à l'étranger », Philippe Robuchon, 1/06/2014, RTL

57 13 Héritière de Blaise Cendrars

67 14 « Objets migrateurs, Histoires d'immigration et transmission culturelle » © Exo-k, Xavier Pagès et Philippe Barbier - www.objetsmigrateurs.com

81 16 « La santé passe désormais par les objets connectés », Jérôme Colombain, 26/07/2014/

91 18 Extrait du programme « Carnet de Santé » « Loi de Santé », 21/07/2014 par Danielle Messager, avec la participation d'André Grimaldi sur France Inter

102 21 « Dessous des cartes », « La Pollution des Mers, 1 sur 2 Les Causes », 28/06/2003 © Arte France

109 22 « New York : Inspiration by Charlelie Couture », 13/11/2013/RTS radio-Télévision Suisse

115 25 Extrait de l'émission « L'Afrique enchantée », par Soro Solo et Vladimir Cagnolari avec Angélique Kidjo, sur France Inter, 30/03/2014

155 « Les français ne se déconnectent plus » © Lucie Ronfaut/Le Figaro/2014

156 Textes de Stromae & Orelsan © Mosaert 2013. Tous droits réservés.

158, 159 « Révolution numérique : ces Français qui codent le monde aujourd'hui », Marie Bordet et Guillaume Grallet, Le Point, 19/03/2014

165 « Françoise Moréchand, L'ambassadrice », Karyn Nishimura-Poupée, Le Point, 2/01/2014

169 « Nouvelle tendance : Le Food-surfing. Et si vous alliez dîner chez des inconnus ? » par Sophie Djouder, Femme actuelle, n° 1539 du 29 au 30 mars 2014

175 b Institut CSA pour l'Académie des Sciences, septembre 2014

180 Leslie Bourrelier, 26/02/2014, Le Figaro

182 Christophe Colinet, 22/01/2014, La Nouvelle République.fr

184 Marc Olano, février 2014, Sciences Humaines

185 C.V., Le Monde, 24 mai 2014, Cahier du Monde

198 France Inter

199 france info

200 France Culture/INA

200 RTL

201 1947,1963, 2001, 2005, Éditions Denoël. Extraits tirés du volume 1 de « Tout autour d'aujourd'hui », Nouvelle édition des oeuvres complètes de Blaise Cendrars dirigée par Claude Leroy

201 © Exo-k

202 france info

202 France Inter

203 Arte France

203 RTS radio-Télévision Suisse

204 France Inter

205 france info

205 RFI

206 france info

208 France Inter

209 culture

209 france info

211 PVO - Youhumour

211 CBC-Radio-Canada

212, 213, 214 France Télévisions

212 SND Films

212 Sita Productions

213, 214 Studio 89 Productions

215 AFP

119 26 « Visite guidée en avant-première de la Fondation Vuitton à Paris » par Anne Chépeau, 20/10/2014 avec Ghery Partners, Denys Lafay, Acteurs de l'économie et Jean-Paul Claverie, Fondation Louis Vuitton

123 27 Chronique « Une Guadeloupéenne à Londres », programme « Vivre ailleurs », 20/07/2014 par Corinne Mandjou avec Anne-Christine Lantin/RFI

137 30, rubrique « C'est mon boulot », « De plus en plus de jeunes partent travailler à l'étranger », 06/04/2013 avec Laurent Girard-Claudon/Approach People Recruitment

156 34 « CARMEN », interprété par Stromae ℗ 2013 Mosaert — sous licence exclusive d'Universal Music France, division Mercury. D'après l'œuvre originale de Georges Bizet. Arrangements : Stromae / Adaptation : Stromae et Aurélien Cotentin © Mosaert

167 37 Extrait de « Zoom de la rédaction », dans le 7/9 de France Inter « Ces recherches qui vont changer notre vie : la voiture sans conducteur », sur France Inter, 22, août 2014

178 39 « La Revue de Presse Culturelle » d'Antoine Guillot, extraite de l'émission « La Dispute » d'Arnaud Laporte diffusée sur France Culture le 5 novembre 2014

179 40 « Faire un CV original, ça marche », émission « C'est mon boulot », Philippe Duport 27/10/2014

Couverture: Ellen Gögler
Principes de maquette: Christian Dubuis-Santini © Agence Mercure
Mise en page: Nadine Aymard
Photogravure: IGS
Illustrations: Hervé Baudry (pages 9, 37, 65, 93, 121, 149, 161) et Catherine Beaunez (pages 23, 51, 79, 107, 135, 163)
Conception et réalisation des pages Détente, documents iconographiques : Dany Mourain
Enregistrements, montage et mixage des audios: Eurodvd
Montage et interface graphique des vidéos: INIT Productions

© Les Éditions Didier, 2015
ISBN 978-2-278-08098-4
Dépôt légal : 8098/10 - 8692/05

Achevé d'imprimer en Italie en juillet 2018 par L.E.G.O. (Lavis)